中国青年出版社

目 录

一 密云县

二 怀柔区

九 海淀区

十 天津蓟县

十一 河北省

北
野三坡
保定
徐水
安新
白洋淀
涿州
房山
门头沟
G108
G107
北京
通州
顺义
延庆
G110
昌平
怀柔
密云
平谷
坝上草原
丰宁
蓟县
丰润
卢龙
抚宁
北戴河

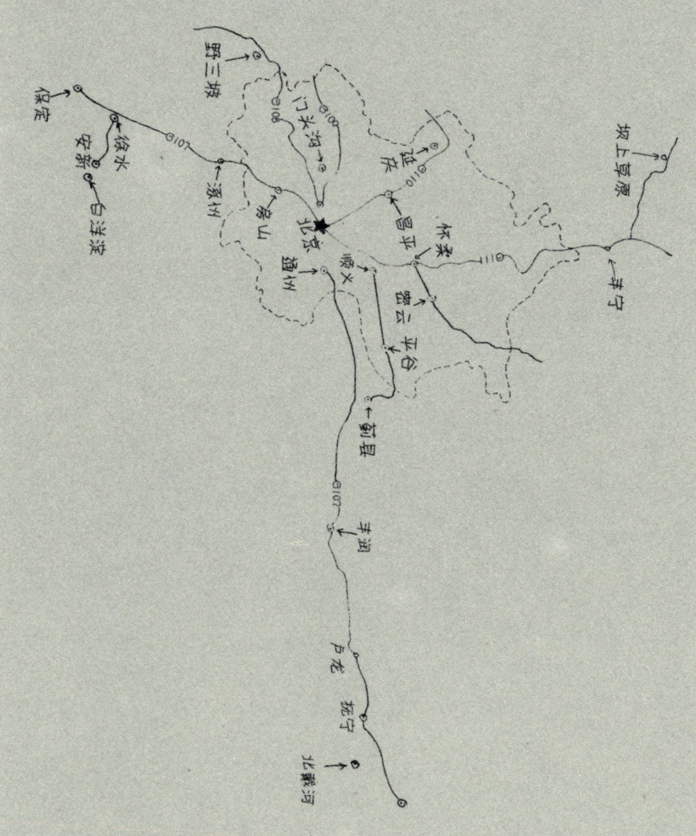

北京市及周边地图

一 密云县

北
怀柔
顺义
平谷
桃源仙谷
黑龙潭
京都第一瀑
石城
水堡子
云蒙峡
密云
张家坟
石塘路村
清凉谷
密云水库
口门子村
石马峪村
101
河西村
古北口长城
司马台村
司马台长城
云岫谷
(遥桥峪村)
雾灵山
大沟村
曹家路

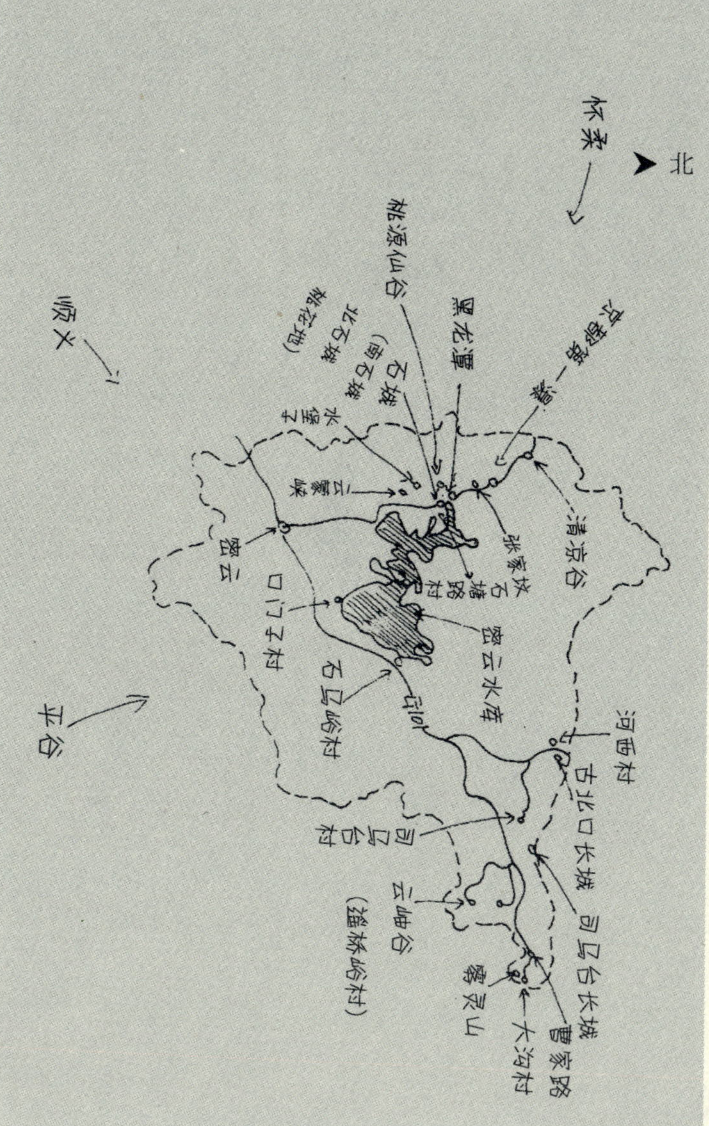

桃源仙谷

石塘路村
桃源仙谷

黑龙潭
密云水库

京都
第一瀑
桃源仙谷

1. 密云水库

1.1.1

口门子村——

密云水库第一村

关键词》》》》》》

水库全鱼　鱼王美食节　特色烤肉　滑雪　山林采摘园

■　口门子村的乡亲把自己的村庄说成是“密云水库第一村”一点都不为过。或许是因为口门子村就在密云水库南部约一公里的不远处，步行从口门子村出发，走走玩玩逛逛，20分钟就能到水库的主坝；或许是村里40家民俗户，家家都享受到了水库资源的泽被，几千年来水库大规模的水域调节着周边的气候，口门子村四季分明，山清水秀，清新的空气让人神清气爽，开阔的视线给人说不出的轻松；还有一点不能不提及，那就是村民可以常年吃

到新鲜的水库鱼，尤其村子里每个农家院都能做出的“水库全鱼”大宴，压轴菜盛在专用的鱼盘里面，撒着红红的朝天椒、一尾3斤重的胖头鱼、浓郁的鲜鱼汤，飘香四溢，刺激着人们的视觉、味觉和嗅觉，在这个时候，所有的话都是多余的，因为你的嘴和舌已经被征服了，美味享受给人们带来的生活乐趣永远是第一位的。

■ 因为离着密云水库很近，游客来到口门子村住进农家院后，随时可以去密云水库游玩，不过那次我们在前往水库的路上，确实是受到了不是一般的“礼遇”。我们在主人的带领下前往水库，顺路到他们自己承包的采摘园，一进园，我们就被眼前之景惊呆了，红的果，绿的叶，高挺的树干，先别急着走，脚下还长着一层山草莓哩！农历四月末的时候，正是草莓和杏子成熟的季节，那甜中带酸颜色鲜艳的草莓，圆滚滚缀满枝头的黄杏，真是让我们既饱了口福，又过了眼瘾。果园里还有红枣、蜜桃、李子、柿子，干果有栗子、核桃等数十种。春可赏花、夏可品果、秋可采摘，每个季节果园里都有可游可赏可玩之景。我想，这也许正是主人种植了多种水果的用心良苦之处吧。

村里的事

□ 口门子民俗村位于密云水库南，距密云水库主坝一公里，这里交通十分便利，四通八达。口门子村现有的数十户民俗户，都是地地道道的农家院，内设床铺、火炕，电视、空调一应俱全。食宿以密云水库的鲤鱼、鲢鱼和小公鱼为主，青菜则为家常实惠菜。主食均为五谷杂粮，都是自产绿色无公害食品，客人茶余饭后，有室内OK厅、棋牌、麻将等益智休闲类娱乐方式，也可到附近果园采摘，水果有草莓、蜜桃、甜杏、李子、柿子，干果有栗子、核桃等数十种。

□ 水库活鱼：口门子的水库活鱼所含的动物蛋白和钙、磷及维生素等物质，比猪肉、鸡肉等肉类都高，且易为人体消化吸收，特别是还含有一种只有水生动物才含有的多种不饱和脂肪酸，能降低胆固醇和甘油三酯，防止血液凝固，对冠心病和脑溢血病的预防有很好作用。

□　春节民俗歌谣："二十三，糖瓜粘；二十四，黄豆日（做豆腐）；二十五，推米黍（加工五谷杂粮）；二十六，杂猪肉；二十七，宰公鸡；二十八，把面发；二十九，来沽酒；三十晚上坐一宿；初一穿上好衣裳，扭一扭。"在这首歌谣里，村民用阴历记录日子，生动表现出临近过年的时候，家家户户喜气洋洋、热热闹闹、忙忙碌碌的情景。在这个时候，村民要把一年的收成做成好的吃食，一是用来祭祀天地和祖宗，祈祷来年风调雨顺、家兴业旺；二是用来招待亲友，在各自忙碌了一年之际，把酒叙情，团团圆圆。

路线提示

自驾车→

从北京市区出发，走101国道到西大桥东口，往北到密云水库宾馆右转弯，到达口门子村。

公交车→

北京东直门乘坐987路公交车到口门子民俗村下车。

游玩攻略

一天一夜游玩攻略：

周六一早出发，抵达安顿好后，游密云水库，拍照戏水，运气好的话可以钓鱼，下午上山呼吸新鲜空气，去果园采摘，晚上烧烤，吃水库鱼。周日一早返城。冬季主打项目是滑雪。

两天一夜游玩攻略：

周六一早出发，抵达安顿好后，中午吃水库鱼，下午游密云水库，晚上在农家院住宿，烧烤、看星星。周日上午上山游玩，去果园采摘，周日下午返城。冬季主打项目是滑雪。

消费报价

普通间（双人、三人、多人）：60—80元/间，10元/人

标准间（双人、三人）：100—120元/间

火炕间：50—80元/间，15元/人

重点推荐

淑凤农家院

位于密云县密云水库口门子村东门第一家，四周青山环绕。这是一个四口之家，龙凤呈祥，营造着和谐与幸福。优越的地理位置，热情好客的农家夫妇，淑凤农家院真诚地迎八方客，交天下友。

联系方式：010-69012460　13436855348

增喜农家院

位于密云县密云水库边上，农家院有一个非常吉利的门牌号—78号，启发号（78号）！一家四口诚邀全国人民去做客，承诺会以百分百的努力让您玩得开心、吃得舒心、住得安心。快快乐乐地来，高高兴兴地回！

联系方式：许冬梅　010-69013511　13716341170

体验报告

交通状况：★★★★★

村子位于京郊密云县，路程不是很远，主要走市道，路况相对较好，自己开车的话，从北京市区出发，大约一个半小时左右可抵达。不过还是建议游客们包车。

景点特色：★★★★★

村子临近密云水库，环境幽雅，空气清新，村子的特色菜水库全鱼味道鲜美，营养丰富。密云水库垂钓十分惬意。夏天村子里的果子成熟，采摘园里丰收的景象非常喜人。冬天可以前往滑雪。

住宿条件：★★★★★

口门子村的农家院较为干净宽敞，夜晚非常安静。最值得推荐的是每户农家院都能做出味美诱人的“水库全鱼”和各色营养丰富的野菜。

愉悦程度：★★★★★

口门子村吃住随意，清新的空气，幽雅的环境，让人感觉相当放松，还可去采摘园里采摘水果，充分享受收获的喜悦。此外，密云水库一望无际的水面，平静宽广，清凉宜人，非常赏心悦目。

温馨提示：

1. 口门子村桃子成熟的季节主要是在六七月份，喜欢吃桃儿的朋友可以关注一下。
2. 口门子村在云佛山滑雪场附近，冬季的时候游客可以前往滑雪。
3. 来这里游玩一定要注意带件厚衣服。

1.1.2

石马峪村——

水源深处桃花源

关键词》》》》》》

吃鱼　骑马　滑雪　冰雕　采摘

■　几乎所有人对事情总是有一种轻取则轻之的潜意识。一件事情，如果太容易做成，就会让人找不到成就感，而一处风景，如果太容易就看到，似乎就不是最好的风景。陶渊明的《桃花源记》里，想要找到桃花源，总是要走一段崎岖的山路而后才豁然开朗。所以，当我们几经辗转到了石马峪村的时候，双脚站在这个村落外面，看着稀稀落落的村舍，突然觉得长久以来自己要找的那个地方，就是这里了。

■ 你有没有仔细想过，已经多久没有见过地平线了？假如童年是在乡下度过的也罢，可如果生来就是在钢筋水泥的城市里，每天所见的都是没完没了的高层建筑，想要看看远方，很难毫无遮挡，一望无边。而当我们暂别那个环境，到了这里之后，第一个想法就是我要站在山坡之上，一点一点地看太阳划过的路线，看这久违的夕阳西下，找到在那个无忧无虑的童年里数星星的兴致。

■ 在这样一个位于水源深处的地方，一切都应该像我们梦想中的桃花源一样吧？假如你有懂得享受鱼的美味的舌头，那么你就欢呼吧，忘掉那些被养在水族箱里的水产，在这里，你可以自己亲自去水库的边上，钓一尾肥美的水库鱼，让主人帮你烹制成自己最中意的口味。

■ 到这个地方来旅游，冬天也许是个更有吸引力的季节。除了那些村口的树木上早起时候染上的雾凇，还有雪后一片银装素裹的大地。石马峪村旁边的滑雪场，是尤其让人向往的地方。滑雪

是一项很神奇的运动，它可以让你利用一块简单的板子就实现自己心里面一直以来的飞翔梦想。如果没有这方面的经验，或者现学现卖，或者换成相对平稳的雪橇。如果你愿意的话，还可以体验一下狗拉雪橇的“南极探险”，或者对着那些用积雪雕出来的造型，好好地拍几张照片。

村里的事

□ 石马峪民俗村位于密云水库内湖南麓、云蒙山脚下，山水相连、环境幽雅、气候宜人。春季，山花盛开；夏季，林木葱郁，碧波荡漾；秋季，层林尽染、满山红叶；冬季，银装素裹，白雪皑皑。这里是天然氧吧，您可以到这里尽享大自然的无限美好，同时体味浓郁的民俗风情。来此可骑马，骑脚踏双人车，徜徉在林荫小道；还可以去果园采摘自己喜欢的各种水果，住农家院，睡农家火炕，品尝山野菜 、新鲜的水库活鱼、柴鸡、烤全羊等等。

□ 石马峪是观光采摘的乐园。“石马峪金秋采摘节”从6月下旬一直延续到10月中旬，早露蟠、京红、京玉、庆丰、碧霞蟠桃等40多个主打品种，给观光者带来极大兴趣。赏桃、摘桃、品桃，一切滋味都在这亲力亲为的过程中变成了甜蜜。采摘之后，住农家炕、吃农家饭、干农家活儿、交农家友，学习农业知识，体验民俗风情，不亦乐乎。

路线提示

自驾车 →

北京—京承高速—密云—密云密溪路—石马峪村。

公交车 →

北京东直门乘坐980路公交车到密云长途汽车站，换乘12路公交车石马峪公园下车。

游玩攻略

石马峪村坐落在密云水库内湖之滨，整个村庄有5个自然村落，云湖度假村就坐落在这个村的土地上。夏天可以去水库垂钓，但是游泳要遵守相关规定，切莫拿自己的生命当儿戏。冬天可以去云佛山滑雪场滑雪，全天不限时，雪服雪具自备，也可以在雪场租用。

旅程安排视时间而定，如果只有一天出游时间，可以去参加采摘，品尝当地的水库鱼。时间充裕的话，建议第一天休息和放松，第二天去周围的景点观赏风景、骑马。冬天的时候可以在这里看冰雕。

消费报价

普通间（双人、三人、多人）：30元/间，10元/人

标准间（双人、三人）：100元/间，50—60元/人

火炕间：50—60元/间，10—15元/人

重点推荐

王家大院

位于密云石马峪村，院内设有特色蒙古包、农家休闲茶座、多功能厅、大型停车场地等设施。农家院有位15年河边做鱼经验的厨师，并且特色炖柴鸡更为当地一绝。可提供刷卡消费，还可开会议发票、普通发票。

联系方式：王大庆　010-61021168

滨湖农家山庄

位于石马峪村。饭菜实惠美味，并多次获奖。“河蚌炖豆腐”号称密云三鲜第一鲜，荣获京郊十大金牌菜入围菜品，2006年、2007年连续两年被评为“鱼王美食节”定点餐馆。

联系方式：瞿叶香　13911587603　010-61021032　010-86613766

云山美食城

位于云佛山滑雪场正对面，是鱼王美食街最大的一家餐厅。最值得一提的是这里的鱼宴更是堪称一绝，自开业以来一直受到广大游客的青睐，荣获鱼王美食节定点消费单位。

联系方式：于鲲　010-69016677　13801227277

娜鲤泉渔村

位于密云水库云佛山滑雪场正对面，后院有自种蔬菜，来到这里不仅可以尝到各类水库鱼，同时还能品尝到纯天然的素菜。院内摆设着多个遮阳伞餐桌，而餐厅包间设施高档又给人星级宾馆的感觉。冬季到云佛山滑雪的朋友们，本店可以提供优惠滑雪票，欢迎各界朋友光临。

联系方式：许素丽　010-69013662　13601223249

体验报告

交通状况：★★★★★

石马峪紧邻云蒙山景区，出入比较便捷，适合作为大本营、终点站，有旅行大巴直通景点。

景点特色：★★★☆☆

夏天的时候可以在这里感受世外桃源的境界；冬天的时候由于毗邻滑雪场，你会有一番特别的体验。

住宿条件：★★★☆☆

硬件条件属于绝大多数乡村农家院的平均水平，但是最大的一个好处是在这里可以吃到正宗的水库鱼，同时也有其他活动。因此，绝对物有所值。

愉悦程度：★★★★☆

作为北京的水库，密云水库创造着生活在这个城市里的人所必需的能量，在这里，你能痛快地感受空气的清新和风景的宜人。

2. 黑龙潭、桃源仙谷景区

1.2.1

石塘路村——

民俗专业村

关键词》》》》》》

新农村　自做自吃农家饭　民俗文化活动　踏青赏花

■　有时候我们需要承认，出游，除了对于美丽风景、清新空气的追寻之外，还有很大一部分是在寻找心灵的寄托，那应该是一种文化的回归，就如同离家多年的游子寻找自己的根一样。之所以出国之后会有一种漂泊感，除去人生地不熟这样的客观原因之外，更主要的还是在于文化的不认同，好比把一条淡水鱼放到了海水里面，不但难以适应，甚至还会有生命危险。这样的感觉并不一定要身在异乡的时候才能体会得异常深刻，有时候我们本身

已经在这个城市生活多年，当我们自以为已经融进了这里的群体的时候，却总是在某个时候感觉到一种按捺不住的寂寞感。

■　初到石塘路村的时候，没有感觉这个村落有任何的不同，同样的农家院，周围环绕着不同的但是同样迷人的风景。直到在这里安顿下来，静静地过了一个重阳节之后，才明白，这地方真正拥有的独特气质，就在于对于北方民俗的保留和传承。当越来越多的人印象中的传统节日只剩下了春节和中秋节的时候，曾经被历史上的历朝历代极其看重的清明、重阳等等节日都成了一种纯粹的不具有任何意义的符号。于是，当我们想到那句家喻户晓的“每逢佳节倍思亲”的时候，却往往忽略了这千古名句正是诗人在重阳节登高的时候写下的感慨。在这里，只要你有兴趣，你就有着听不完的老故事，关于北方的那些风俗人情的传说，关于不同的节日有什么不同的讲究，关于那些已经不被现在的城市人所铭记的礼节和传统。这些口耳相传的文化更代表了整个民族的气质和能力，一旦被遗失，将永远无法复制。

村里的事 ////////////////////////////////////

□　石塘路村坐落在山清水秀、环境优美的密云水库西部，交通便利，距密云县城25公里。全村176户，507口人，从业人员350人，占全村人口的69%，全村90%以上的人吃旅游饭。在旅游发展方面，石塘路村有着得天独厚的自然优势，而这一优势是石塘路村经济发展、增加农民收入的一条重要途径。

□　石塘路村是自然与人文合璧的结晶，在这片神奇而古老的土地上，有众多的文物古迹，传统的风土人情。自1997年以来，利用“黑龙潭、京都第一瀑”等风景区的旅游资源和镇党委、镇政府的“旅游兴镇、林果富民”的发展方针，鼓励农民办民俗旅游，向旅游产业集合。在村党支部、村委会的领导下，发展出民俗户82户，挂县级标牌的就有70户，其中挂市、县两级标牌11户，总床位1000个。2001年度被县政府评为民俗专业村。2002年6月份又成立北京首家村级民俗协会，以加强对发展民俗业的管理。2003年年初，镇党委、镇政府提出了旅游“四大”，即：“发展大旅游、营造大环境、组建大网络、着重大宣传”。为落实旅游“四大”，石塘路民俗村对民俗户统一管理，统一对外宣传。

□　石塘路村毗邻黑龙潭风景区，该风景区以三瀑十八潭而闻名。相传古时候，有两条龙，长大分家时，性格憨厚的黑龙主动把白龙潭让给弟弟白龙，自己单身一人来到了古楼峪。那时候，这里没有一滴水，没有一棵草，黑龙变成了小伙子，没白天没黑夜地拼命干，大西山的云蒙老祖看着黑龙又憨厚又勤快，就送给他一条彩带和18颗珍珠，黑龙把珍珠撒在了古楼峪内，因此形成了现在的18个奇潭。

路线提示

自驾车→

京顺路—顺义—怀柔—密云—石城镇—石塘村。

公交车→

北京东直门乘987路或980路公交车到密云县城，然后打车到石塘路村。

火　车→

启程

6453次 北京北—石塘路　06:38—09:54

4449次 北京北—石塘路　16:43—19:53

2189次 北　京—石塘路　15:30—17:32

回程

6454次 石塘路—北京北　16:21—20:19

4450次 石塘路—北京北　10:25—13:53

2190次 石塘路—北　京　12:18—14:20

游玩攻略

第一天上午到达石塘路村，收拾停当之后到黑龙潭景区游览，下午可以参观白乙化烈士陵园，晚上到农家食宿；第二天可以到京都第一瀑景区游玩，下午返城。

如果只有一天的时间则取消第二天的京都第一瀑之行，不过这样可能不会尽兴，建议在时间足够充裕的情况下安排到此地的旅行。

消费报价

普通间（双人、三人、多人）：40—50元/间，5—10元/人

标准间（双人、三人）：40—80元/间

火炕间：50元/间，10元/人

重点推荐

古城人家

坐落于空气清新、风景秀丽的密云水库西线，依山傍水，环境优美。院内是园林式建筑，有月亮门、小桥流水、摇椅、鱼池、草坪、菜地，景色别致。古城人家又叫做大磨房，石磨豆腐都是当天做的，味道纯然，豆味浓郁。

联系方式：祁维　010-61025356　13910322688

凤敏农家院

位于石塘路村，紧挨着石塘路火车站。农家专养水库鱼，一捕，二涝，三品尝，让你尝尽农家饭,享尽农家乐。小院是典型的乡村四合院，月内中间有菜地，四周围是客房，房间干净整洁，宽敞明亮，设施齐全。

联系方式：010-61025669　13716691840　13241698380

体验报告

交通状况：★★★★★

位于密云县，交通比较便利，火车、公交车都通到该村附近，自驾车也会很方便地到达目的地。

景点特色：★★★★☆

黑龙潭的三瀑十八潭尽得天地灵气，在这样的水面上泛舟，着实有一种“此景只有天上有，人间难得几回见”的感叹。

住宿条件：★★★★☆

由于石塘路村是较早开展农家游的京郊村落，各方面设置都比较到位，服务和饭菜质量都属上乘。

愉悦程度：★★★★☆

一切都恰到好处，而且当地的民风淳朴，有很多民俗纪念活动，可以充分地体验原生态的中国民俗文化。如果有机会的话，可以安排全家在这里过诸如春节、中秋节、清明节等传统节假日。

> 温馨提示：
> 山里的气温比城区普遍低，要多带几件衣服。另外要穿适合户外运动的服装和鞋子，尽量团队活动，避免单人行动。

1.2.2 北石城村、南石城村、桃花地村——桃源仙谷，丹霞石城

关键词》》》》》》

冰瀑　戏水　采摘　吃山野菜

■　对于内心蓝色情绪的排遣，人的选择往往会是去最熟悉的人群中倾诉，或者到最陌生的美景中陶醉自己，让那些折磨自己的蛛丝般的小琐碎在这人情的强大和自然的壮美前自惭形秽，隐遁得一干二净。

■ 北京周边的风景名胜有很多，看多了之后似乎开始不再感觉有什么新意，甚至有了一种审美疲劳。如果不是因为有朋友一起跟随，甚至连出游的念头都很少再有。然而，当我看到桃源仙谷的风景的时候，我才明白，当时自己的那种想法，是那么的苍白而可笑，我低估了大自然创造美景的想象力，而这个大自然也就用它创造的好看的风景教训了我的无知和浅薄。

■ 听到“桃源仙谷”的名字，不由得怦然心动。既然是山谷，就不会像我们之前去过的那些地方，只有一处孤零零的风景。这一条沿东西向山谷而展布的风景走廊，每个去过这地方的人都会记得景区内那条白练一般的瀑布——桃源瀑。只有真正看过了瀑布的模样之后，我们才能真切地体会到古人为什么要用“白练”、“银河”来形容这一挂从天而来的清水。瀑布上方有山岩夹持，溪水从豁谷下泻，沿着这个高大的崖壁，有一座之字回旋而上的铁梯，名曰青龙天梯，游客可以登铁梯步行到山峰之上。穿过豁谷，豁然开朗，地形呈一小盆地，有坡地、果树圃、小溪、商店等，俨然就是一个小小的世外桃源。而北石城村、南石城村、桃花地村就坐落在这片世外桃源中。

■ 人们总是自诩万物灵长，已经有了征服自然的能力，但是谁能想到在更多的我们不曾踏足过的地方，是不是也有这样一处风景？“缘溪行，忘路之远近。忽逢桃花林，夹岸数百步，中无杂树，芳草鲜美，落英缤纷”，就像这个小小的山谷一样，住着隔世而居的一群人。很是羡慕那些生活在桃花源里的人，“问今是何世，乃不知有汉，无论魏晋，轻松自在”。然而并不是所有的人都有那么高的境界，可以轻松地放下世上纷扰我们的那些五彩缤纷。“乱花渐欲迷人眼”，让我们产生烦恼的不是乱花，而是人眼。只要有那么多的在乎，就无法真正地轻松自在。

■ 然而，在这样一个地方走过一次，心中似乎也有了一些心得，那些曾经让我们烦乱不堪的琐碎事情，真的，就这样消散了。

村里的事 ////////////////////////////////////

□ 石城民俗村，位于密云县西北部境内，密云水库西岸，是石城镇政府所在地，距北京90公里。全村分为南、北石城两个自然村，共有329户，现有民俗户63户。村内有桃源仙谷自然风景区和九道湾自然风景区。在这里，春季可以踏青，夏季可以赏花，秋季可以采摘，冬季可以玩雪。每年冬天，桃源仙谷和黑龙潭风景区都会举办冰雪节，不仅能够观赏雪，还可以到农家睡火炕、过大年、放鞭炮。村内街道整洁畅通，密云水库环湖路沿村边而过，交通便捷；饮水全部都是地下自来水，水质甘甜、洁净；通讯均为程控电话，可通全国和世界各地。这里的农家院干净整洁，环境优美，服务设施齐全。走进民俗村，住在农家院，不仅能够品尝到农家的特色小吃，更可以亲手摘新鲜蔬菜，回来与主人一起做农家饭，还可以唱歌、烧烤、参加篝火晚会。听着虫鸟蛙鸣，伴着山野清爽的微风吹过，每一位前来旅游的人都会心旷神怡。

□ 石城在西北黄土高原是一种奇特景观，地质学上称为“丹霞”地貌。看惯了黄土地，再看这突兀连绵的地貌，是很新奇的。由扫竹岭石窟东北登山，小路蜿蜒，茂密的灌木和花草覆盖着山峦，经霜后变红的叶子在秋风中摇摆，定神四望，撩人心绪。青山无些许纤尘，清静得让人心醉。登上山岭的峰巅，即可远眺俯视，“丹霞”地貌尽收眼底——但见万山奔腾，沟壑纵横，由四周向中间倾斜，状如盆地，远处如同城墙一样的千仞壁峰就是石城。

路线提示

自驾车→

京顺路—顺义—怀柔—密云—石城镇—石城村。

公交车→

北京东直门乘987路或980路公交车到密云，然后打车到石城村。

火　车→

启程

6453次　北京北—石塘路　06:38—09:54

4449次　北京北—石塘路　16:43—19:53

2189次　北　京—石塘路　15:30—17:32

下车后打车到石城村

回程

6454次　石塘路—北京北　16:21—20:19

4450次　石塘路—北京北　10:25—13:53

2190次　石塘路—北　京　12:18—14:20

游玩攻略

如果是周末游，可以争取在周五下午乘车赴密云，自驾游车程约需两个小时左右，抵达后入住农家院，稍事休息即可享用当地的特色晚餐，餐后自由娱乐活动；第二天早餐后，乘车赴桃源仙谷风景区游览，11:30左右用午餐，下午可以去九道湾大峡谷，晚上返回农家院；周日早上起床之后可以去周边的其他景区，如黑龙潭，中午午饭之后准备返城。

消费报价

普通间（双人、三人、多人）：40—60元/间，15元/人

标准间（双人、三人）：60—100元/间

火炕间：80元/间，10—15元/人

重点推荐

北石城村：

如意农家院

位于密云黑龙潭风景区北石城民俗村，农家院内干净整洁，群山环绕，站在院中眺望青山，给远离都市的您沁入心脾的清新自然，如果想仰望山里的星空，呼吸新鲜的空气，如意农家院是您最好的选择。

联系方式：邓金生　张淑春　010-61025408　13241697993

山水清农家院

位于密云桃源仙谷风景区北石城村，小院坐落于大山环抱之间，山上有各种水果采摘，更有古代长城供游人观光。院内干净整洁，环境幽雅，主人更是热情好客，来此游玩会获得宾至如归之感。

联系方式：郭玉珍　010-61025495　13671017695

南石城村：

四海农家院

有着10余年“农家乐”经营的丰富经验，淳朴善良的农家人，让前来入住的游客深深感受到京郊农家人的风土人情。入住四海农家院让您真正感受到吃农家菜，住农家院，游农家的乐趣；感受

乡情与农家的温馨。

联系方式：张玉宝　袁秀英　010-61025936　010-61025427　13716291914

金地桃源饭庄

位于桃源仙谷风景区境内停车场，独特的环境，优越的地理位置是您理想的就餐场所。餐厅干净整洁，服务热情周到，让您有种到家的感觉。店内主要以农家饭菜、各种山野菜、特色水库鱼的制作为经营特色。

联系方式：韩晓波　010-61025162　13911580665　13241598314

桃花地村：

乡村新居

坐落在北京密云石城，名胜旅游风景区黑龙潭，桃源仙谷、九道弯、京都第一瀑、清凉谷就在近邻周边。一个典型的四合院建筑，院内是一个大的凉亭餐厅，四周即是客房，房间干净整洁，设施齐全。

联系方式：郭英怀　010-61025477　13716353780

体验报告 ////////////////////////////////////

交通状况：★★★★★

通往密云的路况良好，交通便利。

景点特色：★★★☆☆

桃花源的山水风光属于北京周边各郊县中比较出色的，很适宜摄影。

住宿条件：★★★☆☆

当地的农家院建设比较齐全，多数都是标准的旅店配备，当地人热情好客，尤其是当地的特色小吃，有很明显的农家特色。

愉悦程度：★★★☆☆

当地环境比较好，绿色植物保持得很好；风景和人情都有足够的吸引力。

3. 云蒙峡景区

1.3.1

水堡子村——

原始风貌，古堡遗迹

关键词》》》》》》

原始大峡谷　古城堡遗址　民俗文化活动

■　老子的《道德经》里面曾经提及过：人法地，地法天，天法道，道法自然。其实，归根结底，我们印象中所追求的种种现实以及形而上的那些精神，都是在要求我们自己更加契合自然的要求而已。在欣赏一些艺术品的时候，往往会听到人们对其创作者的赞叹：巧夺天工，妙手天成等等。其实这些无非都是在夸这些人有一种把一些毫无特色的载体能够修饰到贴和自然的能力。一旦站在大自然的面前，看见那些大自然用天生的神力刻画描绘出

来的山水风景时，这些人工雕琢的作品不由得相形见绌起来。

■ 水堡子村位于云蒙峡景区，周围险峻异常的石头上，很少有高大的木本植物，多是矮小的灌木，铺满黄色或者粉色的小花，远远看去，整座峭壁就是一片点缀着彩色光点的绿色幕布。在山的缝隙中有银色的光线流淌，一直到山脚下，积累成潭，漫流成溪。那里的水是那么的清澈，在阳光的照射下发出水晶一般的亮光。这里的水，夏天是干净的，到了冬天结成冰也一定是干净的，好像宝石一样的漂亮。

村里的事

□ 水堡子村位于密云县石城镇境内，在明代万历年间曾是一座屯粮的城堡，后发展成为村庄，现有4座烽火台屹立在村西的山麓上，当地人称四座楼。全村共有214户，500多人，民俗户24户。水堡子村地处密云水库西侧，是云蒙峡景区所在地，北临栗林山庄和云蒙山长城遗址公园。村落依山傍水，环境幽雅，又是桃源仙谷、黑龙潭、京都第一瀑、九道湾、清凉谷等景区的必经之路。村子东南角至今还保留着明代万历年间建得的古城堡遗址，当时称“东水峪古堡”，主要用来守边关屯储军粮和马。新中国成立后古城堡被破坏，现仅存一角。

□ 水堡子村地处云蒙峡风景区，沿京密公路即可到达景区。整个景区是以雄险而曲折的西北—东南向峡谷为主轴。上下串联着数十个不同特色的风景小区。而且越深入云蒙峡腹地，那些奇峰、怪石、清潭、飞瀑、野花、密林等胜景也就越多越美。这里山峦巍峨耸拔，沟壑切割幽深，峰石造型似人似兽，潭瀑交辉若镜若练。云雾朦胧，变化莫测；花木芬芳，香溢百里。游者处之，无不一饱眼福。春季入峡，山花烂漫，桃杏争艳；仲夏入峡，清泉甘冽，消夏宜人；金秋入峡，红叶满山，硕果累累；隆冬入峡，雪岭晶莹，冰瀑夺目。游人沿峡游览，可观两侧雄崖壁切，危石刺云；俯首可赏碧水、游鱼，仰观可赏奇岩、劲松。其中水门景区还可观赏坠石劈成的水门清溪和含碧潭、骆驼峰奇景。沿途既可听泉声、鸟声，又可赏奇树、奇花。

路线提示

自驾车→

京顺路—顺义—怀柔—密云—石城镇—水堡子村。

公交车→

北京东直门乘987路或980路公交车到密云。980路公交车夏季旅游季节可直接到水堡子村下车。

火 车→

启程

6453次 北京北—石塘路 06:38—09:54

4449次 北京北—石塘路 16:43—19:53

2189次 北 京—石塘路 15:30—17:32

回程

6454次 石塘路—北京北 16:21—20:19

4450次 石塘路—北京北 10:25—13:53

2190次 石塘路—北 京 12:18—14:20

游玩攻略

如果只有一天的游玩时间，可以选择走夜路，提前一天晚上赶到水堡子村，不过要提前预定相关的农家院，以免到了之后无处留宿。在当地休息一晚之后第二天早起，走莲花瀑方向攀登云蒙主峰，沿途观赏云蒙峡景区的风景。注意要沿河道前行，否则容易迷路。

如果是两天时间，可以采用第一天休息，第二天游玩并返城的策略，时间充裕的话还可以去看看密云水库的风光。

消费报价

普通间（双人、三人、多人）：50—80元/间，10元/人

标准间（双人、三人）：50—80元/间

火炕间：50—80元/间，10元/人

重点推荐

云水饭庄

位于密云石城镇水堡子村桥头第一家，紧临云蒙峡出口，背依大山，密云水库尽收眼底，不远处是黑龙潭风景区。开店10余年来被评为十星级标兵户。现在集食宿、娱乐为一体，交通便利，空气清新，设施齐全，饭菜实惠。

联系方式：郭桂兰　010-61025240　15910304460

水堡鑫居农家院

位于密云县桃源仙谷、黑龙潭景区附近的水堡子村。这里依山傍水，步行到云蒙峡谷只需5分钟，是您到郊外休闲旅游、度假、春游的理想场所，不但可以享受村中的宁静生活，还可以品尝天然的农家菜。

联系方式：吴显武　010-61025504　13716188001　13241699027

体验报告

交通状况：★★★★★

位于密云县，交通比较便利，火车、公交车都通到该村附近，自驾游也不会遇到很多岔路。但是在攀登云蒙主峰的时候，路线比较崎岖，需要注意安全。

景点特色：★★★★☆

无限风光除了在险峰之外，还在那些人迹难觅的深谷，正因为此，当地的原始风貌保留得比较好，适宜写生、科研等等。

住宿条件：★★★★☆

环境优美，空气清新，夏天适宜避暑。当地的特色美食就是密云水库的水库鱼，鱼鲜味美，实在是难得的美味。

愉悦程度：★★★★☆

住宿和饮食都很出色，在云蒙峡的旅行更像是探险，充满了惊喜和奇遇。

4. 京都第一瀑

1.4.1

京都第一瀑村（自编村）——

度假的乐园

关键词》》》》》》

京都第一瀑　戏水

■　瀑布是这世间最神奇的水了，由上游而来，于高处以一往无前的气势倾泻下来，如同千军万马，一往无前。然而，最终还是沉下去，再冒出来，最后归于平缓。那么激烈的水，刚烈到可以和岩石碰到粉身碎骨，却还是化做了悠悠流水，不再动人心弦。我有时候觉得瀑布就好像战士一样，为了一个命令，勇往直前，哪怕前面是深渊也毫无惧色，在他们面前，所有的敌人都会变得不堪一击，这种壮士断腕的惨烈，甚至让风云为之变色。然而，

时间注定，一切都回归于平静，所有战场上一切人和事最终都将在历史的大水潭里被洗涤激荡，如同那些激起的泡沫，在水里打一个滚儿，慢慢地升到水面，在接触到空气的那一刹那，破裂，变得平静而且深邃。

■　每当我看到一处好的风景的时候，都会心驰神往，天马行空地迸发出许多莫名其妙的念头，极致的景色是应该让人感应到天地间那些漂浮在空气里的疑问，就如同千年之前屈原《天问篇》里那些问题一样：曰遂古之初，谁传道之？上下未形，何由考之？冥昭瞢音，谁能极之？冯翼惟像，何以识之——振聋发聩，让人触目惊心。而所谓极致的风景，就是那些在我们脑海里第一时间反应出来的景色的搭配：鹰击长空，驼铃大漠，鱼游浅底，虎啸深山，雁排苍穹，如果说当时我们身边有什么最极致最和谐的风景的话，那就是这一挂白练般的高山流水，从天而降，陷地而隐，来的无形，去的也无形，似乎这根本就不是人间的景色，而我们，也如同那些茫然闯进仙境中的凡人一样，呆了，无语地看着这风景，甚至会产生一种纵身跃下的冲动。

这，就是瀑布的魅力了。

村里的事 //

□　京都第一瀑度假村坐落于密云县石城镇境内，距北京市区100公里，地处京都第一瀑、桃源仙谷、黑龙潭、九道湾大峡谷、精灵谷等诸多京郊著名景区的清爽怀抱中。度假村是集住宿、餐饮、娱乐、休闲、会议、景区游览于一体的综合性旅游度假区，发展至今已成为密云西线旅游规模最大的度假村。

□　京都第一瀑位于北京密云县石城乡柳棵峪内，黑龙潭北4公里，距市区100公里。它是由云蒙山泉水汇集而成，瀑布落差62.5米，坡度85度。一年四季长流不息，即使在冬春旱季，流量也有每秒半立方米左右。水从悬崖直泻而下，云雾弥漫如玉柱擎天、白龙吐雾。走进峡谷，未见瀑布，先闻其声，气势恢弘。

□ 瀑布之源是柳河，柳河发源于怀柔县境内的云蒙山，它顺着云蒙山东麓流淌过程中，沿途汇集各路山泉细水，一路冲刷、切割造就了一系列自然景观，“六潭连珠”、“溅玉瀑”、“悬空瀑”、“思古潭”等等都是柳河的“力作”。“京都第一瀑”是它注入白河前的最后景观。碧绿透明的潭水被它打得如飞珠溅玉，近看有龙腾虎跃之势，远观如雾如烟。当阳光照到山谷中，它又呈现出七彩光环，似长虹飘落人间。水声轰鸣，空谷传响，雄浑而磅礴的气势使人流连忘返。

□ “京都第一瀑”下的水潭名“青龙潭”，最深处8米，蓄满后继续前行便注入白河，是密云水库的补给水源之一。

在云蒙山东麓峡谷中，全长3公里，落差200米的谷段，因山泉汇集而成的瀑布除京都第一瀑外，还有一系列规模不等的瀑布群，10米高的瀑布就有4处，3—5米的跌水更多，步移景换，色彩纷呈，奇潭相连，鬼斧神工，游人至此，无不流连忘返。

京都第一瀑除了飞瀑、流泉，更美妙的是六潭连珠，6个潭一个连一个，大小不一，深浅有别，仿佛地造天成。每到冬天，水凝成冰，冰瀑冰潭，别有情趣。

路线提示 ///////////////////////////////

自驾车→

北京三元桥—京顺路—101国道—密云县城—过西大桥第一个灯岗左转（云佛山方向），有路标—溪翁庄水库丁字路口左转—黑龙潭（北行3公里）—京都第一瀑售票口内200米（天门山门口）。

公交车→

北京东直门乘980路或987路公交车直抵密云县城，在鼓楼大街站下车，下车后可直接转乘密云到京都第一瀑景区的班车或乘出租车。

游玩攻略

从市区抵达京都第一瀑并不需要很长时间，如果只有一天的时间，则主要把时间用于游览京都第一瀑上，下午返城；如果旅行时间超过一天，则要在京都第一瀑度假村过夜，除了在京都第一瀑游玩之外，剩下的时间还可以在九道湾、黑龙潭、桃源仙谷、清凉谷、五座楼森林公园中任选一处进行实地考察。

消费报价

普通间（双人、三人、多人）：40—80元/间，15元/人

标准间（双人、三人、多人）：80—120元/间

火炕间：50元/间

重点推荐

神蛙客栈

全部是竹子的设计。农家以最优质的服务，最热诚的心对待每一位游客；以最美味的饭菜，最舒适干净的住宿环境为您打造一个快乐的休闲之旅。

联系方式：冯树志　010-69013213　13911326285

密仙居度假村

是一家集住宿、用餐、旅游、娱乐为一体的综合性度假村。共有两处院落，设备齐全。大型的餐饮楼共有两层，设施高档，能容纳上百人同时就餐。客房建筑特色以古色古香的木楼为主，典雅亲切。

联系方式：李云　010-69016996　010-69015588　13146554482

体验报告

交通状况：★★★★☆

路线还算简单，如果是自驾游需要提前进行规划，避免走弯路。自助

旅行或者集体出游者可以乘坐公交车出行，需要换乘，不能直达。

景点特色：★★★★★

京都第一瀑的水景独具特色，与别处的瀑布风景不同的是，别处的瀑布都是主要风景的点缀，而这里，山石是瀑布的点缀。

住宿条件：★★★★☆

度假村的住宿环境很好，因为地处第一瀑景区之内，所以景色自然是没的说，在这样的环境中生活，再坏的心情也能很快恢复。

愉悦程度：★★★★☆

风景奇佳，尤其适合放松眼睛。如果是摄影爱好者一定不能错过这个极佳的风景。整体感觉良好，好的风景有的时候比好的事情能让人更快地从坏情绪中恢复过来。

1.4.2
张家坟村——
飞瀑深处有人家

关键词》》》》》》

瀑布　农家特色小吃　放河灯　大盖柿子

■　不论是中国的建筑还是外国的建筑，都在追求一种与自然的天生和谐，所以很多自然元素都会被运用到建筑上去，这其中最明显的就是对于水的利用。然而中西建筑对于水的运用存在一个很明显的区别，就是：国外更追求让水喷到半空中的那种泉水式景观，而中国建筑则更多地青睐于利用山石的搭配，营造出水往低处流的人工瀑布，一上一下，便充分体现出中西文化的差异。

■　中国人的瀑布情结似乎来自《道德经》中上善若水的概念：

水善利万物而不争，处众人之所恶，故几于道。也正是瀑布这种景观把水的这种特性表现得淋漓尽致。这世间看似最柔弱的事物，在其自然坠落的时候，便表现出来一种惊人的力量，这也正是道家所追求的那种无为境界的最直观体现。也许我们并不能算得上是道家的拥趸，但是作为中国人，每个人在生长的过程中都不可避免地被这片土地上散发出来的某种特质所影响：这特质里面，就混合着对于水作为天下至柔同时也是至刚的力量的承认。

所以，当我到了张家坟村的时候，让我最觉激动的就是，这里毗邻着黑龙潭和京都第一瀑，多年以来所期盼的亲眼目睹“飞流直下三千尺”的夙愿终于能够在这一天得偿所愿。而在张家坟村收获的礼遇也让我对这个地方充满了好感。酱炖鱼头和炸河虾的味道似曾相识，我曾经在某个现在已经记不得的年龄在家乡的河沟里，挽起裤腿，在浅浅的水坑里堆一个小小的水坝，拦着那些顺流而下的小鱼小虾，用简易的网兜装上满满的一兜，捧回家美滋滋地等着母亲做成美味，解自己的馋；还有那熟悉的儿时游戏……到了这个村落之后的第一天，我几乎是在回忆中入睡，做了一个有着捉迷藏丢沙包这些童趣十足的游戏的好梦，直到睁眼

看到第二天明媚的阳光。

村里的事

□ 张家坟村坐落在山清水秀、环境优美的石城镇，交通便利，距密云县城30公里，全村70%以上的人吃旅游饭。在旅游发展方面，张家坟村有着得天独厚的自然优势，这一优势是张家坟村经济发展、增加农民收入的一项重要途径。

□ 旅游景点已不再是城里人热衷的去处，而住农家院、品农家菜、干农家活儿却成了当今的新时尚。往年人们所依赖的旅行社，也逐渐被家庭自助游所取代。来到农家，侉炖鱼、贴饼子、小柴鸡炖蘑菇 、木兰芽、柴鸡蛋等农家饭、山野菜特受青睐。

□ 民俗文化：放河灯。这一风俗起初是表达对逝去亲人的哀思和祭奠，后来逐渐演变成用它来表达心中良好的祝愿。农历七月初七是民间的七夕节，又叫情人节、女儿节，人们怕牛郎看不清暗夜的鹊桥，便在人间河流放灯，让牛郎顺利地与织女相会。

□ 当地的特色小吃，一是酱炖鱼头和炸小河虾。酱炖鱼头是将鱼头做成火锅；炸的小河虾是当地河中的小河虾，全部是天然食物，味道鲜美、独特，吃了难以忘记。二是农家菜。全部来自当地农家自家种植，不施化肥，新鲜、绿色、爽口。

路线提示

自驾车→

京顺路（四元桥）—顺义—怀柔—密云—溪翁镇—黑龙潭—京都第一瀑。

公交车→

北京东直门乘987路或980路公交车到密云，农家院可安排“面的”到密云接送，“面的”费用自理，价格不贵。

火　车→

6453次 北京北—石塘路 06:38—09:54

4449次 北京北—石塘路 16:43—19:53

2189次 北 京—石塘路 15:30—17:32

打车到石城村

回程

6454次 石塘路—北京北 16:21—20:19

4450次 石塘路—北京北 10:25—13:53

2190次 石塘路—北 京 12:18—14:20

游玩攻略

如果只有一天的时间，可以选择在村子里住宿，体会农家气氛，吃农家饭，采摘或者钓鱼，如果对于“农家乐”的兴致不是很高，可以去周围的黑龙潭景区和京都第一瀑进行穿越、攀登等活动，不过时间相对紧张一些。最好选择两天时间，可以更好地安排行程，避免出现旅途不畅的情形。

消费报价

普通间（双人、三人、多人）：50—80元/间，10—15元/人

标准间（双人、三人）：50－80元/间

火炕间：50－80元/间，15元/人

包吃包住（三餐加一晚住宿）：70元/人

重点推荐

盛家源绿色农家院

距离景点大门售票处区仅百米之遥， 处在京都第一瀑、精灵谷、清凉谷众多景区的环抱之中。农家是新盖的大院，设有免费停车场。院子里可以采摘新鲜蔬菜，尽享农家的田园生活。

联系方式：赵雪云 010-69016762 13552094251

乡村吧农家院

依山傍水，环境幽雅，空气清新，精灵谷、清凉谷、千尺珍珠瀑等众多景区近在咫尺。在这里您不仅可以呼吸新鲜空气、饮用山泉水，还可感受到纯朴的乡土风情。

联系方式：郭秀凤　010-69012242　13381105991

传真：010-69012292

体验报告

交通状况：★★★★★

距离城区并不远，火车、公交车都通到该村子附近，交通比较便利。

景点特色：★★★☆☆

黑龙潭的三瀑十八潭以及京都第一瀑的水景出类拔萃，实属难得的风景。

住宿条件：★★★☆☆

环境优美，在山上住宿对很多人是一种从未有过的体验，值得尝试。

愉悦程度：★★★★☆

当地的水景确实属于北京周边地区比较出色的，尤其是京都第一瀑的瀑布景观，有壮阔的，也有温婉的，美不胜收。

温馨提示：

1. 准备防水的外套，如果带相机拍照的话尤其要注意相机的防水。
2. 景区内的路线多是天然形成的，一个人独自行动可能会出现意外，最好结伴同行。

5. 清凉谷

1.5.1

青龙背村——

门前白河水，窗外云蒙山

关键词》》》》》》

避暑　千尺珍珠瀑　推碾子　转石磨　大鼓书

■　大多数喜欢出外游玩的朋友都见过各式各样的瀑布，但是像清凉谷里面的瀑布之多而全的在北京周边也算是一个极致了。青龙背村就位于清凉谷不远处，步行几分钟即到。一路上行走，扑面而来的清凉空气，就先让人产生了对清潭飞瀑的憧憬和向往。山路尽头一直延伸到清凉谷的大门，一处迎面矗立的卧石上书“清凉谷”3个大字，高耸的泛着暗光的山石、隐约传来的哗哗水声、云蒙山投下来的阴凉，将夏日的灼热干燥一扫而光，处处

给人以清凉气爽的感觉，好一个避暑的佳处！

■　水是清凉谷的表情，潭是清凉谷的精神，而瀑布就是清凉谷的灵魂。清凉谷不足4公里的路程分布着大小不一的五瀑十三潭，有细如米粒的珍珠瀑，也有垂直开阔的迎仙瀑，每个瀑布都有一个漂亮而形象的名字，令人兴趣盎然。在瀑布边听着哗哗的水声，感受那一片氤氲的仙境，所有的浮躁，所有的焦灼立遁无形，烦了，累了，来清凉谷体会一下这“云蒙三绝”吧！

村里的事

□　青龙背民俗村位于北京市密云县西北部，距密云县城40公里，距北京110公里，它和贾峪两个自然村组成贾峪民俗村。这里很早就有人居住成村了，一代代勤劳质朴的农民在这里繁衍生息，留下许多神奇的传说和历史久远的山川地貌、风土人情、人物古迹。贾峪村地处云蒙山系,是号称“黄山之美”的一部分，终年不断的白河水从村前流过，河岸线绵延3公里之长，河边可垂钓、放风筝、戏水游玩。以潭瀑松石等自然风光著称的清凉谷、龙云山景区就坐落在贾峪村地域内,这里环境优美,气候宜人,一面是千尺悬崖、瀑布和郁郁丛林、巍巍青山,一面是古道白河河湾和贾峪民俗村。

□　青龙背民俗村里有推碾子、转石磨、大鼓书等游玩项目，还有各种特产如杏核、榛子、山核桃，还有农户自家制作的山楂干、葫芦条等绿色特产，农户亲手在林中采摘的松蘑、榛蘑等。最值得一提的是非常受游客欢迎的老虎枕头，是用蚕沙做的，有明目醒脑的保健功效。

□　清凉谷景区位于密云县石城乡北石城村，地处塞外深山老峪，气温比平原低5℃—6℃，以空气清新、潭瀑密集、山高林密、气候凉爽为主要特点。在不到4公里的路段内有两湖五瀑十三潭，且形状各异。景区地处塞外、云蒙山阴坡，它由清凉谷、水帘洞两部分组成。终年不断的白河水，从景区门口流过，独特的地理位置和独特的环境成就了这里凉爽的气候。

路线提示

自驾车→

京顺路—顺义—怀柔—密云—溪翁镇—石城村—黑龙潭—京都第一瀑—清凉谷—直行见岔路口右转即到青龙背村。

公交车→

北京东直门乘987路或980路公交车到密云，农家院可安排“面的”到密云接送。“面的”费用自理，价格不贵。

消费报价

标准间（双人、三人）：80—100元/间

火炕间：80—100元/间

重点推荐

好再来农家乐

位于密云县清凉谷风景区青龙背村，春风拂面清凉谷，夏雨滋润小河流，秋叶飘落农家院，冬去春至好再来。这里层层山峦相绕，潺潺溪水相拥，院内有凉亭餐厅，可以同时容纳上百人就餐，是炎炎夏季避暑的最佳去处。

联系方式：于兆东　肖凤荣　010-69015271　13716511286

青霞农家院

位于密云县清凉谷景区青龙背村，农家院集食宿、娱乐为一体，空气清新，环境优美，吃住非常实惠。院内有封闭式的凉亭餐厅，四周围分布客房，经过翻修装潢，设施比以前更加高档。

联系方式：张春霞　郭玉春　010-69015149　13683059241

游玩攻略

一天一夜游玩攻略：

周六一早出发，大约10点钟左右到达，先在农家院放好东西，步行去清凉谷游玩，建议午餐在景区解决，因为中午拍水景效果要比傍晚好，这里天气也不会太热，日照很小。傍晚回到农家院吃饭，晚上出门参加篝火晚会，听大鼓书。第二天一早起床可以在村里买一些小工艺品，然后坐车返城。

两天一夜游玩攻略：

周六一早出发，大约10点钟左右到达，可以先在农家院吃中饭，下午去采摘、购买工艺品。傍晚回农家院吃饭，晚上参加篝火晚会，听大鼓书。第二天一早游览清凉谷，下午返城。

体验报告

交通状况：★★★★☆

略微有点远，大约需要3个小时的车程，自己开车的话要快一些。名气比较大，进入密云问路的时候很多人都知道。

景点特色：★★★★☆

清凉谷绝对是一个上佳的避暑胜地，夏天去最舒服。村子里还有很多可以采摘的果树，尤其是“金丝小枣”，鲜红的枣子压弯了树杈，点缀在翠绿的叶子中，好看之极，在雨后摘下小枣放在嘴里，又脆又甜，还凉丝丝的，一定不能错过！

住宿条件：★★★☆☆

干净卫生，农家饭里以柴锅炖胖头鱼最为有名，一斤多的大鱼头吃着非常过瘾。晚上村子里还有篝火晚会，可以欣赏一下这里的地方特色——大鼓书，里面的故事非常有趣。

愉悦程度：★★★☆☆

白天或是游览清凉谷，避暑放松于一体，或是采摘土特产，新鲜又天然。游走于干净清新的村子里，舒展身体，没有了工作压力。傍晚品尝农家饭，晚上还可以参加篝火晚会，充分体会乡村风情，整个游览行程非常放松惬意。

温馨提示：

1. 清凉谷平均气温比北京市区低5℃—6℃，出行时最好多备些衣物。

2. 因山区气候变化多端，春天会有细雨的抚摸，夏天会有大雨的洗礼，要备好雨具。

3. 清凉谷虽然风光旖旎，但山高林密，尽量穿轻便而适于登山的鞋子。

6. 古北口长城

1.6.1

河西村——

毗邻古北口，旧称柳林营

关键词》》》》》》

古北口长城　河西桃园　民间剪纸艺术　手工艺包　采摘

■　如果说，那些被开发的长城带给人的是一种自豪和凝重的思考的话，那么，当你看到传说中的“野长城”时，你体会到的，应该用震撼来形容。

■　有一种美，是不完整并且不能完整的，例如断臂的维纳斯、颓废的圆明园、被遗弃的帕特农神庙，还有罕有人迹的“野长城”。在图片里看到的那些情形已经足以让人觉得沧海桑田之巨变，而当你真正地站在了这断壁颓垣之上，看着远处的山峦起伏

和天色苍茫，看着那些茂盛的灌木，就会有一种空落落的感觉。日出日落，花谢花开，只是此情此景，还有此刻正在思考的人是真实存在的，一旦离开这个地方之后，就永远不会再现，哪怕故地重游，都不会是完全相同的感受了。

■ 那些古老的传说，在民间不停地流传，杨家将的英勇和忠烈，从现实变成了神话。据说故事中的杨七郎就安葬在这个村子里，一个又一个神奇的传说在这里的住户之间代代流传，影响着一个又一个听过这故事的人，使他们在看到不平之事的时候热血沸腾，义愤填膺。当代表着忠义的七郎坟和大气雄浑的古长城碰撞的时候，这个古代被称为柳林营的村落，在落日的余晖中也隐隐露出一种庄重的颜色。

村里的事

□ 边关古寨河西村，旧称柳林营，坐落于密云县古北口镇北端潮河西岸。依卧虎山，傍潮河水，是个古朴典雅、秀丽迷人的小山村。域内有卧虎山、卧虎山长城(明)、阴山长城(北齐)、吕祖庙、清真古寺(明万历)、老官房(清)、桃园、杨七郎坟、潮河古关、瘟神庙等诸多景点。其主景点卧虎山海拔665.22米，山势陡峭，形似卧虎，头朝西，尾朝潮河，站立山顶可观古北口全貌。建在卧虎山山脊的卧虎山长城是古北口长城的组成部分，始建于洪武八年。此段长城保留了长城的古老、雄浑、残败的原始风貌，极具野趣。古北口城北，东有蟠龙山，西有卧虎山，山势险峻，崖壁陡立，两山紧锁潮河，河岸窄得只有一辆车可以通过。金代曾于此处修建铁门扼守，所以就叫“铁门关”，也称古北口关。清朝，在古北口河西村增设柳林营，建提督府，开辟御道，修行宫，置重兵驻守关口。随着时代变迁，军营慢慢地成了民居，古时候的柳林营也就成了现在的河西村。

路线提示

自驾车→

1. 从北京市区出发出四元桥沿京顺路到枯柳树环岛走密云方向，过牛栏山环岛直行沿101国道一直走，经密云县继续向东北过太师屯镇，继续向北约18公里，过古北口隧道即可到达古北口镇。

2. 北京北四环望和桥—京承高速—北六环路出口（高速费15元）—京密路—古北口（全程收费20元）。北京市区到古北口只需50分钟。

公交车→

1. 北京东直门乘980路公交车到密云汽车站，转乘到古北口的中巴，在古北口隧道下车。

2. 乘去承德、滦平、围场、丰宁方向的长途车至古北口隧道古北口收费站处下车。

游玩攻略

河西村周围的长城大多属于未经商业开发的“野长城”，因此，在这里进行攀爬的时候要做好充分的准备。

如果是二日游，可以在第一天选择一户合适的农家院进行休息，然后熟悉一下周围的环境，一般站在村子里就能够看到周围的群山和山上的长城。晚上可以在村子里欣赏夜景，晴天的话你可以看到在城市里不可能看到的繁星满天的景色。春季来游玩可以尝一下这里名声在外的香椿芽，欣赏一下中国古老的剪纸艺术，还可以自己动手剪一幅画面出来，除此之外，还可以体会一下打水仗和丢沙包的乐趣。休息一天之后，第二天就可以选择去附近的“野长城”游玩，因为濒临古北口镇，附近可以选择的长城有很多，最好在熟悉环境的村里人的带领下进行攀爬，特别要注意安全。

如果是一日游，就只好取消在农家院的种种休闲活动，在抵达目的地后直接去爬“野长城”。

消费报价

普通间（双人、三人、多人）：30元/间，10—15元/人

标准间（双人、三人）：50—80元/间

火炕间：10—15元/间

包吃包住（三餐加一晚住宿）：35—50元/人

重点推荐

晓凤农家院

坐落于密云县古北口长城古北口河西村后街。周边有黄金探险、司马台长城、金山岭长城等景区。特色的石墩子与众不同。特别是主人的热情和烧得的一手好菜是您美好的回味。

联系方式：刘晓凤　010-81051553　13391916552

长城民俗农家院

位于密云县古北口长城风景区，背靠卧虎山，南邻潮河水，站在院中便可观赏长城，随时可以攀爬长城，绝对是您出城游玩的好去处。小院是一个乡村的四合院建筑，民风淳朴，主人厚道，待客热情真诚。

联系方式：康桂兰　010-81051625　13552268083

体验报告

交通状况：★★★★☆

位于公路沿线，交通发达，但路况不是很好。

景点特色：★★★★☆

附近的“野长城”有那些已经开发出来的长城所没有的沧桑感，而且人少，比较适合拍照和细致游览。

住宿条件：★★★★☆

地处山区，环境安静，有利于恢复体力和脑力。

愉悦程度：★★★★☆

在这个被许多专家认为景色要超过八达岭的地方，能真切地感觉到长城的野性美。

7. 司马台长城

1.7.1
司马台村——
昔日英魂已不在，此地空余司马台

关键词》》》》》》

司马台长城　温泉　滑翔　水上游船

■　想要体会历史的沧桑感，除了去图书馆找一本厚厚的，最好还是微微泛黄、带着霉味的线装书以外，一个更好的方法就是去那些还残留着古代线条和轮廓的建筑里，仔细地触摸一番。

■　曾经去过八达岭，回来的时候叫苦不迭。在旅游的旺季去一个热门的景点简直就是自讨苦吃，山上除了人，就是砖，不见一点绿色。然而在司马台村，一切都要舒服而且温馨得多，不用担心周围都是休息大巴和行走的游人，毕竟这是一个村庄，有房

舍、墙壁，有热情的主人、可口的饭菜，于是，出行就有了家的感觉。

■ 仔细想想，你有多久不曾呼吸到真正的新鲜空气了？每天在有空调的房子和地铁中生存，进入鼻腔的都是热乎乎的氧气，夹杂着各种各样的气味，让人眩晕。到了这里，我终于明白了什么叫做贪婪地呼吸，站在野外，看到久违的绿色——是透出一股水灵劲的绿色，不是城市的马路两边盖满了被车流扬起的尘土的那种植物的灰蒙蒙的绿色。那个时候，你就会不由自主地深呼吸，这一口气，似乎可以把一直以来郁结在心中的所有不快情绪统统地清除干净。

■ 如果你有足够的兴致看完这一路的风景，想要好好休息一下，有什么好办法吗？睡一觉？这样未必太简单了一些，如果能够在附近的温泉水中泡泡，然后再去冬天热乎乎夏天凉爽爽的炕头上美美地睡上一觉，你肯定能够明白，什么叫做真正的放松。

村里的事

□ 司马台村位于密云县东北部的古北口镇，是个历史悠久的村庄，这段长城临近司马台村，所以习惯上被称为司马台长城，这是从明代沿用下来的名字。传说司马台的名字与罗家坟有着密切的联系。罗家坟，据当地人讲是隋、唐时期罗艺及其后人的墓场。唐初罗艺被斩，葬于此地。其部下王司马（罗艺所提拔的官吏）看破世道，甘愿为罗家世代守墓，一则为躲避乱世，二则以此报答罗艺的知遇之恩。当时，罗家趋于衰败，王司马能主动为罗家守墓，罗艺家人深受感动，并许诺这里罗家所属的土地为王司马世代所用，只要罗家不败落，王司马及其后代永享“司马”俸禄。此后，王司马世代生存在此地，一直守护着“罗家坟”。王司马死后，其子孙逐渐厌烦周边的人管这地儿总叫什么“罗家坟”、“罗家墓”的，便找机会和罗家后裔商量，以祭奠祖先和慰藉世代守墓之辛苦为由，将此地起名为“司马台”。

路线提示 ////////////////////////////////////

自驾车→

北京东直门—京顺路—枯柳树环岛—京密路—密云县城—京承路—司马台长城。

公交车→

北京东直门乘980路或970路公交车至密云，再转乘至司马台景区的车辆。

游玩攻略 ////////////////////////////////////

周六上午到达，休整之后准备参加司马台长城的穿越活动。司马台长城的穿越有两条路线：一条是以司马台东段作为起点；另一条是从金山岭长城启程穿越到司马台西段。如果选择第二条路线的话，因为金山岭长城属于河北辖区，可能要多付一次门票的费用。一般从起点到望京楼并返回需要近3个小时的时间，当然这属于平均水平，根据个人体力可以上下浮动一小时左右。司马台长城的外国游客比较多，可以顺便考验一下自己的外语口语水平。时间安排得紧凑的话，一天可以完成。

如果打算做两天的停留，可以把第一天用来休息和在村子附近的山岭上游玩。第二天早起，避开上山的高峰人群，提前出发，一来可以有足够的时间欣赏山上的风景；二来也可以根据人流情况自由把握下山时间，避开下山的高峰人流。

消费报价 ////////////////////////////////////

普通间（双人、三人、多人）：40—80元/间，15元/人

标准间（双人、三人）：80—500元/间，100元/人

重点推荐 ////////////////////////////////////

龙聚堂农家院

位于密云县司马台长城景区外，绿景相拥小木屋，隔林相望司马

台，美味萦绕碧空下，友宾相约龙聚堂。依山林立的小木屋集古典与现代于一身，游客在其中犹如仙居隐身。小木屋受到中外游客的喜爱，经常有外国游客慕名光顾。

联系方式：王继林　010－69035175　13241661045

北京司马台温泉度假村

紧邻司马台长城脚下的“鸳鸯湖”，是一家中外合资经营企业。度假村建筑是古典的中式四合院式建筑，青砖绿瓦受到外国朋友的青睐。健康舒适的餐饮住宿环境在司马台长城景区首屈一指，令无数中外游客慕名而来，流连忘返。

联系方式：刘文华　13701265674

体验报告

交通状况：★★★★★

作为开发得比较彻底的长城，司马台和八达岭几乎齐名，因此在交通上比较便利，有专门的旅行大巴，如果自驾游或者自助出行的话，公路交通都很发达。

景点特色：★★★★★

和八达岭的人山人海相比，这里的环境要清静许多。长城保存得比较完整，而且周围的外国游客很多，服务和设置配备也要好于其他开发的长城地段。

住宿条件：★★★★☆

因为接待过不少的外国游客，所以司马台村子的旅馆设施都比较标准，周围的环境不错。

愉悦程度：★★★★★

有好的风景，好的故事，挑一个好的天气，没有理由还觉得沮丧，之前的所有不快都随着站在山顶之后的那一望而烟消云散了。

温馨提示：

1. 一路没有树荫，有荆棘，需备手套，注意着装，注意防晒，要多备水。
2. 从将军楼到金山岭要过一处军事禁区，该处长城被堵死，但可绕过去(从禁区中的水坝一侧)，要带身份证，最好不要带外国人。

8. 云岫谷游猎风景区

1.8.1

遥桥峪村——

戍边征夫不在，百年古堡依然

关键词》》》》》》

狩猎　古堡　传统节日

■　有没有想过这样一个看起来十分无聊的问题：自己的前世——如果有的话，你觉得会是什么？

■　如果我真的能够决定的话，我一定要自己生在一个乱世，招兵买马，占山为王，修一座铜墙铁壁的城堡，每天在城墙上巡视，背后背着一把弯弓，用千钧之力拉开一道好像满月的圆，将手中的雕翎箭射向敌人的胸膛。只是这样的念头只能是一闪而过，甚至连说都不能说出来，否则会被人当成疯子，接受那些莫

名的嘲弄和白眼。

■ 这想法虽然太无稽，可也并不是一点谱都不靠，占不了自己的山头，修不了自己的城堡，我至少可以到这样一个村落，毗邻云岫谷，推门就可以看到宜人的风景，在风景之中，有一座古堡一样的客栈，我住在其中的某个房间里，做我的前世之梦。

■ 古堡，古堡，看到的这样的建筑越多，就越会觉得这是一笔先人留下来的财富，同样的建筑我们并不是不能造，更不是造不好，而是因为那些刻在这城堡上的痕迹：烽火的烟熏、北风的摩擦、人力的破坏等等等等，都是不可复原的。岁月的沉淀已经给了这些老年建筑一种不同于任何事物的沧桑感，当你面对它的时候，你才会真正地明白，那种沧桑感就好像历经世事的老人的眼神，一眼就可以看穿你所有的年少和轻薄。

在前世的古堡，思考今生的未来。

村里的事 ////////////////////////////////////

□ 遥桥峪村历史悠久，位于北京的东北角，距北京城区130公里，距密云县城50公里，位于密云县新城子乡东部。北部靠山，南沿安达木河。早年冬、春之季此地需架桥以渡，因桥不稳而得名“摇桥”，后以谐音“遥桥”称之。明万历年间建遥桥峪城堡，坐北朝南，只设一南门。原南门顶部建有魁星庙，北城墙中间顶部建有真武庙，均已无存。残城志一方存于县博物馆。门洞上“遥桥峪堡”石匾尚存，字迹不清。城堡保存完好。清代称遥桥谷，后演变为今名。

□ 遥桥峪古堡始建于明万历二十六年，南面正中有城门一座。此城现保持十分完好。古堡内居住着50户明代守边将士的后代。现在遥桥峪大多数的户都已从事民俗旅游、接待营生。遥桥峪城堡设计缜密，设施俱全，地理位置适合战略要求，以云岫谷山羊精楼为耳目，与司马台以东至曹家路一带长城敌楼遥相呼应。当年长城遇敌情，在山羊精楼上值勤的哨兵马上点起狼烟，把长城上的报警信号传到城内，城内立即集合部队迅速增援曹路以西长城沿线，平时，由于地势隐蔽，就连敌人的密探也很难发现它。所以在当时具有很重要的战略价值。

□ 遥桥峪堡历经数百年至今保存完好，具有较高的观赏价值，辖区内有云岫谷游猎风景区，距北京132公里。这里自然环境优越，山场面积广阔，植被覆盖率达95%以上，游猎区为多功能旅游区，分为密云国际狩猎场、现代化飞碟射击场和蒙古风俗村、云岫谷风景区等部门。景区东临国家一级森林公园——雾灵山，西边是司马台长城。

路线提示

自驾车→

从北京三元桥下京密路到密云，沿京承路行驶到桑园路口右转约35公里即到。

公交车→

旅游季节在北京宣武门教堂前有去云岫谷的旅游专线车；

北京东直门乘980路或970路公交车至密云汽车站后，随时有开往云岫谷景区的大小公共汽车，约30分钟一个班次。

游玩攻略

1. 周五下午于北京市区出发，约两小时到达云岫谷，品尝丰富的农家饭和烤全羊。餐后可唱卡拉OK、燃放烟花爆竹等活动。

2. 早餐后游览云岫谷风景区。游览完午餐后乘车沿京密国道返回京城。

住宿报价

普通间（双人、三人、多人）：50—80元/间，10—15元/人

标准间（双人、三人）：50—80元/间

火炕间：80元/间，10元/人

重点推荐 ////////////////////////////////

遥桥峪16号农家院

位于密云县云岫谷风景区遥桥峪民俗村，农家院干净整洁优越的地理位置，更是带给游客方便。门前宽敞的停车场给您最贴心的服务，主人热情、纯朴，让您充分感受到回家的温暖。农家特色就是有珍贵的山野葱。

联系方式：张海林　010—81022878

体验报告

交通状况：★★★★★

路线简单，适合自驾出行，同时也有路过的公交车，适合背包客。

景点特色：★★★★☆

遥桥峪的古堡有种厚重的历史感和神秘感，云岫谷的地势适合户外运动，风景宜人。

住宿条件：★★★★☆

只要想象一下自己在一座仿照几百年前的古堡建造的旅馆里过夜，您就会觉得这一趟来得值。

愉悦程度：★★★★★

历史和自然的有机结合，宜住宜游，亲身的体验要超过任何文字的描述和图片的诱惑。

温馨提示：
云岫谷主要是原始森林，以景区内华北最大的狩猎场著称。每年4月至10月为自然风光观赏佳期，11月至次年3月为狩猎佳期，可带犬寻猎，有猎人向导。

9. 雾灵山景区

1.9.1
曹家路村——
京东第一缕阳光照耀的地方

关键词》》》》》》

采摘　集市　日出　爬山

■　拿一张北京地图，用手沿着正东的方向不停地延伸，在密云县东部河北省滦平县、承德县、兴隆县三县交界的地方，我们可以看到一个小小的村子，名叫曹家路村。这里，就是每天北京的第一缕阳光照到的地方。

■　小的时候曾经学过巴金先生的《海上日出》，具体的文字已经忘得差不多了，留下来的所有印象就是自从学过那篇课文之后，就开始执著地想象大海上面的朝阳和落日到底是什么样子。

生活在平原的孩子，只要一想到有那么大片的水面在这世界上某个地方存在着，就会觉得这世界很神奇，那幻想是我对于远方的启蒙。曾经也有那么一段时间，每天提醒爸爸妈妈早早地叫醒自己，唤上几个伙伴，跑到村子外面的什么地方，美其名曰锻炼身体，然后就会在奔跑的过程当中，看到东面的天空，先是一阵明快的深蓝，然后是有一条明亮的线从地平线上慢慢地露出来，渐渐地那条线上升，就好像夜的幕布被一点一点地从下面拉开一样，露出来在后面藏了一夜的明亮天空。小的时候有那样的机会，却没有足够的心智去欣赏日出时候的美丽，等到长大了，觉得自己似乎已经能够体会到其中的色彩了，却发现生活在了一个没有地平线的城市中。

■　在曹家路村停留的日子，看日出始终是我念念不忘的一件事情，这村子号称京东第一村，在海拔上又占有优势，就算身边有再高的楼群也不怕了，站在山峰上，一览众山小，久违了的地平线，终于又出现在眼前了。

村里的事

□　曹家路村位于密云县新城子镇，是历史名镇。西临古北口、司马台长城、云岫谷、雾灵湖，南临雾灵山，东与河北省兴隆、滦平两县交界，号称“一鸡鸣三县”。是北京市经度最靠东侧、最早见到阳光的地方，有“京东第一村”之称。因地处军事要塞，逢有险峻山峰之处，均可见到长城、烽火台、古城墙。

□　曹家路辖区有燕山主峰雾灵山，雾灵山又名伏凌山，也曾叫过孟广硎山、五龙山。到明代时因大乘天真圆顿教第三代祖天真古佛将此山作为“求道灵山”，加之此山常年有云雾缭绕其上，始称雾灵山，位于河北兴隆县城北部15公里处，为“京东第一高峰”。雾灵山山体较为高大，云雾常年笼罩山川，其阳坡叫万花台，阴坡叫清凉界。雾灵山森林公园分为歪桃峰、仙人塔、龙潭、清凉界四大景区，有雾灵云海、雾灵日出、雾灵积雪、雾灵佛光、雾灵林海、雾灵晚霞、雾灵秋色七大景观，仙人塔、龙潭瀑布、气不忿峰等100多处景点。清顺治二年（1645年），雾灵山被清王朝划为“清东陵”的“后龙风水区”禁地，封为皇家风水宝地。

路线提示

自驾车→

京顺路—顺义—怀柔—密云—雾灵山路口—曹家路村。

公交车→

从北京东直门乘坐980路公交车到密云，“面的”接送（费用自理，10元/位）。

游玩攻略

从曹家路村到雾灵山还有4公里，山路很累，建议从村里坐车。顶峰一带植被破坏严重，可以考虑从落松台步行，走得远一点看看山景，再返回到龙潭景区就可以了。从那里走到西门，可以玩得从容一些。

二日游的话，第一天早上出城，中午大约12点多到达曹家路村，吃过午饭之后可以背包上山，在附近的山沟里玩穿越，景色也不错，适宜拍照。路旁的山楂树可以随便采摘，也可以去采蘑菇，不过要注意区分有毒和无毒的蘑菇。晚上可以在村子里烧烤、看星星、唱卡拉OK。第二天一早进山，基本路线同上，下午3点左右返城。时间不太宽松，不过走马观花够了。

消费报价

普通间（双人、三人、多人）：40—50元/间，10—15元/人

标准间（双人、三人）：60元/间，20元/人

火炕间：10元/人，40—50元/间

重点推荐 //

曹家路民俗村：

海波酒家

坐落在河边，潺潺的流水从门前客房静静地流淌。站在阳台上就可以垂钓，河里鱼类繁多。夏天的时候既可以乘凉又可以休闲娱乐。窗外不远处既是郁郁葱葱的雾灵山，高低起伏，生机盎然。可以称得上是名副其实的山景房。

联系方式：张晓军 010-81022395 13241551509

大沟民俗村：

老兵之家

是集食宿、娱乐、会议为一体的多功能度假村。门前小桥流水，背靠雾灵山山脉，满山遍野的山果、栗子、大枣、山楂、核桃等，秋高气爽之日选择这里的采摘定会让您体验金秋的美好。

联系方式：蔡连国 010-81021470 13241697244

森淼休闲山庄

距离雾灵山景区北大门售票处仅几十米，可以开车直达顶峰。山庄是一个典型的山间建筑，建有两个大型鱼池，鱼池内鱼类繁多，有鲟鱼、虹鳟、金鳟等。山庄凉亭餐厅紧挨着鱼池，可以边用餐边观赏鱼池内游来游去的鱼。

联系方式：高占军 010-81021030 13164232132 13803143376 13932404816

体验报告 //

交通状况：★★★★★

交通发达，在景点附近有公交车和火车，出入十分方便。

景点特色：★★★☆☆

雾灵山风景，山水交融，不论阴晴雨雪，都别有风情。

住宿条件：★★★★☆

比较标准的旅店配置，而且环境优美，空气清新，在窗口能直接看到远处的风景。

愉悦程度：★★★★☆

一天的游玩之后，再经过在当地农家一晚的休息，不仅是身体上，连精神都恢复得比之前任何一个时候都好。

温馨提示：

1. 雾灵山旅游最佳时间：4月15日—10月15日。
2. 每年的10月1日至翌年的5月31日为防火戒严期，严格控制一切野外用火。
3. 雾灵山昼夜温差较大，请游客在上山前要带上必要的保暖衣服。

二 怀柔区

北
喇叭沟门森林公园
孙栅子
喇叭沟门
延庆
密云
后铺
磁龙山
慕田峪长城
响水湖
(庄户村)
二道关
莲花池
云蒙山
百泉山
虹鳟鱼一条沟
青龙峡
官地村
神堂峪
黄花城水长城
箭扣长城
红螺寺
雁栖湖
G101
西水峪
红庙
九渡河
怀柔
昌平
顺义

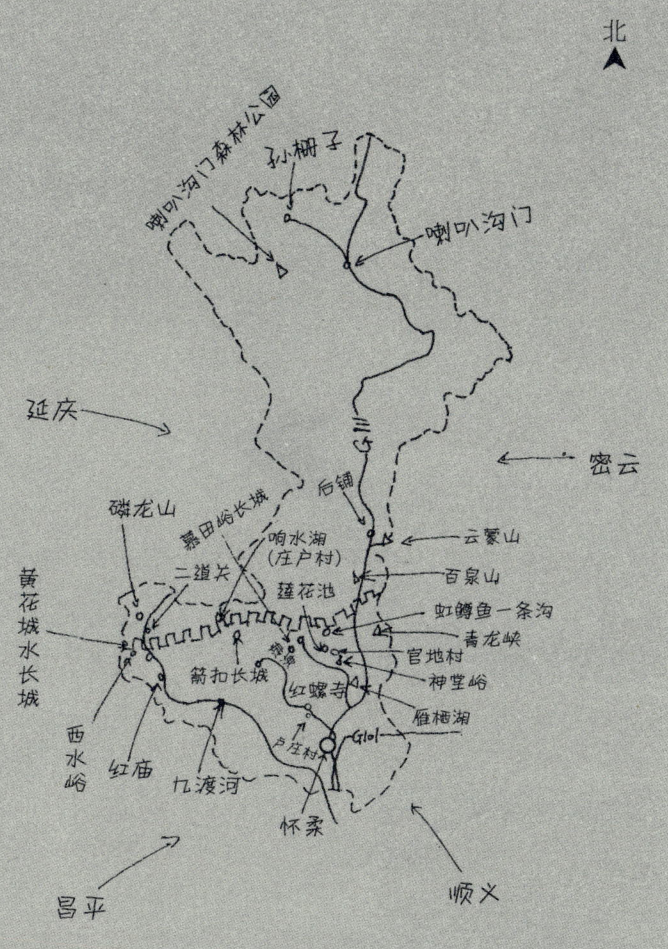

神堂峪
黄花城
水长城
青龙峡
青龍峡

响水湖

黑龙潭
黄花城
水长城

神堂峪
响水湖

1. 黄花城水长城

2.1.1

西水峪村——

北京唯一的水长城

关键词 》》》》》》

戏水 水长城 爬山 垂钓

■ 它偏安怀柔一隅，比起名山大川它简直令人不屑一顾，然而历数北京城周边有山有水的地方，西水峪村倒是可圈可点，尤其是让这地方名声大噪的水长城。类似的景观据说在山海关老龙头也能看到，除了那里，就要数到这个安静的西水峪村了。

■ 长城本是极阳刚的建筑，蜿蜒地附着在群山之上，几乎所有的中国人都会这样一个比喻句：长城好像一条巨龙盘旋在我们中国的脊梁上。龙之为物，原是少不了水的，看惯了八达

岭、司马台的那些景观长城或者“野长城”，熟悉了墙上的每一块砖的形状、垛口上的每一处痕迹，就会觉得这样的风景似乎是一条没有灵气的巨龙一样，直到听说了西水峪村，并亲眼看到了一段没入水中的长城。这片水域将长城分成两段，而且和我们经常攀爬的“野长城”相比，这段长城必须要划船进入湖中才能看到，再加上这从未修葺过的“野长城”本身就有着独特的魅力吸引着人们前去观瞻，这段水长城也就成了西水峪村最大的看点。

■　这些“野长城”不像八达岭长城那样可以攀爬，它们依旧保持原始的风貌，看起来并没有一般长城那么宽，城墙也没有可以观望的典型的长城石墙，而只是简单的阶梯。现在阶梯上长满了杂草，至高处已超过一人，只有绵延的长城和烽火台依旧和我们印象中的一样，只是这“野长城”看来更多了一分世事浑浊我独清的沧桑。长城，本就应该是这样的，带着一种萧索，一语不发却成书，让人站在这城墙上总会忍不住地回味和思考，而不是被过多地嫁接了现代的元素之后沾染那么多的脂粉气，到头来只剩下拥挤的游客和青砖上“××到此一游”的伤疤。

■　西水峪村中央的水池美其名曰：小西湖。小西湖中有一片叫做沙滩的三角洲，露营的人们一般选择在此扎营，池畔篝火的确适合周末和朋友小聚，这种天然的方式一则比泡吧省钱，二则也更适合好友交流感情。人与人之间的交流，除了个人之间的信任之外，很大的一部分因素取决于环境的影响。试想你与朋友久别重逢，想小酌几杯，一个什么样的场所才是你真正想要的呢？如果你没有明确的答案，那么我给你一个参考：湖边，篝火，夜空下，空气中弥漫的是潮湿的水汽和木头燃烧发出来的烟火味道，周围有三三两两的人，分散着，在不同的地方坐着，说些未知的话题，唯一能听清楚的就是偶尔传来的笑声。你和朋友，就坐在这样一堆篝火前，啤酒，或者痛快的北京二锅头，相对小酌，对影成三人，还有什么比这个更极致的吗？

村里的事

□　西水峪民俗度假村位于怀柔九渡河镇，为九渡河镇辖村。位于镇域西北部，东南距县城29公里，东距石湖峪0.8公里，南与昌平区毗连，西与延庆县为邻，北靠长城。村子位于沟谷台地上，呈带状分布，有主街一条。明代建长城设西水峪城堡于该地，清代发展成村，以关得名西水峪。西水峪水库位于村北百米处，从1公里外引山泉进村，供人畜生活用水。经济以旅游业为主。现有明代所建的西水峪堡，南向开一门，现南墙西墙仅存基础，东墙保存较完好。村北有古槐一株，干径约1.5米。

□　这里更有一段水上长城，乃长城景观中绝无仅有的奇观。明朝年间还建有西水峪关，为黄花城长城的重要关口，现在仅存遗迹。景区内另一绝是明代守边将士辛勤栽培的100亩大明板栗，大面积的大明板栗在京郊独一无二。还有紫翠峰、凤凰台、腾龙索、水帘洞等景观。该村与正在开发建设的黄花城长城生态旅游区融为一体，环境幽雅，资源丰富，特别是点缀在青山绿水间的农家山寨，其建筑多为石质结构，民风淳朴，村内建有著名的明代板栗园及果品观光采摘园。

路线提示

自驾车→

从京承高速到怀柔的北台路，出高速，第一个红绿灯左转直行，到达桥梓后左转西行，向九渡河方向行驶。到达九渡河加油站以后，根据景区路标即可到达。

公交车→

从北京东直门乘916路公交车到怀柔国际会议中心,之后换乘“怀柔—西水峪”的蓝色中巴到终点西水峪站(车费5元),即到北京黄花城水长城旅游区。

游玩攻略

早晨集合从市区出发，走八达岭高速，大约3个小时能够到达西水峪村。可以直接进山，攀岩爱好者可以在这附近进行练习。如果是自助旅行的话，可以在景区内安装帐篷扎营，或者去西水峪度假村，随意找一家农家院安排住宿。在景区内扎营的一个好处就是地理位置在景区内部，便于安排爬山之类的活动；在农家院则能体会到其他的露营所不能体会到的舒适，例如吃农家饭、睡火炕等等。当天爬山则当天返回，时间充裕可以在第一天安排休息，第二天早起爬长城，下午返城。

消费报价

普通间（双人、三人、多人）：40—60元/间，10—20元/人

标准间（双人、三人）：80—120元/间，30元/人

火炕间：40—60元/间，10元/人

包吃包住（三餐加一晚住宿）：60—100元/人

重点推荐

好人缘农家院

好人缘，一听这名人就差不了！而事实确实如此。一个典型的农家大嫂，对人特别热情，为人特别厚道，这在村里都是出了名的。在她家后院的山坡上可以采摘栗子、柿子、核桃等等。

联系方式：韩仕兰　010-61652230　13716306471　13716266930

财阁老家农家院

是西水峪村唯一的一家四合院，感觉特别温馨，坐在院子里聊天喝茶，抬头就可以看到水长城的烽火台。这家主人的小外甥女是个独轮车冠军，拿过很多奖项，是北京奥运会怀柔区的火炬手。

联系方式：周淑霞　010－61652201　13601034878

体验报告 ////////////////////////////////

交通状况：★★★★★

农家院距离黄花城水长城景区很近，交通便利，有旅游车直达，坐公交车到景区附近后可以打车抵达自己想去的地方。

景点特色：★★★★☆

特有的水长城景观，能让你感觉到这砖石建筑的另类之美。

住宿条件：★★★★★

环境优美，气候适宜居住，尤其在山水之间的建筑物内居住。

愉悦程度：★★★★★

特色的景致能够给人带来享受的感觉。

温馨提示：
景区内河沟大石嶙峋，有多处险要的地方，需要小心渡过。

2.1.2

黄花城村——

怀九河畔，昔日金城汤池

关键词》》》》》》

采摘　戏水　虹鳟鱼　水长城

■　如果我能飞，我一定要高高地在这片水域之上鸟瞰这个地方的每个线条，青色的山脊上，古老的城墙被阳光照成了一片灰白，蜿蜒曲折，像一条匍匐的龙，一头扎进了山边的湖水里。山是青色的，城是白色的，水是蓝色的，这简简单单的3种色彩被涂抹在这片高低不平的土地上之后，便形成了一片耀眼的风景。

■　只是我们来的还不是时候，如果是在仲夏，原本平淡无奇的旅程，会一下子被充满这里满山遍野的黄花变成一场梦幻般的旅程。乡村、屋舍、房前屋后的那些白杨绿柳，统统都淹没在这一片黄色的海洋里，看起来沉稳而宁静。偏偏这里又不止是一个小小的村落那么简单，军机重地，就地围城，因为这里的独特风景，取名黄花城。

■　不知道500多年前，在这里建造长城的那位将军有没有想过，他后来竟然因为这一段长城获罪冤死，又会因为这一段长城而青史留名。只是，今天的游客们，没有人再去仔细追究这位将军姓甚名谁，也没有谁会去咒骂那个进献谗言的佞臣，唯一知道的，就是一个情节：一位将军，修筑了一段被誉为金汤的长城，却因为工期过长，被人诬陷获斩，又因为皇帝的后知后觉而平反。百年之后的今天，皇帝、将军、佞臣都不在了，只剩下这一段长城，刻着“金汤”二字，岿然不动地矗立在金汤湖畔，还有那满山遍野的黄花，开满整个盛夏，一如若干年之前。

■　只有山而没有水的那些长城，只是长城而已，而这处在山水

之间的一道墙壁，我总会以为，这是一条蛰伏的巨龙，总有一天，会破土而出，仰头消失在九天之外。

村里的事

□ 位于怀柔区城关镇西北29公里的黄花城，是北京界内少有的山水相连的长城，因仲夏时节这里的屋宇村舍会被淹没进漫天的黄花之中而得名。元代，这里已是交通繁忙的村落。明代，成为京都的军事重镇，称“本镇关”。

□ 黄花城为九渡河镇辖村。位于镇域西北部，北靠长城。原黄花城乡政府曾驻该村。明景泰四年（1453年）建城以黄花镇得名，为京北重要关隘，是驻守黄花路指挥机关驻地。当地人习惯称“城上”。村址位于怀九河上游，海拔229米。黄花城地处京师北门，东有古北口，西有居庸关，北邻四海冶，战略地位十分重要。故元代即设千户所，明代置参将、守备驻守。明史有明武宗正德十三年（1518年）夏四月驾幸黄花镇（城）的记载。《长安客话》载有多首咏黄花镇诗。其中张士雅黄花镇诗之二云：“万里黄云百二关，九陵烟树接群山，王庭远徙边尘净，征马萧萧白日间。”该段长城雄伟险峻，关门外路西侧崖壁上有明代石刻“金汤”二字。

路线提示

自驾车→

1. 从北京马甸桥上八达岭高速，达昌平西关环岛后出高速往十三陵长陵路口直行,看标示牌右转往九渡河（黑山寨）方向,见到T字形路口左转往黄花城方向,前行不远看到一个中石化怀柔九渡河加油站左转,根据景区道路指示牌到达景区。

2. 从北京亚运村，经立水桥，至大柳树环岛，往昌平上庄方向，经兴寿即可往九渡河一路开去。到九渡河加油站后，根据景区道路指示牌到达景区。

公交车→

从北京东直门乘916路公交车到怀柔国际会议中心,之后换乘“怀柔—西水峪”的蓝色中巴到终点西水峪站(车费5元),即到北京黄花城水长城旅游区。

游玩攻略

早晨出发，在黄花城村入住，安排妥当之后可以在村庄周围小规模地游玩，或者到小西湖欣赏水景，当晚休息。第二天爬这一段的长城。这个景区的长城开发程度不如八达岭或司马台，相对简单，但是风格古朴，保留着其原本的面貌。午饭可以在山上吃，注意不要到处丢弃垃圾。下午下山，然后返城。

消费报价

普通间（双人、三人、多人）：40—50元/间，10元/人

标准间（双人、三人）：100—160元/间，50—80元/人

重点推荐

晓红一路发

这个农家小院在国际上都享有声誉，著名的“LONELY PLANET CHINA”中有这个传奇农家的介绍。主人以一个农民的朴实赢得了各国友人的赞许，她带给游客的不仅是开怀的一笑，还有存于心底的那份温暖。

联系方式：孙晓红　010-61651393　010-61652530　13716532231

北京黄花城八月民俗接待

餐饮以经营炖菜为主打，有强烈的地方特色，在当地独一份。院内设有大型停车场，有足够的场地可扎帐篷露营。房间布置非常特别，区别于宾馆和农家院，绝对让人眼前一亮。

联系方式：晋晓东　010-61652077　13501030497　13501030600

体验报告

交通状况：★★★★★

交通便利，有旅游车直达，坐公交车到站后打车很顺利就能找到这个地方。

景点特色：★★★★★

与单纯的山脉与砖石组合出来的八达岭不一样的是，这里特有的水长城景观把水的柔和长城的刚巧妙地结合在一起，让人流连忘返。

住宿条件：★★★★☆

住宿环境优美，因为附近的绿化和水域面积广阔，当地气候宜人，旅馆就在长城脚下，设施完善，吃住都很惬意，一切都是自然的风景。

愉悦程度：★★★★☆

特色的景致能够给人带来美的享受，仅此一项，就足以让人不虚此行。

> 温馨提示：
> 攀登过程中要注意安全，建议身体不适者不要登山。此段长城比较陡峭，在攀登过程中最好结伴而行。注意保持景区卫生，不要乱丢垃圾。

2.1.3

红庙村、九渡河村——

才食全素宴，又见虹鳟鱼

关键词》》》》》》

虹鳟鱼　全素宴

■　子曰：仁者乐山智者乐水。朱熹在《论语集注》里解释：

“没有对仁和智极其深刻的体悟，绝对不能作出这样的形容。”不过每个人都有解读经典的权利，我宁愿自以为是地认为夫子口中所说的仁者乐山，乐的是山里的野味，智者乐水，乐的是水里的鱼鲜。

■　如果《论语》真的能够像这样被我歪曲的话，那么九渡河和红庙村真的是不折不扣地实现仁者之乐和智者之乐的地方了。九渡河镇的虹鳟鱼，依托当地的优良水质，从骨子里透着一股大自然的清新气儿。红庙村的全素宴，用山里的蘑菇等野味配上青椒、豆腐、胡萝卜等等之类的素材，色香味俱佳，让你在入口那一刻体验这不带人间烟火气的美食。九渡河村有“有山有水有长城，红色旅游伴其中”的显著特征。来到九渡河镇既可以领略峰崖高耸的鳞龙山、凤凰驼的自然风景，泛舟在碧波万顷的小西湖、金汤湖的青山秀水中，还可以登上万里长城，纵观风景如画的大好河山，了却“不到长城非好汉”的心愿，到素有“怀柔西柏坡”之称的怀柔第一个党支部诞生地庙上村，缅怀革命先烈，接受革命传统教育。走入农家，吃农家饭，住农家院，亲自体验淳朴的民俗风情。

■ 同样位于九渡河镇的红庙村，除了名声在外的全素宴之外，更有天然形成的石洞，充分满足好奇之人探险的欲望。村西山坡上长眠着明末清初著名将领金声遥。金声遥生前颇受清太宗皇太极倚重，被顺治皇帝封为一等阿达哈哈番光禄大夫，康熙、乾隆等对其后人均有诰封。

村里的事

□ 九渡河镇所在地距怀柔城区20公里，怀柔—四海公路穿境而过，交通十分便捷；电力、电信、学校、医院等基础设施和公共服务设施完备。该镇在本镇境内和区工业开发区内建有工业小区，进区企业可享受优惠的政策和系列化服务。

□ 该镇山场广阔,林果资源丰富，村子的板栗，产量和果品质量全区闻名，素有“板栗之乡”之美誉。九渡河镇山清水秀，文物古迹众多，旅游开发前景广阔。境内10.8公里的古长城横跨东西,建有“五口三关一城”，其东有山海关，西有居庸关，北邻四海，在历史上为京师的北大门。在长城关口处建有黄花城、西水峪两座水库，怀九河及其上游水系分布在全镇境内，与古长城相互辉映，形成一景。境内还有清代皇帝义子张茂墓，金声遥、蔡凯将军墓，火门洞石塔、古堡、中生代火山口遗址等文物古迹。目前，该镇境内的驼岭度假村、鳞龙山自然风景区、鹰冠山庄、白云川古道观等一批旅游项目正在开发建设中。

□ 红庙村位于怀柔九渡河镇镇域西部，略呈三角形。原村东有一座墙和门均为红色的古庙，故名。清初为看庙人所居住，后渐成村落，属黄花镇村。村西百米处有清顺治十四年（1657年）封一等阿达哈哈番光禄大夫金声遥夫妇墓，保存仍较完整，墓前石狮、五供等已移至村内井旁。村南1.5公里半山腰处有石灰岩溶洞，当地人称石花洞。洞口东向，洞共有4层，顶有石钟乳，下有暗河，河水从九渡河西山根流出。

路线提示

红庙自驾车→

京昌高速西关出口—十三陵长陵—沙岭—黑山寨—九渡河加油站北500米处。

北京亚运村—小汤山—兴寿—下庄—九渡河加油站北500米处。

怀柔—石厂环岛右转—桥梓—九渡河加油站北500米处。

红庙公交车→

从北京东直门乘916路公交车直达怀柔会议中心下车（空调车8元/人，普通车6元左右/人），换乘"怀柔—黄花城"的蓝色中巴到红庙站下车即到。

九渡河自驾车→

从北京马甸桥上八达岭高速—京昌高速西关出口—十三陵长陵—沙岭—黑山寨—九渡河加油站往北200米。

九渡河公交车→

从北京东直门乘916路公交车直达怀柔会议中心下车（空调车8元/人，普通车6元左右/人），换乘"怀柔—黄花城"的蓝色中巴到红庙站下车即到；乘"怀柔—西水峪"的蓝色中巴，可以到达九渡河。

游玩攻略

比较适宜的安排是在一早出发，在九渡河或者红庙村入住，因为两个村落相距很近，想吃鱼的游人去哪个村子都可以，想尝尝全素宴的优先考虑去红庙村。安排妥当之后可以在村庄周围小规模地游玩，看看黄花城水长城的远景或者到小西湖欣赏水景。当晚休息，第二大爬长城，中午可以在小西湖边上露营，点篝火烤鱼，注意不要到处丢弃垃圾。景区的长城开发程度不如八达岭或司马台，相对简单，但是风格古朴，保留着其原本的面貌，比较适合写生或者摄影。下午下山，然后返城。

消费报价

普通间（双人、三人、多人）：90元/间，50元/人

标准间（双人、三人）：120元/间

火炕间：50元/间，30元/人

重点推荐

金马驹垂钓园

山泉水养鱼农家户，有三大特色：住的是山间小木屋，吃的是全鱼宴，炖狗肉；对游客最有吸引力的是该店的餐厅，餐厅没有椅子，取而代之的是一圈小火炕，温度可自己调节，十分舒服。

联系方式：杨秀英　010-61651816　13716093928

体验报告

交通状况：★★★★☆

有车直达，交通很便利。

景点特色：★★★★☆

独特的水长城景观，有山有水，还有红色旅游的景点，值！

住宿条件：★★★★☆

旅馆就在景区之内，推窗就能看到外面的风景，当地的独特美食，更让人回味无穷。

愉悦程度：★★★☆☆

风景宜人，当地的美食尤为出色。

温馨提示：
景区内河沟大石嶙峋，有多处险要的地方，需要小心渡过。

2. 神堂峪

2.2.1
官地村——
一片奇峰怪石

关键词 》》》》》》

社会主义新农村　京郊第一号农家院　奇峰　怪石

■　黄山有四绝：奇松、怪石、云海、温泉，正是这几者成就了“五岳归来不看山，黄山归来不看岳”的天下奇秀景观。而官地村也有自己的绝色风景：奇峰、山泉。你很难去理解大自然的鬼斧神工到底是依靠怎样的一副手脚才能把世界雕刻得如此神奇，“横看成岭侧成峰”的禅机，就在一个转身而已，原本看起来平淡无奇的一座山峰、一块石头，怎么就会在这一转身变成了指路的行者，荷担的挑夫？再转身，又是一个一个栩栩如生的寿桃，

或者是一头低眉顺耳的神兽。菩萨的法冠，高耸入云，令人神往；鹰嘴峰、骆驼岭、神龟石、凤凰台、石人群等浑然天成的风景，让人忍不住地不停按下手中的快门，一张又一张地记录，唯恐落下一处好的风景，辜负了大自然这一片雕琢的苦心。

■ 官地村和神堂峪风景区是浑然一体的，一年四季，有清澈的泉水在村外流淌，汇集成河，名曰雁栖河。雄伟壮观的古长城在雁栖河流东岸的荞麦山脊蜿蜒曲折起伏，犹如一条神龙从河水中一跃而出，跃过雁栖河，继续行走在悬崖峭壁之上。雁栖湖的泉水，水质极好，在一个纯净的空气和水已经越来越少的城市里，这一点难能可贵。正是因为这里水土极好，也成就了长寿村的美誉，村中的老者能够在这样一个环境中颐养天年，真是让我们这些每天活动在城市中呼吸着汽车尾气、喝着过滤的纯净水的年轻人艳羡不已。

■ 往往在走过了一些类似的村庄之后，就会思考自己人生的归宿，这并不是一种无谓的矫情，而是亲眼目睹了当地人的幸福生活之后，对人生所产生的矛盾心理。我们每个人都在追求生活过得更好，于是聚集到一个变成了庞然大物的臃肿城市中，费尽心思地去挤占一点自己的空间，但是这样折腾来折腾去，直到看到那些坐在村头晒太阳的老人的时候，才突然感觉到了生命的真正意义。

村里的事

□ 官地村坐落在北京市怀柔区雁栖镇的深山坳里，立村已有600余年的历史，因明代长城守军曾在此开荒军屯，故此得名。2004年11月，“北京市远郊区旧村改造试点”正式启动，官地村成为全市13个旧村改造试点村之一。怀柔区政府按照城乡统筹规划，拿出1500多万元对官地村的民居、道路、河沟、给排水系统和垃圾进行全面治理改造。2005年8月，官地村完成旧村改造，成为试点村中第一个完成旧村改造、实现就地城市化的典范村落。2005年2月，官地村被市委农工委、市农委、市人事局联合命名为“京郊发展旅游业先进单位”。2006年2月18日，中央电视台新闻联播的“构建和谐社会，建设新农村”专题栏目，报道了官地村通过加大农村基础设施建设投入，改善农民生活质量，从而促进了农民增收的发展情况。

□ 官地村林木茂盛，气候凉爽，空气清新，山峰险峻，怪石天成，山泉水常年不断，古老的明长城穿村而过，周边有明长城19处关口，形成了极具历史风貌的民居群落，并且大部分保存完好。官地村与神堂峪风景区(国家AA级风景区)融为一体，闻名遐迩的雁栖河源于谷内，一年四季流水不断，清潭曲水随处可见，天然形成的鳄鱼潭、鸳鸯池、龙潭，水面宽阔，潭水清澈，是夏季戏水划船、避暑纳凉的好去处。

□ 龙潭惨案纪念碑，记载着抗日战争时期的一段惨案，被共青团北京市委指定为青少年爱国主义教育基地，是中小学生开展夏令营活动的理想场所。

路线提示

自驾车→

由北京四元桥出发向北，经怀柔城区、雁栖环岛左转弯行驶约8公里右转弯（有路标），直行一段距离就能到达。

公交车→

从北京东直门乘916路公交车到怀柔会议中心；转乘到神堂峪的专线车（城北3路）即可到达（每天早8点双向对开，一般情况下上午整点、下午半点准时发车），或者乘出租车（25—30元/车）。

游玩攻略

早晨8点出发，在中午之前可以到达官地村，住农家大院，吃乡间的美食，可以提前活动热一下身，晚上如果有车的话，可以开车去怀柔进行足疗放松，有助于缓解精神疲劳和身体的虚弱，而后返回农家院睡觉。第二天去神堂峪景区活动，爬山、摄影、玩水等等，午饭之前可以赶回来吃饭，下午筹备返城的事情。如果是坐公交车，需要注意发车时间，自驾游的话相对自由一些。

消费报价

普通间（双人、三人、多人）：40—60元/间，20元/人

标准间（双人、三人）：80—120元/间，50元/人

火炕间（五人以上多人）：100—140元/间，20元/人

包院：200—500元/天

重点推荐

山水庭院0008农家院

毗邻景区，建筑风格独特，独树一帜。自家设有封闭的停车场，可以为游客提供更有保障的服务。农家主人善良厚道，待人诚恳。北京市领导曾来此农家院视察工作，可见其榜样意义。

联系方式：毛金富　010-89617699　010-87148689　13552011578

体验报告

交通状况：★★★★★

交通便利，适合自驾游。

景点特色：★★★★★

雁栖河的水和神堂峪的山，搭配在一起，就是一种美的极致。

住宿条件：★★★★★

2004年的时候，官地村相关部分就已经完成了对农家院的整改，一方面保留了一些农家特色，另一方面也使得农家院更适合外出旅游者短暂居住。

愉悦程度：★★★★★

住宿条件良好，风景优美，不虚此行。

2.2.2
石片村——
昔日龙潭喋血，今朝杏林飘香

关键词》》》》》》

龙潭惨案的发生地　爱国主义教育基地　植被覆盖率达90%以上

■　麦雷什说："人生旅行的轨迹无法被一个简单的曲线所描绘。"不仅是人生的轨迹，就算是普普通通的一次旅行，其心情也不能被一个简单的曲线所描绘吧。小的时候看爱国主义教育的影片，譬如《地道战》《地雷战》《狼牙山五壮士》等等，并不知道那么大的仇恨源自哪里，大概在孩子的眼里，战争更像是一

场游戏，就好像《美丽心灵》中那个被关进纳粹集中营的犹太小男孩儿，他那个有着喜剧天赋的父亲一直在尽力避免让自己的孩子受到战争的影响，于是告诉他，这是一场真枪真刀的游戏，最后的胜利者会得到一辆真正的坦克作为礼品。换成任何一个人，也许这个骗局都不会成功，偏偏，他是个孩子，眼里只有爸爸妈妈、早餐的面包和午饭后的游戏，当他处于一个自己无法预知的环境之中的时候，最为他所依赖的父亲告诉他，没什么，我们现在是在一场游戏当中，没有早饭，没有妈妈，这都是游戏的规则，只有遵守规则的人才能一直玩下去，否则就会被踢出局。孩子相信了，虽然我们这些看客都知道这样的谎言是多么的异想天开，但是我们更应该缅怀的就是那个我们可以相信这个谎言的童真年代，因为它一去不复返了。

■ 就算没有这个谎言，大概孩子们也会认为战争是一场游戏吧，无非就是我用一个木头做的坦克打败了你用沙子砌好的碉堡，你又用飞机打翻了我的坦克，也许会发生一些因为心疼自己的玩具而产生的吵闹，但是在事隔一会儿之后，我们依然是玩伴，继续着命令与征服的游戏。而那些真实的战争呢？60多年前在石片村发生的龙潭惨案，却成为人们心中的一种痛，永远也抹不去。

村里的事 //

□ 石片村距怀来县城南25公里，沙东公路穿村而过，交通便利，属官厅镇辖区。石片村属丘陵地区，近几年石片村人大力栽培杏树，已形成规模。曾在1997年获河北省博览会优质产品奖。2000年被河北省工商局注册为“官厅湖”牌“石片黄杏”。每到杏成熟的季节，四方客商云集石片村，形成了一个热闹非常的果品市场。

□ 这里也是曾经的龙潭惨案的案发地。1945年3月27日，侵华日军纠集伪满汉奸300余人，对粉头梁南的沟沟岔岔实行疯狂野蛮的网式围剿，敌人窜入八道河崖子峪沟交界、河北沟、五道河西沟等地烧光抢光后，对手无寸铁的百姓进行残酷地毒打驱赶，并将搜捕的27名百姓赶到龙潭西南坝台上，架起机枪扫射，当场打死15人，这就是骇人听闻的龙潭惨案。如今，这里是龙潭惨案的纪念地，是进行爱国主义教育的场所。

路线提示

自驾车→

由北京四元桥出发向北，经怀柔城区、雁栖环岛左转弯，行驶约8公里右转弯（有路标）。

公交车→

从北京东直门乘916路公交车到怀柔会议中心；转乘到神堂峪的专线车（城北3路）即可到达（每天早8点双向对开，一般情况下上午整点、下午半点准时发车，票价4元）直达村口。

游玩攻略

石片村是著名的长寿村，在村中到处可见怡然自得的老人在晒太阳，接连几年的调查显示，这里的人均寿命甚至能达到90岁。在此地游玩，可以细心体会一下当地的环境，感受长寿文化。提前一天在此地住宿，参观龙潭惨案纪念地。第二天的行程可以考虑去村子周边的神堂峪风景区游玩。神堂峪景区内有一段古长城是未经修复的，它既有风雨冲刷的印迹，又有那烽火年代留下的弹痕，这古老的长城，虽历经沧桑，但雄风犹存，为人们寻幽访古提供了理想的场所。当天即可返回。另外可以采摘石片村当地的黄杏，这可是当年毛泽东主席曾经用来招待访华的美国总统尼克松的好东西。

消费报价

普通间（双人、三人、多人）：60—100元/间，20元/人

标准间（双人、三人）：120—200元/间，50元/人

火炕间：80—100元/间

包院：500元/天

重点推荐

石片村：

神堂68山庄

无论从外部环境还是房间内部环境来说，这里在当地都算是最好的。山庄里会议室、歌舞厅、游泳池、桑拿房一应俱全。主人是退伍军人，为人和善，待人诚恳。有专业厨师做菜，味道绝对一流。

联系方式：高先生　陈小姐　010-89617397

010-89617002（传真）　13161473611

五道河村：

聪聪农家院

地处交通要道旁边，停车方便，走几步路便可以到河里玩耍。农家小院布置得整齐有序，房间干干净净，床单被褥一客一换。老板也是一爽快之人，相信游客来此游玩便可以和他成为朋友。

联系人：常九来　010-89617825　13691366186

体验报告

交通状况：★★★★☆

交通便捷，路况良好。

景点特色：★★★☆☆

神堂峪风景区的景色宜人，适宜旅行。而到此地的一大部分人是来参观龙潭惨案的案发地的，历史教育的意义要大于对现实风景的欣赏。

住宿条件：★★★☆☆

石片村农家院的情况要好于平均水平，很多地方甚至堪比外界的宾馆配置。当地的农家饭是大众风格，口味适中。当地的黄杏已经形成自己的品牌，收获季节可以参加采摘活动。

愉悦程度：★★★★☆

住宿条件优越，风景秀美，给人留下深刻的印象。这里长寿村的名声在外，环境肯定会让人觉得心情舒畅，真的有想在此地定居的念头。

3. 虹鳟鱼一条沟

2.3.1

莲花池村——

莲花池畔多长寿，虹鳟鱼满一条沟

关键词》》》》》》

虹鳟鱼一条沟　2008奥运雁栖不夜谷

■　老子的《道德经》里讲过：治大国如烹小鲜。不知道圣人是不是也对鱼情有独钟。吃鱼应该是很惬意的一件事情。小的时候总觉得鱼的腥味太重，闻起来让人反胃，想当然地以为烹好的鱼也是这样一种难吃的东西，所以很少主动地尝试。过了很长时间，不知道从什么年纪开始，突然爱上了吃鱼。不管是用什么手法做出来的鱼，总是有耐心一点一点地剔去那些鱼刺，慢慢地品味细嫩的鱼肉在嘴里一点点地碾碎直至融化的过程。

■ 鱼有很多种做法，湖南的剁椒鱼头，贵州的酸汤鱼火锅，川菜里最经典的水煮鱼、鱼头泡饼，上海菜里的红烧黄花鱼，客家菜里面的鲈鱼，想起来都让人觉得胃口大开。身在北京，不得不提的就是密云的水库鱼和怀柔的虹鳟鱼，而虹鳟鱼中又以莲花池村的最为出名，因为这里有干净清冽的泉水，虹鳟这种外来的鱼种在这儿是真正的如鱼得水。虹鳟鱼对水温要求很高，超过10度就长变形了，而且生长速度也慢，500克左右的一条鱼要长上一年，正因为此，其肉质极鲜美。

■ 有人曾经说过，当我们养成某种癖好的时候，其实都是在内心对于某种东西的逃避下做出的应激反应，那么，不知道对于鱼肉的爱好是人性中的哪一部分过于软弱的缘故。假想一下，在时间合适的时候，到这个远离尘嚣的地方，让主人用自己最拿手的厨艺烹一条虹鳟鱼，或者自己亲自钓一尾来烹，这种自得其乐的方式，才应该是最有成就感的吧！在这样的地方长久地生活，恐怕神仙也要艳羡不已了。

村里的事 //

□ 位于怀柔区雁栖镇的莲花泉虹鳟鱼养殖垂钓一条沟，泉水清澈。雁栖河20余公里沿岸，百余家集虹鳟鱼观赏、垂钓、烧烤、食宿、娱乐于一体的垂钓园、度假山庄，可同时接待上万人食宿。侉炖的虹鳟鱼最有农家的风采，看似每家都一样，可细细品起来，每一家做法都不相同。这种味道上的微小区别正是家常的农家菜最大的诱惑。家常的美味，其中总会带些回忆的滋味，令人想起小时候用冷馒头蘸剩鱼汤的味道。

□ 怀柔虹鳟鱼以肉嫩味美、营养丰富而闻名，深受广大游客的欢迎。春夏之际，驱车到怀柔品尝虹鳟美食已经成为北京及周边省市市民出游的最佳选择。

□ 而莲花池村位于怀柔区雁栖镇内，坐落在慕田峪长城脚下，地处古长城环绕的景区，交通便利，山泉资源丰富，水质优良无污染，景色优美迷人，饱含着塞外风情，如同畅游仙境；这里春天万物萌生，夏季气候凉爽宜人，秋天天高云淡，盛产桃、杏、李、葡萄等多种水果，是您踏青、休闲、采摘的好去处。

路线提示

自驾车→

由北京四元桥出发向北，经怀柔城区、雁栖环岛、神堂峪路口直行。

公交车→

从北京东直门乘916路公交车到怀柔三中转乘中巴（城北3路公交车）到莲花池村。发车时间：上午每半点发一趟车，下午每整点发一趟车。

游玩攻略

出行到莲花池村的人基本上都是冲着虹鳟鱼来的，所以，周边的景点相对要冷清一些。自驾车到莲花池村或者长寿园村，要和当地的农家院联系住宿和垂钓的事宜，想出去转转的话附近有“野长城”和山，适合攀爬，但要注意安全。

消费报价

普通间（双人、三人、多人）：50—150元/间，20元/人

标准间（双人、三人）：80—150元/间，40元/人

火炕间：80—150元/间，10元/人

重点推荐

莲花池村：

溢彩宏农家院

虹鳟鱼一条沟源头养殖场，山泉水含丰富的矿物质，十分适合饲养虹鳟鱼、金鳟鱼等冷水鱼类。很多人就是为品虹鳟、金鳟而来。主人自家有渔场，所以吃鱼相对来说要便宜好多。

联系方式：曹秀华　010-61629351　13716736900

13501257679　15801276685

悠南山水庄园

此处有独特的风格，进院便可看到“栈”、“武”、“酒”、“茶”字旗。场地宽敞，有良好的住宿环境和娱乐设施，最适合约三五朋友，品茶饮酒，品鱼怡情。

联系方式：桂宾　010-61629109　13901017681

长寿园村：

客择缘农家院

农家宽敞明亮的大院可以让游客安心地停放爱车。农家院内干净整洁，女主人热情周到，在这里吃鱼、爬山、溪水嬉戏，别有一番情调。向前可去虹鳟鱼一条沟，后退可去神堂峪风景区。

联系方式：付玉红　010-61627898　13552011983

体验报告

交通状况：★★★★★

虹鳟鱼一条沟附近有直达的旅游巴士，乘公交出行需在中途打车。总体来说，出入比较方便，路况良好，有部分山路，需要司机谨慎驾驶。

景点特色：★★★★☆

莲花池村和长寿园村周边的风景以“野长城”和山地为主，不过都被当地的虹鳟鱼抢了风头，绝大多数到这里的游客都是为了吃鱼。

住宿条件：★★★★★

大多数农家院的安排都很人性化，而且家家户户在做鱼方面都有独特的秘方。

愉悦程度：★★★★★

莲花池村和长寿园村对于鱼的研究确实有出众的地方，如果您也是爱吃鱼的人，那么这里绝对是一个来了就不会后悔的地方。

4. 北宅文化民俗村

2.4.1

北宅村——

社会主义新农村的缩影

关键词 》》》》》》

社会主义新农村　生态旅游　采摘

■　我曾经听自己的老师说过这样一件事：他的一个远房亲戚，自小在城市里长大，见识过这样那样的高科技，有着令人羡慕的名校求学经历，偶尔有一次到县城，第一次看到路上拉车的驴子的时候，他指着长耳朵厚嘴唇的庞然大物大喊：大羊！大羊！

■　类似的笑话还有，一个小男孩儿第一次见到绵羊的时候，终于鼓起勇气摸了摸那条羊尾巴，然后他惊奇地宣布自己的新发现：它的尾巴是用毛毯做的！

■ 这并不是一种讽刺，我们必须承认，随着城镇化的发展和畜牧业的区域化经营，我们周围已经有越来越多的“五谷不分”的人，这究竟是社会的进步，还是人类的悲哀?

■ 所以，当我带着几个朋友来到这个名叫北宅的小村子，给他们解释麦苗与韭菜的区别，马驹与骡子的不同时，我有些杞人忧天地想：我们常常用“没吃过猪肉还没见过猪跑”来形容一件事情的手到擒来，可是终有一天，我们中的有些人肯定会变成“吃过猪肉但是从没有见过猪跑”的人。

■ 北宅村是北京周边最早的一批靠开发农家旅游而实现小康的村子，当年曾经尝试过建立啤酒厂来致富的北宅人最终发现，利用优秀的自然环境来开发价值比通过消费自然资源更符合子孙后代的利益，现如今，北宅村已经成为社会主义新农村的一个缩影，这里保留着许多原生态的民俗风情，保留着那些已经被久居城市而忘记了乡村风貌的人所不曾见过的风景人物。来这里旅游，为的就是追求一种回归自然的感觉，不论是亲手采摘水果，还是亲自下地体验“锄禾日当午”的辛劳，都可以看成是人性从城市回归农户的一种行为艺术，只有这样一种简单的经历才能让我们体会到真正的农家生活。

村里的事

□ 上山可以摘瓜果，下水就能捉鱼虾。观光客人夸景美，如画山川是咱家。

□ 北宅村正处在山区与平原的连接点上。背后是山，前面是川，中间有清水河。这里山上栽果、川里种粮、水中养鱼，道路两旁栽满了参天白杨，河湾中浮游着群群鸭鹅，真可谓是“不闻人机嘈杂，只听犬吠鸟鸣”的世外桃源。在2005年的“怀柔区国际虹鳟鱼美食节”上，北宅村被授予了“北京啤酒花园村”荣誉称号。这一称号的授予，标志着北宅村传统民俗文化和现代工业产品完美结合起来了，同时也标志着北宅村的生态民俗旅游上升到了一个新的台阶，成了京郊著名的休闲旅游度假地。

□ 在北宅村进行民俗休闲旅游，无论是低档还是高档，都可以实现。在北宅村，统一的服务标准、卫生健康的服务环境被村里列为招揽顾客、创建品牌的招牌。村里每年定期组织学习，并不断派出监督员进行监督，对违反法律法规者采取严厉的处罚。

路线提示

自驾车→

走京承高速公路上六环(往顺义方向)至火神营出口，左转走到寺上村，再右转沿京密引水渠走到桥梓镇广场，再左转到桥梓信用社，然后右拐直行即可。

公交车→

从北京东直门坐916路公交车到怀柔国际会议中心马路对面转坐西1路公交车到北宅村口。

游玩攻略

当天早上从北京市内出发，上午即可到达北宅村，在当地的农家院吃农家饭、睡农家土炕、采摘、垂钓、烧烤等，或者到附近的山上进行穿越、露营等活动。时间充足的话可以到北宅村周边的其他景点去游玩。北宅村适宜集体活动，可以安排公司等集体出游项目。

消费报价

普通间（双人、三人、多人）：50—80元/间，15元/人

重点推荐

阳光家园

典型的中国北方农家院。周边环境优美、景观独特、空气清新，旅游娱乐项目丰富而有情趣。清香可口的小米稀饭、喷香窝头让您尽尝农家饭。可以根据季节不同提供不同的野菜。

联系方式：010-60672122　13716683379

体验报告

交通状况：★★★★☆

交通便利，有公交车直达，自驾路线简单。

景点特色：★★★☆☆

北宅村距离慕田峪长城有大概一个小时左右的车程，可以到慕田峪爬“野长城”。村里的景致比较好，干净，周围的山丘上种满了红果等树木，适宜观景和采摘活动。

住宿条件：★★★★☆

北宅村主打农家游的品牌，各方面设置做得都比较到位，住宿条件、服务水平以及饭菜质量等都属上乘。

愉悦程度：★★★☆☆

和其他地点的农家院不同的是，北宅村主要的品牌是农家游和生态旅游，并不侧重周围的风景游，在这里，主要可以体会到农家生活的节奏，获得身体上的放松。

温馨提示：
周末及节假日客流量较大，住房、用餐需提前预定。

5. 响水湖

2.5.1
庄户村——
响水湖畔听水响，泉水清冽赛琼浆

关键词》》》》》》

爬“野长城”　山泉水　戏水

■　据说当年刘伯温建紫禁城的时候为了挡住皇城的贵气，在这个地方布下了一个阵，站在山头看南方，一片紫气祥云，只是在这里设卡，只能让山后的居民受穷落泊直到绝户。朱元璋说，率土之滨，莫非王臣，总不能让老百姓没了活路。君无戏言，所以这地方世世代代也没有破落，但是也少有发财的人。

■　这故事是在庄户村住宿的时候，听村里的老人说的，是否真的有这样的事情发生过，我们已经无法考证，但是这一带的山水确实有一种灵动的魅力。依山傍水之间的平地上，静静地矗立着

星星般散落的村落，站在这些农家院里，抬头就能看到周围连绵的群山和山脊上蜿蜒的长城，群山环抱之间，有一个小小的我，让人感慨天地之大，白云苍狗，变幻无穷。

■ 我曾经看过CHIVAS的一个广告，广告中的几个男人，在阿拉斯加的冰天雪地之中海钓，旁边的天然冰窟之中，放着金黄的CHIVAS，一直觉得这情形缥缈得有些过于遥远。但是没想到在这里能够有一回类似的体验，只是情景更有中国画的韵味。一张桌子，上面摆放着三两由主人亲自下厨烹得的小菜，而在门外的山泉水中，浸泡着用来尽兴的啤酒，慢慢地一口咽下去，沁心的凉，假如这是在百年之前，找一帮人沿着泉水席地而坐，分明又是一幅曲水流觞图，美哉！

■ 周围的“野长城”，也是这美景中不可缺少的一部分，呼吸着经过万亩森林净化之后的空气，从山缝之中汩汩流出的山泉之水，喝下去，是一种在桶装的纯净水中永远无法出现的甘洌。品尝用优质的泉水养殖出来的虹鳟鱼，经农家主人的妙手烹饪，或蒸、或烤、或炸、或煮，加上万里长城的侧影为背景，这些场面，无不谦恭地炫耀着此地的壮美。

村里的事 ////////////////////////////////////

□ 庄户村位于怀柔区渤海镇西侧，周围群山环绕并与响水湖旅游风景区相邻。几年来，该村充分发挥山清水秀、环境幽雅、民风淳朴的优势，依托古长城和穿越响水湖旅游景区的良好条件，大力发展民俗旅游。该村盛产的苹果、板栗远近闻名。

□ 庄户村毗邻响水湖风景区，景区内的响水湖长城位于慕田峪西部，属明代长城，响水湖风景区融长城、古洞、山川、泉潭、飞瀑、明代摩崖石刻于一体，是京郊又一处得天独厚、秀丽多姿的旅游胜地。响水湖的得名并不是因为有很大的一片水域，而是在泉水的源头，泉涌如注、水响如雷，千米之外便可听到流水的响声，故得名“响水湖”，系怀柔第一大泉。

□ “响水飞瀑”，落差50米，宽24米，到了冬天，天然落成的“冰帘洞”更令人叹为观止。响水湖长城的磨石口关为明代长城枢纽工程，原设有瓮城，并设有两道开关，故称“双关子”。属于“北京结”附近的边关要塞，沿着长城步行而上，位于长城半山腰的连云洞和图腾阁也给这古关要塞增添了几分神秘气息。前方山壁上巧夺天工的刻着三个大字“连云洞”，里面有一条金龙，传说，这条金龙曾经保护了响水湖，救济了附近百姓，使他们安居乐业，所以人们塑其像，以表崇拜之意。

路线提示 ////////////////////////////////////

自驾车→

出北京三元桥，走机场高速，下高速后走京密路进入怀柔区城里朝西北慕田峪方向行驶，到慕田峪环岛直行8公里即到，沿路有广告标牌，进入响水湖景区内即可找到庄户村。

公交车→

从北京东直门乘坐916路公交车到怀柔会议中心下，转乘到庄户村的班车（每天早7点、中午11:30、下午4点发车），普通车票价6元，空调车票价11元。或者换乘怀柔—洞台的小公共汽车，到庄户村下车即可，票价不定，一般单程4—5元。

游玩攻略 ////////////////////////////////////

庄户村位于响水湖景区内。建立景区时，同景区有协议，进村的人员可不买门票。现在，该村也建立了农家乐，住在该村的游客也可以不买票。每天早晨7点左右，在怀柔会议中心有开往庄户村的小公共汽车，只要买了车票，是可以进景区大门的。当然，我们7点钟是赶不到怀柔的，但可以和到响水湖的司机协商，进景区开到庄户村，只要多花几块钱，应该是可以商量的。

如果从响水湖景区的制高点——五眼楼进入景区，可沿台阶路下降，下到大路后应该向左到水源头参观，然后返回到大路。走到大坝时，可以下到小溪边行进，因为沿大路走比较枯燥。出景区时，有可能查票。解决办法：第一可以分散出来；第二可以到庄户村花2元钱坐小公共汽车出来；第三，也可以由长城上出来。

消费报价

普通间（双人、三人、多人）：50元/间，10—15元/人

标准间（双人、三人）：50—80元/间，20元/人

火炕间：50—100元/间，15—20元/人

包吃包住（三餐加一晚住宿）：60元/人

重点推荐

山水间民俗度假村

占地4余亩，场地宽敞，可停几十辆车，同时可提供小型会议的安排和接待，食宿十分方便。周围青山环绕，风景优美，地处庄户村外，远离喧嚣，特别安静。

联系方式：李东波 010-89602289 010-89602298 13910800926 13716185246

小赵农家院

位于响水湖风景区内，是离长城最近的农家院。农家院落宽敞明亮，设有大型停车场可停放多辆汽车。

联系方式：李海军 赵银华 010-89602028 13716180358 13671152681

体验报告

交通状况：★★★★★

交通便利，不论是自驾游还是乘坐公交车出行都很方便。因为庄

户村位于响水湖景区内，有很多直通景区的公共汽车，方便换乘。

景点特色：★★★★☆

响水湖是难得一见的水景，冬天的冰瀑布更是让人震撼。“野长城”的风景也很好。

住宿条件：★★★★☆

庄户村是北京周边的农家院里较早完成太阳能的利用和改造的，当地的环境保持得比较好，基础设置做得比较到位，全村的绝大多数农户都提供旅行住宿服务。

愉悦程度：★★★★☆

软件和硬件做得都很到位，服务也很好，当地民风淳朴，值得一去。

温馨提示：

庄户村周边的长城，因过于陡峭，无保护措施，一般是不鼓励人攀登的，如果要攀爬，一定要做好充足的准备，避免出现意外。

6. 慕田峪长城

2.6.1

苇店村——

长城下，大路旁，阵阵虹鳟鱼香

关键词》》》》》》

慕田峪长城　虹鳟鱼　红色教育　采摘板栗

■　经常去怀柔吃鱼的朋友都知道，怀柔有三条沟，一条是慕田峪，一条是神堂峪，还有一条是九渡河，这三个地方的鱼其实难分伯仲，大家可以完全根据自己的口味来评点。我们这次的行程从闹市区开始，沿着一条道路两边柳絮飘飘的林荫小道走，车窗大开，侧耳聆听大风呼呼地刮过。40分钟后又沿着路标直奔慕田峪长城方向，这一路上可以见到无数的食鱼小店，如果您要坚持要吃就吃最好的觅食原则，那么您会看到一个位于路左边的指示

路牌，左转，就会到达这一场饕餮盛宴的目的地：苇店村。

■ 其实说饕餮盛宴有些夸张，因为这里的菜色其实并不比城区那些知名的酒家丰富多少，但是这里有一个最诱惑人的理由，那便是虹鳟鱼。不知道从什么时候起，去怀柔吃虹鳟鱼变成了一种时尚，周末的时候，约上三两个朋友，辗转到达这里，为的就是饭桌上一盘经过妙手烹饪的鱼而已——听起来似乎有些疯狂，不过，如果您也是一个对吃鱼有着执念的人，那么，我想您会理解这样的一种情绪的。只要想象一下：一条虹鳟鱼，一半灼海鲜酱油、芥末和红醋生吃，另一半配以常用调料烤制而成，鱼骨下汤，另辅以两碟野菜和生蔬，怎么不让人食指大动。

■ 鱼因为和我们汉语里的“余”同音，对于以勤俭持家为美德的中国人来说，吃鱼是一种莫大的喜兴，然而吃鱼并不是仅仅因为这种有点象征意义的原因，更多的则是它的口感有种别的肉——那些生长在陆地上的动物——所难以比拟的细腻，我从来不怀疑，为了追求味觉上的极致体验，人可以做出最疯狂的事情，何况仅仅是对于吃鱼的推崇而已。

■ 如果吃鱼也有境界的话，我觉得吃鱼的最高境界就是自己垂钓，自己烹饪，至于烹饪的手段到底怎样，根本不重要。这种原生态的吃鱼方式在经过了我们那么多年的添枝加叶之后，终于被我们认识到最简单的才是最好的。如果您也有同感的话，那么苇店村绝对是一个值得考虑的地方。

村里的事

□ 苇店村是市级乡村民俗旅游村，位于怀柔区渤海镇，是通往风光秀丽的慕田峪长城的必经之地。随着集体经济的增长，该村开拓了以民俗接待为主线的富民渠道。3年来先后投资120万元进行基础设施建设，修建了街心公园、万米旅游长廊，建设了民俗旅游一条街，设置了民俗旅游接待村标识牌和民俗旅游一条街形象大门等，使村庄整体环境得到美化。

□ 游览：临近“万里长城慕田峪独秀”的慕田峪旅游风景区。春季可赏山花烂漫，夏季聆听流水潺潺，秋季一睹红叶满坡，冬季感受银装素裹。

□ 餐饮：苇店村依托临近慕田峪的地理位置及优美的自然环境吸引众多投资商，先后修建了鑫双泉旅游度假村、小龙瀑度假村、鱼师傅和渔家傲烧烤城等12处闻名京城的集餐饮、娱乐于一体的休闲旅游度假虹鳟鱼垂钓园。这些垂钓点以虹鳟鱼为基本菜料，烧烤、清蒸、侉炖、红烧等多种吃法。苇店村民俗户的农家土特餐饮，也很受京城游客青睐。

路线提示 ////////////////////////////////////

自驾车→

从北京四元桥出发向北，经怀柔城区，在去往慕田峪的路上的路左边，进入苇店村。

公交车→

从北京东直门乘916路公交车到怀柔会议中心下车，在会议中心转乘到洞台方向的中巴，到苇店村下车即可。

游玩攻略 ////////////////////////////////////

早晨驱车从北京城区出发，沿通往怀柔方向的路线辗转到达苇店村，中午之前即可到达。当地几乎家家都有垂钓和吃鱼的业务，可以自由选择，也可以征求之前去过的朋友的意见。垂钓和吃鱼的过程自己慢慢体会就好了，至于钓上来的鱼是水煮还是烧烤，或者红焖，这些都要看个人的口味和农家的手艺了。

如果有足够充裕的时间，可以考虑在当地留宿，苇店村里开展农家游的人家不在少数，住宿的价位也较适中，旁边就是慕田峪长城，休息一晚，第二天可以去看一下传说中的慕田峪长城，欣赏一下这段名声甚至要超过八达岭长城的好风景。

消费报价 //

普通间（双人、三人、多人）：50—80元/间，10元/人

标准间（双人、三人）：60—100元/间，30元/人

重点推荐 //

隆香居农家院

山之巅，海之角，唯有隆香居农家院。集食宿、娱乐为一体的两层建筑与大自然的景色浑然一体，站在小院，一览众山之美景，惬意无比。

联系方式：杨玉香　010—61621673　13436983311

体验报告 //

交通状况：★★★★★

出京城之后的交通情况良好，基本上不会出现堵塞的情况。去怀柔吃虹鳟鱼的潮流也带动了当地道路交通条件的改善，无论是自驾游还是乘坐公交车出行，都十分方便。

景点特色：★★★★☆

慕田峪长城旅游内容丰富，除了不同于其他地方的城墙之外，还建有“中华梦石城”和“施必得”滑道，可以让旅行的内容更加充实。

住宿条件：★★★★☆

当地的许多农家因地制宜，因势造物，建筑风格极具特色，服务也很好，而当地的特色食物虹鳟鱼在每家都有不同的味道，至于哪一家最合你的口味，这就需要耐心挖掘了。

愉悦程度：★★★★☆

如果是为了游览慕田峪长城而入住苇店村并不会给人太特别的感

受，若是因虹鳟鱼而来，绝对会给您留下深刻的印象。

2.6.2

田仙峪村——

为了那久违的“绿色”的田野

关键词》》》》》》

慕田峪长城脚下　采摘　四周果树覆盖率达98%　虹鳟鱼养殖

■　绿色是统治自然界的颜色，然而随着人类的建造活动越来越多地开始遍布在这张绿色地图上，我们生活中所能见到的色彩已经开始多元化，让人眼花缭乱，人工创造出来的那些灰色、红色，还有在夜空里闪烁的霓虹，完全取代了曾经生长在这片土地上的绿色。当我们对着电脑的光亮看花了双眼时，站在窗边，想要像我们小时候书本上教的那样：远眺绿色的田野和树木来放松紧张的视觉神经，却无奈地发现，眼前是一片荒芜的繁华，我们能找到人类想象范围内的所有色彩，却唯独缺了那种植物上天生的绿色。

■　我们都意识到了这一点，那些城市的建造者也在致力保证合理的绿地范围，然而，人工栽培的这些草地，在马路上疾驰而过的汽车扬起的尘土的覆盖下，却变成了灰绿色。

■　当我们逃离了那个有着繁乱色彩的灰色城市，站在山野之间，那空气、那绿色、那风景，分明就是一剂在陶罐里熬了很长时间的良药方，身体上和心灵上的种种不适，瞬间就被医治了。

村里的事 ////////////////////////////////

□　田仙峪村，位于怀柔区渤海镇东北部，属于怀柔浅山区，距北京45公里，距怀柔县城20公里,位于箭扣长城脚下，与著名的慕田峪长城相距仅3公里。传说卧佛山便是田仙峪的田仙仰卧而成的。

□ 据传，上古时代，这里洪水滚滚，浊浪排空，大片田地化为乌有。当地百姓虽年年筑坝垒堰，但都无济于事，百姓只得望水哀叹，叫苦不迭。话说玉帝得知此事，便派二郎真神下凡治此洪水，以便为百姓造出一方田地，繁衍生息。二郎真神领命下凡，他挥起赶山神鞭，从天边驱来九九八十一座大山，以拦住肆虐的洪水。二郎真神将山赶至此处，排列得当。这时，水漫高山不说，唯独中间由于道狭浪急，难以合拢。二郎真神使尽浑身解数，仍未如愿。正在这焦急万分之际，有一掌管天下田地的仙人到此，他见二郎真神诚心为黎民百姓着想，截水造田，感动万分。于是这田仙便大呼一声："我来也！"纵身跳入合拢之口，毅然仰卧于此，以身截流。田仙口念咒语，即刻化成一座大山，挡住了犹如万马奔腾之势的洪水。尔后，田仙施法，令灵魂出窍，扶摇而去九霄云外。

□ 当地百姓为了永记这为民解难的田仙，把村名改为田仙峪，把那酷似人形的大山称为卧佛山。

□ 这里山清水秀，风景秀丽，空气清新，远离城市的喧嚣，是登山观长城的好去处。田仙峪村还是北京最早也是最大的虹鳟鱼养殖基地，这里的虹鳟鱼是最正宗、最新鲜的。

路线提示 ////////////////////////////////////

自驾车→

1. 京承高速路—怀柔站出口—怀柔—慕田峪方向—慕田峪环岛直行。

2. 京承高速路—宽沟出口—桥梓镇—慕田峪环岛直行200米右转。

公交车→

从北京东直门乘916路公交车至怀柔国际会议中心下车，打车30—35元左右即可到达。

游玩攻略 ////////////////////////////////////

田仙峪周边的景点比较丰富，除了慕田峪长城、箭扣长城之外，周围还有黄花城、响水湖等风景，因此在田仙峪游玩的经历应该会相当充实。这里是北京三处长城的汇集点，其中箭扣长城的险，慕田峪长城的峻，黄花城的秀，响水湖的清，让这个村落更显得卓尔不群。鉴于周边的景点太多，在这里游玩可以考虑多日游，住在当地的农家院，可以品尝正宗的怀柔虹鳟鱼的味道，呼吸当地的新鲜空气。

消费报价 ////////////////////////////////////

普通间（双人、三人、多人）：50—80元/间，15—20元/人

标准间（双人、三人）：60元/间，40—70元/人

火炕间：20元/人

重点推荐 ////////////////////////////////////

故乡缘农家院

地道的农家院，乡野味道十足。自家小院种有各式蔬菜，可以当场采摘，立即下厨烹饪。游客可以坐在凉亭下用餐，吹着自然风，欣赏眼前的青山绿水，用山水风景下酒，不亦乐乎。

联系方式：杜丽革　010-61626609　13691535610

王家大院

站在院中就可观赏到巍峨的箭扣长城和卧佛山，主人还可以带游客去欣赏各种平日里看不到的名犬。小院布局风格独特，小院中整齐的菜地和青藤下的餐厅，以及院内的欧式座椅均为该院特色。

联系方式：王长红　13611291232　13810659397

体验报告

交通状况：★★★★★

通往慕田峪长城或者箭扣长城的旅游巴士和公交车都比较多，适合自助旅行或者团体出行，如果是自驾游，一路上大部分的路况良好，出行会比较顺利。

景点特色：★★★★☆

村子周边的景点很多，箭扣长城保留着原始面貌，比较险峻，慕田峪长城则建筑完整，保留得比较完善，各有千秋，值得细细品味。

住宿条件：★★★★☆

田仙峪村农家院的整体水平比较平均，环境优美，依山傍水，比较出色的是这里的虹鳟鱼，因为毗邻虹鳟鱼一条沟，这里的鱼肉的味道也颇具风味。

愉悦程度：★★★★☆

周围的好风景太多，时间不够充裕的情况下反而无从选择，整体感觉良好。

温馨提示：
若在村里吃饭或入住则免费停车。北线离箭扣长城最近的一个停车场，停车费是5元。

2.6.3

西三村——

放开声名随它去，做个农夫又何妨

关键词》》》》》》

爬长城　垂钓　采摘

■　有人说，“怀柔是个好地方”，那这个“好”究竟好在哪里，是风景？是人情？是美味？还是有太多的人把珍贵的人生留在了这个地方？这里有巍峨的高山、清澈的泉水，如果厌倦了都市的嘈杂，渴望心灵的净土，想去何处归隐，不如到怀柔这个叫做西三村的地方，给心灵煲一份温润醇厚的鸡汤。

■　这里小溪流淌，群山环绕，处处是一种古朴，带着浓重自然风光的景色，在这样的村落里生存，大概真的会让人感叹此景只应天上有，人间哪得几回闻吧。春来鸟语花香，夏来苍绿如荫，秋来金黄镶红，冬来雪伴苍松，湛蓝的天空总会有鸟儿的飞翔，清幽的田园总会有小溪的流淌，美丽的风景总会带走世事的琐碎，和谐而安宁。突然觉得一直被世人所批判的老子追求的那种“鸡犬之声相闻，民至老死不相往来”的生活似乎并没有后世评判的那样不堪，也许真的有一天，当人们已经厌倦了城市的扩大带来的疲惫不堪，厌倦了生活在纷繁的人群中钩心斗角争权夺利的辛苦，真的会重返远古，返璞归真，认认真真地享受这恬静的田园生活的。

■　爬山、垂钓，去果树园里亲手采摘自己觉得香甜味美的那些水果，是不是真的已经让你动心了呢。

村里的事 //////////////////////////////

□　怀柔镇西三村位于怀柔区西北位置怀沙路北，近邻红螺寺、慕田峪长城等景点，距镇政府8公里，交通便利。该村属山前暖区，为沙土地，适于大枣的生长。因此全村九成农户房前屋后种满了“红螺脆枣”。该村充分发挥这一资源优势，千方百计给农户提供全方位服务，使脆枣变成了“摇钱树”。当前该村以民俗接待和特色农业，特别是枣业为主，成立了大枣协会，并充分利用旅游沿线的地理优势，以民俗接待、住宿、垂钓、观光采摘为主导产业。

□　西三村紧邻慕田峪长城，据文献考证，慕田峪长城是明初朱元璋手下大将徐达在北齐长城遗址上督建而成。慕田峪长城旅游区与其他以长城为主体的旅游区相比，特色很突出。

□　特色之一：景区草木茂盛，树木成林，植被覆盖率现今达96%，这种大面积植被是任何长城段都不可比的；特色之二：慕田峪关台奇特。慕田峪关正关台是由3座空心敌楼构成，通连并矗，两侧楼较小，中间楼较大，3座敌楼之上有3座望亭，关门不设正中，而是在关台东侧，进出关台也是两侧敌楼设门，这种独特的关台建筑是万里长城所罕见；特色之三：敌楼密集。百米左右就有一座敌楼；特色之四：双面垛口。慕田峪段长城两面都为垛口墙，垛口墙即守城将士对敌作战的掩体。两面垛口墙，即意味着两侧同敌作战，可见慕田峪段长城在历史上的重要战略地位；特色之五 ：内、外支城并存。支城，即在主长城之外根据战事需要顺山势又节外生枝修出的长城。慕田峪的外支城即连接慕字十一台的长城，内支城即“秃尾巴边”；特色之六 ：长城富有立体感。从整体角度看，这段长城犹如在山巅腾飞的一条巨龙，高峰处，如巨龙昂首，欲上九天；沟谷处如巨龙饮水，一头扎进山涧溪流之中，蔚为壮观。

路线提示 ////////////////////////////////

自驾车→

1. 京承高速路—怀柔站出口—怀柔—慕田峪方向西三村。

2. 京密路—开放路环岛—进入怀柔—慕田峪方向西三村。

3. 昌平—十三陵—明皇宫—黄花镇—南冶—沙峪—慕田峪方向西三村。

公交车→

从北京东直门乘916路公交车至怀柔国际会议中心下车，打车（30—35元左右）到西三村下车即到。

游玩攻略

西三村的“红螺脆枣”名声在外。俗话说日食三枣，青春不老。到了此地之后，这一特产是不能错过的。如果是在大枣成熟的季节来旅游，可以采摘一些鲜枣回去，如果错过了采摘季节，可以购买当地的深加工产品。而当地的风景主要是慕田峪长城，早晨从京城出发，上午就能到达目的地，住宿在村子里的农家院。简单地吃住之后，养好精神，第二天可以攀登慕田峪长城。同时，西三村周边还有红螺寺等景点，只是距离较慕田峪长城稍远，如果时间充裕，可以考虑前往游玩。

消费报价

普通间（双人、三人、多人）：40元/间，20元/人

标准间（双人、三人）：50—120元/间，30元/人

火炕间：50—60元/间

重点推荐

西三村：

老曹家农家大院

地处交通要道边上，交通方便。农家院主人善良朴实，为人热情，待游客很好。院内设有停车场，各种设施便利。在院内就可以看到后面的慕田峪长城。传统的北方民居，宽敞明亮。

联系方式：马九龙　曹海英　010-60681121　13391973206

宝生人家农家院

农家背倚青山，可以亲手采摘板栗、山楂、脆枣等各种水果及绿色蔬菜，山上散养的柴鸡、柴鸡蛋、栗树蘑、松树蘑更是天然绿色食品。在这里您所体会到的是地地道道的农家氛围。

联系方式：任宝生　010-60682120　13366268828

箭扣村：

好汉山庄农家院

这里是京郊最早发展农家院旅游接待的农家院之一。20集电视连续剧《长城脚下是我家》剧组部分工作人员就在此住宿取景。听名字便知道农家主人是位豪爽之人，很喜欢结交朋友。

联系方式：张桂红　010-61611763　13716370639

赵氏山庄农家院

农家院依山傍水,环境幽雅，新盖的农家小院干净利落。主人是个思路很开放的人，亲自设计的签名墙汇集了众多来此游玩的游人的涂鸦，也许您可以在这里发现自己熟识的笔迹也说不准。

联系方式：赵福合　010-61611478　13716568957

体验报告

交通状况：★★★★★

通往慕田峪长城的公路交通十分发达，即使是背包族单身旅行也不用担心交通问题。

景点特色：★★★★☆

之前已经罗列了慕田峪景区的个性特点，而且西三村内的风景也很好，满山的绿色，让人觉得心里一切纷繁的事情都能够被过滤干净。

住宿条件：★★★★☆

住在长城脚下，吃在农家院中，那种安静的感觉让人难忘。

愉悦程度：★★★★☆

吃枣能长寿，何况是在这样的一个环境里，您不亲身体验一下，绝对想不到生活可以惬意到如此地步。

7. 百泉山风景区

2.7.1

峪道河村、北台子村——

在夏天享受奢侈的“凉”

关键词》》》》》》

爬长城　垂钓　采摘

■　临出发的时候我想，百泉山，既然号称是百泉，多半是因为泉多而出名吧。只知道这山位于沙河的上游，正是这些流淌在沟壑的水流慢慢汇集，变成了青龙峡中的碧绿湖面。虽然这里的山并不高，但是在北国，尤其是北京周边的地方，这里仍然不失为休闲度假、陶冶心情的美妙境界。

■　到达目的地后，发现小路两边原本并不高大的高山此时显得雄伟而险峻，从山下看，山上长满了不知名的杂树，郁郁葱葱，看不到人影，也看不到石径。继续前行，看到高约20米的石拱坝，刀削一般的峭壁。崖下是一处几十平方米的小潭，清晰见底。当时心生疑惑，传说百泉山有游船，该不会是在这样一个齐腰深的小水泊里面吧。

■　带着这种疑惑，继续攀爬，上了坝台之后，抬眼便看到一片绿色的水面，深不见底，不见尽头。当时的风景震撼了我的双眼，开始感叹百泉名不虚传。找了一艘游艇，体味水上飘飞的感觉，回溯数百米，到达视野的尽头，就到了水潭的尽头，有一处清流正从上游石坝飞溅而下，激荡在湖底卷起白色的泡沫。拾阶上岸，到了湖的尽头，这里也是溪流的水源。走到这里的时候，只有两岸的小溪无声地流动，如同流淌在静脉的血液一样，安安静静地淌入下游小湖。缘溪前行，此时已经完全没有刚才的水声阵阵，周围是一片碧绿的世界，王维的诗句恍然就在耳边：蝉噪林愈静，鸟鸣山更幽。还有那首浣纱溪边“明月松间照，清泉石上流”的情形，分明就是这里的真实写照。

■ 不知何年月的山洪，将大大小小的棋盘石、石床、石凳、卵石摆放在这林间的溪水底部，安排得错落有致，情趣盎然，就好像有人精心安排过一样，想来也只有大自然才能有这样鬼斧神工的手段了。山路越来越窄，峰回路转处，凌空而下的飞云瀑毫无防备地落入了眼帘，没有赶上雨季，现在的飞云瀑有的仅仅是那么一条白练，从20米高处跃下，带动了凉风习习，觉得整个人的心情都跟着这瀑布落进了下面的深潭。然而令人觉得难以置信的是，瀑布与大地相接之处，丝毫不见深潭的模样，只有一片乱石错落。也许等到雨季山洪暴发的时候，飞流直溅乱石，轰然鸣远，浩荡以出，破云而下，才能诠释它的豪情、它的壮志。

■ 只是，景色再美，始终也只是路上的风景，生活的终点还是在实际的生活中，而不是这样画境一般的景色里，还好有这样的地方，可以让我们疏散心情，最终精神抖擞地回到生活之中，继

续为了现实而打拼。

村里的事

□ 峪道河村和北台子村坐落在百泉山下，因百泉山自然风景区而出名。百泉山自然风景区位于怀柔区峪道河北雁栖湖与幽谷神潭之间，距京城63公里。景区以其特殊的地理环境、雄奇的山体结构、丰富的植被及矿泉资源，构成了得天独厚的自然景观。山中隐藏的数百山泉使峡谷溪流不断、潭潭相连。著名景点有“如来佛掌”、“立鹰峰”、“擎天柱”、“小黄山”、“太极谷”、“阴阳鱼眼”、“飞云瀑”、“圣母潭”等。

□ 百泉山风景区有四大著名特色：

一是山秀。进入景区，越往里走，江南的秀山美色就越来越多。山尖尖如指、圆圆如笋、直直如剑，山石也是形态各异，有鹰、有蛙、有金猴、有雄狮、有仙人指路、有八仙过海，耐人寻味。绿绿的植被是秀的依托。百泉山上千树映绿，万草覆盖，青枫、松柏、黄椴、绿柳，粗粗细细、高高矮矮、片片丛丛，张扬着生命，令人叹为观止。

二是峰奇。景区前部奇崖怪石，造型独特，一崖一貌，一石一景，令人遐想无穷。飞来石凌空而立，神龟望月、万年石猴、如来佛掌、打坐听经惟妙惟肖。景区后部，瀑布悬挂崖顶，落差60多米，犹如观音菩萨手持净瓶挥洒甘霖，故名观音瀑。

三是水美。百泉山有一个百泉仙子的美丽传说，百泉仙子手指的地方便形成涌泉，使得百泉山处处有泉，遍地是水，形成了泉、潭、瀑、溪、河等各种景观，无论春夏秋冬，百泉山清泉汩汩，叮咚有韵。

四绝：就是绝景猕猴谷。百泉山林美，而最令人叫绝的还是百泉山有一个猕猴谷。数不胜数的猕猴桃树，像一张绿色的大网罩住了山谷5公里多，一眼望不到边。每逢秋季，猕猴桃成熟了，金黄一片。更有山楂、野梨、榛子、酸枣、桑葚，不计其数，实属罕见。

路线提示

自驾车→

北京四元桥至怀柔过雁栖环岛，右转直行经怀北镇一直北上，行约25公里即到北台子村/峪道河民俗村。

公交车→

从北京东直门乘916路公交车至怀柔汽车站，换乘绿色小巴（10路）到北台子村/峪道河民俗村下车即可。

游玩攻略

因为百泉山的风景值得仔细游玩，所以建议提前一晚入住峪道河村或者北台子村，当天主要体验农家生活，第二天早晨上山。整个景区景色秀美，和朋友一起登青山，涉小溪，一崖一貌，一石一景，耐人寻味，其乐无穷。如果只有一天的时间，午饭可以安排在山上的百泉山庄。

消费报价

普通间（双人、三人、多人）：40—80元/间，10元/人

标准间（双人、三人）：60—150元/间

火炕间：50—80元/间，10元/人

重点推荐

峪道河村：

旺子农家院

采摘为该农家院的一大特色，他们家地里有玉米、冬瓜、黄瓜等等各式纯天然绿色蔬菜，可以让游客真正地体验农家生活。用无公害

瓜果做主料，传统的烹饪手段操作，最终才能得到真正的美味。

联系方式：袁清旺　010-61622052　13241670588　13716088580

山沟沟农家饭庄

至今已有10余年的经营历程。小小竹筏画中游，巍巍青山两岸走。百年流沙河环绕山沟沟，山水人文的结合让过路游人赞不绝口。水上游玩项目更是丰富，有大型水上气球、竹筏、游泳等。院内泉水河夏天可以游泳，冬季可以滑冰。

联系方式：宋怀凤　赵常在　010-61622982　13716439896

北台子村：

宝家海鑫庄吉院

距百泉山风景区仅500米，且毗邻111国道，交通十分便利。院子是一座现代与古朴相结合的二层四合大院，院内环境舒适，院外果木成林，花香鸟语，群山环绕，风景宜人，当真就是人在画中游。

联系方式：刘久满　010-61622172　13439861665

春凤农家院

闻名遐迩的百泉山风景区附近，距离景区仅百米之遥。农家院的建筑样式是典型的四合院式，坐南朝北。院内整洁干净，设施齐全，院内院外分别种有两棵参天大梨树，树上梨很多，游客来时可以免费品尝。农家主人热情好客，朴实大方。

联系方式：李凤芹　010-61622153　13716378356　13241683955

体验报告

交通状况：★★★★☆

交通便利，路况良好。如果是自主旅游最好乘坐当地的公交车，这样比较方便。

景点特色：★★★☆☆

两个村子都位于百泉山景区附近，环境优美。山上的风景让人流连，适合写生、摄影。

住宿条件：★★★★☆

干净周到，比较适合集体出游，农家院提供的用餐及住宿对集体优惠。

愉悦程度：★★★☆☆

因为没有充足的时间，所以只是走马观花般体验了一下山上的风景，如果能够再充分地体验一下当地的风情，大概会有更深的感触。

8. 雁栖湖景区

2.8.1

西庄村、新峰村——

雁字回时，月满西楼

关键词》》》》》》

水上游玩　大雁栖息地　采摘时令水果

■　在北京住得久了，就会不由得涌上一种莫名的烦躁和压抑，大概这是一个外乡人身在异乡所难避免的心态，长久居住在一个除了工作之外与自己根本无关的城市，心里的失落感只会一天一天地聚集。如果心情不好，大概连这个地方的天气看起来都是阴霾的，哪怕晴天的太阳那么明显地在天上悬挂着，可是却无法让在这里找不到根的人感到温暖。

■ 然而，我们还是要在这里停留的，偶尔找个理由出去放松一下，远离都市，到周边的乡村去轻松地呼吸一下清新干净的空气。似乎利用周末的时间去北京周边旅行已经成了一种潮流，怀柔便是这样的一个目的地。

■ 怀柔的虹鳟鱼已经名声在外了，似乎抢了所有风景的风头，大概短短的时间内，身心的舒展很难得到满足，唯独味觉的满足，可以在一餐的时间内得到实现。然而那些风景毕竟有巧夺天工的美，有时候更能让人顿悟到一些道理。人是思考的动物，虽然上帝会为此而发笑，但是我们就是在一次又一次的思考当中学会了人生中的点滴。有时候，旅行的意义便在于能够让人安安静静地看着窗外的风景，看着那明镜般的水面和水面上优雅游走的大雁，在沉思的过程中冥想，又有谁敢说我们这些想法一点用处都没有呢？

村里的事

□ 怀柔区怀北镇西庄村距城区9公里，是镇政府所在地。西庄村是通往雁栖湖、九谷口、滑雪场、青龙峪、幽谷神潭、天池峡谷等景区的必经之路，地理位置得天独厚。村里设旅游接待站一处，并有由健身公园、民间秧歌演出队、灯光篮球场、棋牌娱乐组成的文化大院。家家能看上有线电视，户户装有电话，村中建有千亩采摘观光带，盛产富士大桃、黑宝石李子。航空俱乐部建在村旁，来此游玩的回头客很多。

□ 周边景区有红螺湖鸟岛 、天池峡谷、青龙峡等。

□ 新峰村的来历：1977年由崎峰茶乡迁居至该地组建新村，取原住地“峰”字，故得此名。新峰村西南距怀柔区7公里，西北距镇政府驻地1公里，南距北房镇胜利村0.7公里，北距东庄1公里，东距密云县交界0.5公里。

路线提示

西庄村：

自驾车→

北京四元桥—怀柔—雁栖环岛—西庄民俗村。

公交车→

从北京东直门乘936（支）路公交车西庄民俗村下车即到。

从北京东直门乘916路公交车到怀柔会议中心，转乘青龙峡方向怀北2路公交车，西庄民俗村下车。

从北京东直门乘916路公交车到怀柔会议中心，转乘环城“面的”直达西庄民俗村，票价每人3元。

新峰村：

自驾车→

北京四元桥— 怀柔—雁栖环岛—西庄南新峰道口。

公交车→

从北京东直门乘936(支)路公交车直接到西庄南新峰道口下车即到。

从北京东直门乘916路公交车到怀柔会议中心，转乘青龙峡方向怀北2路公交车到新峰道口下车。

从北京东直门乘916路公交车到怀柔会议中心，转乘环城“面的”直达新峰村，票价每人3元。

游玩攻略

因为毗邻雁栖湖，西庄村和新峰村附近的水上游玩项目比较普遍，除了游泳之外，还有皮划艇、游艇、摩托艇之类的项目。晚上还可以欣赏当地的水上夜景。由于水源充足，当地的果木种植比较发达，时令水果采摘也是必备的旅游项目之一。除了这些项目之外，还可以在当地人的带领下参观大雁的栖息地。由于当地注意保护水源和植被，每到春暖花开的时候，都会有成群的大雁到这里栖息，是名副其实的雁栖湖。

如果只有一天的时间可以重点考虑水上项目，时间充裕的情况下可以游览附近的其他景点。

消费报价

普通间（双人、三人、多人）：50—60元/间，10元/人

标准间（双人、三人）：60—120元/间，30元/人

火炕间：50—80元/间，10—20元/人

包吃包住（三餐加一晚住宿）：20人以上60元

包院：400—500元/日

重点推荐

集合08农家院

很有创意有想法的一个农家院，借助奥运的东风，取名集合08农家院。院主人说，奥运年从网上预定的话可以打88折，图个吉利，也以此表示对奥运的祝福。

联系方式：白雪　010-69661386　13811286339

出城之家农家院

农家主人的热情和豪爽感染着每一位到此住宿的游人，往往让游客有“宾至如归”的惬意感觉。住宿环境干净整齐，而且距离雁栖湖景区不远，出入便利，能够有更多的时间领略景区的特色。

联系方式：田艳臣　010-69666339　13693313619

体验报告

交通状况：★★★★★

距离怀柔城里不远，普通的商用地图上就可以找到。

景点特色：★★★☆☆

雁栖湖的水上游玩项目是一个特色，另外村庄距离红螺寺等景区也比较近，能看到的风景很丰富。

住宿条件：★★★☆☆

当地的农家游接待业务已经开展数年，形成了自己的特色，在这方面已经具备了充足的经验。当地的基础设施比较完善，能够满足绝大多数旅客的基本要求。

愉悦程度：★★★☆☆

出行的最大收获便是心情的放松。很多人并不能控制自己的情绪，反而被自己的情绪所控制，能够在这样一种环境中培养自己平和的心境，也是一项值得赞叹的事情了。

9. 青龙峡

2.9.1

大水峪村——

伸手探窗，一把青龙峡风光

关键词》》》》》》

攀岩　蹦极　溜索　沙滩浴场　滑雪

■　如果说水是流动的风景，那么山就是一个静止的世界。

■　青龙峡曾为明长城要塞“大水峪关”，而在这个地方的村子也就因为古关口而得名：大水峪。很多地方都是山水搭配的风景，青色的高山，潺潺的溪水，然而却没有哪一个地方像这里一样风景大开大合：山是最苍凉的山，水是最广阔的水。那大片的水面安静地沉睡在大坝之后，看起来平静无波，如同一大块干净

的玉一样，镶嵌在这块洼地里；而水的对岸就是山，一道古长城蜿蜒在山上，给这片宁静的色彩添了一点流动的韵律。如果说八达岭的长城是简洁，慕田峪的长城是肃穆，古北口的长城是苍凉，那么这里的古长城就是真实，真实得好像不曾被任何人探访过，似乎自从它经历的最后一场战役之后，这个地方就被时间装进了口袋，不被人知，不被人晓，只有灰尘和绿色植物在这里漂浮坠落，在这里开花生叶，看得久了，有时候就会觉得自己是在看一部古老的默片，黑白的颜色，只有风声作为音乐，却不见人语，那些零星的游人的身影，缓缓移动，甚至分明就已经凝固了，眼前的这一幅场景，已经完全变成了一幅泼墨山水画：千山鸟飞绝，万径人踪灭。

■ 还好天是蓝色的，让我在几乎就要被自己催眠的那一刻清醒过来，我摇摇头，甚至怀疑这地方有什么莫名的能量，让人这么快地能够与这片天地产生共鸣，要自己完全地融入进去，不能自拔。

■ 站在山上，偶尔有飞鸟从眼前经过，远处的那些，甚至飞的高度还没有到达自己的脚下。下面，长城蜿蜒，水面平静，一切都像是在默默转动的放映机，打算在和人们诉说一些古老的故事，只是，我从来都不知道，究竟有没有谁听懂了这片风景的语言。

村里的事 ////////////////////////////////////

□ 大水峪村，北京市级民俗旅游村。位于北京市怀柔区怀北镇境内的青龙峡旅游度假村南侧。该村有800多年的历史，曾有过古老的城池，城内有各类庙堂11座，在“文革”期间被毁。现村内还有500多年的古树两棵。该村背靠长城，面向平原，地势北高南低，关门两侧，特别是西侧，多悬崖峭壁，1988年我国首次举办的“中软杯”攀岩比赛就在该地举行，曾邀请日本和香港等国家和地区的运动员参加。民俗旅游发展主要依托距村1公里的青龙峡景区。按照市级民俗旅游村的标准陆续兴建了街心公园、星级厕所等设施。在民俗餐饮上有传统的“二八席”及家乡肠、炸知了、蒸焖子，还有烤全羊、虹鳟鱼、玉米面饽饽、山野菜等，尤其是当地盛产的红肖梨远近闻名。

□ 景区内建有蹦极缆车、沙滩浴场等多种娱乐项目，并有千亩森林公园坐落村旁，百亩观光采摘园环绕村落。村里设民俗旅游接待站一处。全村现从事民俗接待、观光采摘的有400余户，是怀柔区有名的“旅游专业村”。

□ 当地特产：大水峪家乡肠——几代人的祖传配方，已有百余年历史，选料精致，制作规范，主要特点是其味芳香、清爽可口、回味无穷，是餐桌上一道理想的菜肴。配方主要成分有精瘦肉、香油、冰糖、淀粉，中药有滋阴、补肾、明目的枸杞子；有芳香、开胃、醒脾、增进食欲的沙仁；有补气、提神、增强体质的西洋参等20余种名贵中草药配制而成。

路线提示

自驾车→

自北京三元桥沿京密路到怀柔，见开放环岛左转第一个红绿灯右转，再顺怀丰公路北行，过雁栖湖7公里即到（沿途有明确的指示路标）。

公交车→

北京东直门长途汽车站：

1.乘916路公交车到怀柔后（距景区20公里），转乘2路公交车或出租车到青龙峡。

2.乘936路公交车支线，旺季可直达青龙峡景区（约4—11月）。

青龙峡发车时间：首发时间：5:00 末班时间：17:30

东直门发车时间：首发时间：6:40　末班时间：19:30

游玩攻略

大水峪的水上项目比较多，包括攀岩、蹦极等极限项目在这里都能玩儿。因为附近的风景主要局限在水库和长城上，所以相对玩儿的项目比较简单，主要是爬山和戏水，冬天的时候可以滑雪。可以乘坐首班公交车到达大水峪，节省路上的时间来争取玩得更痛快，当天即可返回。自驾游的驴友则不用过多在意时间，当地的农家院都有提供食宿的业务，可以在当地住宿一晚，体会一下农家情趣，第二天再继续游玩。

消费报价

普通间（双人、三人、多人）：50—60元/间，10—15元/人

标准间（双人、三人）：60—150元/间，30—80元/人

火炕间：80—120元/间，10—15元/人

包吃包住（三餐加一晚住宿）：50—90元/人

重点推荐

胡杨五星级农庄

大水峪村最精致的农家院，占地面积约1000平方米，建筑风格考究，主人热情淳朴，一进门的“为人民服务”几个大字便体现了主人的待客之道，客房干净整洁，设施齐全，阶梯式的客房都会让游客耳目一新。

联系方式：胡女士　010-89616598　13911923090　13910932583

田大妈农家院

这是青龙峡周边最早的特色农家院，距今已有10余年，曾连续5年被评为北京市青龙峡市级达标户。院落干净整洁，安全卫生，

主人以诚待人，来往游客都非常喜欢来田大妈家，很受欢迎。

联系方式：田淑莲　毕金平　010-89616285　13241680038

体验报告

交通状况：★★★★★

路况便利，但是回程的公交车比较简陋，着实比较影响情绪。

景点特色：★★★☆☆

青龙峡的水景和长城的风景都很漂亮，但是缺少自己真正的特色。

住宿条件：★★★☆☆

当地的农家院环境很好，饭菜质量不错，比较符合北方人的口味。

愉悦程度：★★★☆☆

非常实惠的旅行，但是景色可能单调一些，对于很多想要玩得痛快的人来讲，这村子周边的风景似乎不是那么丰富。

10. 云蒙山

2.10.1

后山铺村、琉璃庙村——

野人的乐趣

关键词》》》》》》

虹鳟鱼　原始森林　野外生存训练　避暑

■　我们的国人，从上古的时候就继承下来一种叫做气节的东西，从不食周粟饿死首阳山的伯夷叔齐，到后世伶仃洋里叹伶仃的文天祥，这东西似乎就存在于这片土地上的每一寸泥土，每一方空气里，只要在这地方生活着，饮着这里的水，吃着这里的粮，就会在不知不觉中吸收进去，哪怕一个人没有读过书，认不得几个字，不知道那些前人的典故，也会在某个时候无师自通，昂着倔强的头，一脸的刚毅。

■ 还有一种人，叫做隐士。论语里面有一个老者，可以用鄙夷的语气当着子路的面批判那个周游列国的孔夫子：四体不勤，五谷不分，孰为夫子。还有一个人，叫做陶渊明，不为五斗米折腰，于是安心去做自己的隐士，采菊东篱下，悠然见南山。然而，陶渊明却算不得是真正的隐士，小隐隐于野，大隐隐于市，真正的隐士，都是无名的。我们无法得知有多少见识卓越的人，看透了当时的你来我往，看透了这世上所有的因果循环，于是在一个小小的城镇，或者繁华的国都，做一个寂寂无名不被人知的屠夫、铁匠、医生、教书人，甚至是乞丐，所以我们也无法想象我们的前人，除了留下来的那些圣贤的典籍之外，还有多么高超的见识是没有被记录并且是我们想象不到的。

■ 到了现代，也许我们生活中也有这样的人，有着足够的大见识、大智慧，能够看透我们这些人所苦苦追求的那些个人价值和所谓生命燃烧的最灿烂，并且可以轻松自在地放下这些烦扰世人的枝叶，在一个小村庄，静静地做一个农夫，和周围的邻居和睦相处，每天日出而作，日落而息，放弃了那些原本可以追求到手的名声与利益，一直到老。有人说，就算有这样的人，他们看起来也和普通人没有任何区别，又谈什么大境界呢？

■ 确实，很多时候，智者和愚者看起来有着一样的相貌、一样的声音，只不过，智者离地三寸。

村里的事 ////////////////////////////////////

□ 后山铺村位于怀柔云蒙山脚下，111国道临村而过。这里依山傍水，环境幽雅，风景秀丽，林木苍翠，奔流不息的小河环绕着秀美的村庄，河岸上绿草茵茵，野花遍地。该村盛产蘑菇、木耳、核桃、栗子、杏仁等土特产。村庄内房屋整齐，街道宽敞整洁，公共设施齐全，先后开发兴建了清凉谷度假村、云蒙山庄、鸿运公寓等度假设施，是观光赏景、度假休闲、参与民俗活动的理想选择。食以烧烤、山野菜、玉米杂粮为主，住宿分中档、低档，有大炕、水冲式卫生间，室内干净卫生，住宿舒适安全。该村一次性可接待300人以上品尝烧烤、山野菜小吃。

□　琉璃庙镇在怀柔的中北部，111国道路经此地，四周环山，因村中有琉璃庙，故名。村子成于清初，同治年间在村西琉璃河西岸修建了关帝庙和娘娘庙各一座。相传，当年在清理地基时，挖出3块琉璃瓦，村人们都觉是罕见之事。认为十分吉祥，于是就将这3块琉璃瓦置于庙的房顶上，人们也就将庙称为琉璃庙。由于琉璃庙出了名，村子也就被人们称为琉璃庙村。关帝庙于光绪三十年（1904年）被改建为琉璃庙初等小学堂。

路线提示

后山铺村：

自驾车→

由北京四元桥出发走京顺路，经怀柔开放环岛走京丰路（丰宁出口），过雁栖湖、云蒙山两公里路右侧即到。

公交车→

从北京东直门乘916路公交车到怀柔，然后换乘绿色中巴（8元）到后山铺村下车即到。

琉璃庙村：

自驾车→

由北京四元桥出发走京顺路，经怀柔城区，经雁栖湖，走京丰路（北京—丰宁）到琉璃庙村下车即到。

公交车→

从北京东直门坐918路公交车到怀柔三中下车，到对面坐10路公交车到琉璃庙村下车即到。

游玩攻略

提前一晚入住后山铺村，第二天可以从村后的路上山，参观天仙瀑，一路上山，可以经过三岔口、鬼谷子山寨，如果有精力就继续向上攀爬，或者可以在山寨吃一餐午饭，然后一路向云蒙山北峰攀登，路上可以经过孙膑庙、鹰嘴石等风景。攀爬过程中要注意时间安排，计划好下山的时间，不要因为过度留恋山上风景出现来不及下山的情况。

消费报价

普通间（双人、三人、多人）：50元/间，10元/人

标准间（双人、三人）：60—100元/间，30—50元/人

火炕间：50元/间，10元/人

包吃包住（三餐加一晚住宿）：50—60元/人

包院：400—500元/日

重点推荐

琪琪农家院

农家院采用西式楼房建筑，登高望远。前后两院，门前场地宽敞，可以给自驾游的旅客提供停车场地。站在院里，云蒙山的美景尽收眼底。住宿环境干净整洁，农家主人待人很和气。

联系方式：池建才　王桂芬　010-61610275

13683656115　13366363279

彭玉霞农家院

农家院主人为地道的养蜂人，有30余年的历史，来此游玩的游客可以最实惠的价格购买到最纯正的蜂王浆蜂蜜。依山傍水的环境，仿佛仙境一般。农家深藏于树林之间，凉快程度可想而知。

联系方式：池德稳　彭玉霞　010-61610423　13671097655

体验报告

交通状况：★★★★★

交通便利，路况良好，有公交车直接通往村子，适合自驾游。

景点特色：★★★☆☆

通往云蒙山的天仙瀑的入口就处于后山铺村，景色很好，山上的风景要优于村中的。

住宿条件：★★★☆☆

住宿条件一般，饭菜的质量比较出色，村子的自然环境比较优美，适宜散心。

愉悦程度：★★★☆☆

整体感觉，景色给人留下的印象最深，如果能够认真欣赏，会察觉到与众不同的妙处。

温馨提示：

4月初至11月中旬对外开放。旅游旺季的每周六、日和节假日，北京宣武门和东直门长途汽车站均增加开往云蒙山国家森林公园的旅游专线车，发车时间为早6:00-8:00。在公园停留5小时，下午返回。

出发前请注意收听、收看前往地区的天气预报,以便携带衣物。

11. 红螺寺

2.11.1

卢庄村——

红螺湖边红螺山，红螺山下红螺寺

关键词》》》》》》

祈福祭祀　垂钓　庙会　拓展　农贸市场

■　我时常想象那些笃信神明的人：每天祷告，回忆自己当天做过了什么样的事情，一一地说给心中的神明听。我想，人大概都是有倾诉的需求，倘若没有朋友肯接纳，便只有把这些情绪在心中不停地积郁，日复一日地沉淀，直到有一天再也按捺不住，以一种很暴力的方式——语言或者动作——喷发出来。

■　来到红螺寺，可以让我们的心安静下来，心有所依托。也许一辈子我们都会平平淡淡，不会经历什么大的风浪，但是，我们

会相信在一个自己看不到摸不着的地方，有一个强大的精神在独立存在着，冥冥之中，与我交谈，与我同在。

村里的事

□ 经过一周紧张工作的城里的朋友，多希望远离城市的喧嚣，呼吸一下新鲜空气，听着悠扬的寺庙钟声，漫步在古松翠柏之中。吹着清凉的晚风，在湖边垂钓，与家人一起品尝地道的农家饭菜。这里就是卢庄民俗旅游接待村，地处红螺寺旅游风景区，北靠红螺山，南照红螺湖，三面青山环抱。

□ 村子距怀柔城区只有4公里，但村庄被青山绿水环抱，犹如世外桃源一般。占地100亩的朱雀山采摘园古木参天，各个季节的果树布满山坡，一畦畦绿油油的农家蔬菜任您采摘。披着落日的夕阳，漫步在古松翠柏之下，寻访古人长眠于此的墓迹，这里有清朝初期大学士范文程的墓地，特殊材料制成的墓穴还静静地躺在那里，一片片破损的石碑、石猴、石狮等凄凉地守在那里。郭子仪、孙镗、多尔衮等人的墓地都在此，等着您细细地探询，抒发对逝去英雄的感慨。珍珠泉、红螺仙女的优美传说，将您带入童话般的世界。

□ 距民俗接待站100米远的旅游市场，占地1200平方米，分为旅游纪念品市场和农副土特产品市场，共有摊位110个。旅游纪念品市场出售各种具有佛教特色的纪念品、儿童玩具和具有农村风格的手工艺品。土特产品市场，出售各种时令水果、红螺山上生长的各种野菜、农村杂粮和晾制的各种菜干等，是您赠送亲友的最好选择。

路线提示

自驾车→

北京四元桥—枯柳树环岛—牛栏山路口—怀柔开放环岛左转

弯—过桥右转弯—遇环岛左转弯（路标：红螺路距红螺寺300米）便是。

公交车→

东直门长途汽车站乘936路红螺寺专线车直达景区。

发车时间：每天7:00—17:00对发，车次间隔30分钟。

旅游车→

北京集散中心(运营时间:每年4月中旬至10月中旬)

乘车地点：天安门广场西南角/宣武门教堂前

乘车时间：周六、周日、法定节假日6:30—8:30

游玩攻略

一天的时间用来在红螺寺参观，虽然不能看得特别仔细，但是走马观花般的看完整个景区的风景还是没有问题的，如果有充足的时间，可以去卢庄村留宿，第二天去游览红螺山和红螺湖。

消费报价

普通间（双人、三人、多人）：30—50元/间，15—20元/人

标准间（双人、三人）：80—120元/间，40—60元/人

火炕间：100—120元/间

重点推荐

红螺泉垂钓园

这里不但能够享受自己垂钓的乐趣，而且还是一个吃鱼的好地方。垂钓园能接待500多人同时就餐，适合团体聚餐。专业厨师，让游客真正品味虹鳟美味，享受自己劳动成功的味道。

联系方式：卢文建　010-60682290

瑞秋农家院

老板对聊QQ情有独钟，除了接待游客之外，主人也会经常邀请

群里的朋友来农家院玩儿，通过这种方式联系游客的农家主人我们还是第一次见到。老板人确实是实在，诚信经营，童叟无欺。

联系方式：瑞秋　010-60681067　13671152649　QQ：809131671

体验报告

交通状况：★★★★★

卢庄村距离怀柔区城里很近，所以交通便利。

景点特色：★★★☆☆

红螺湖边红螺山，红螺山下红螺寺。当地的自然风光秀美，人文景观更为出名。

住宿条件：★★★☆☆

卢庄村作为怀柔区第二、第三产业的示范单位，在旅游方面下了大力度，因此住宿条件相当好，食宿都比较称心，环境优美，还可以品尝当地的美味。

愉悦程度：★★★★☆

参观红螺寺的时候心情觉得安静了许多，佛经和佛殿里的环境让人不由得沉静下来。而号称红螺寺三绝的景色更是让人流连忘返。

12. 喇叭沟门

2.12.1

孙栅子村——

感受满族文化

关键词》》》》》》

原始森林 避暑 赏野花 满族文化

■ 作为中国历史上最后一个朝代的缔造者，满族给中华民族的封建史画上了最后一个句号，而满族的文化则成为中国封建文化最后的光彩。这个民族创造了旗袍，奠定了普通话的基础，创造了中国最后一个封建省市，也因为保留了最多的档案而更多地被人所了解。清朝对于后世的影响，有着不可磨灭的作用。直到现在我们也还是在沉浸着这种文化的城市里生活居住。

■ 对于满族文化的好奇也就让我对孙栅子村抱着一种探访的态

度。村子附近有“一善”、“二箸”、“三星照户”的石刻，据传是当年皇太极、多尔衮和庄妃到此地游玩的时候留下的。这里靠近喇叭沟门原始森林，满山的白桦林让人身处其中，好像在一个大迷宫中一样，如果不仔细分辨，真的会产生一种自己身处长白山的幻觉，似乎也回到了那个被契丹人感叹“女真不满万，满万则无敌”的时代。

■　唐太宗曾经说过：以史为镜，可以知兴亡。透过这些历史上的只言片语，有时候我们也能够想象出那个狼烟四起的年代，骁勇善战的八旗兵入关时候的样子，持续百年的反清复明口号，一个康乾盛世，到最后变成腐朽的清王朝。余秋雨在《山居笔记》里写道：“记得很小的时候，历史老师讲到‘扬州十日’、‘嘉定三屠’，眼含泪花，这是清代的开始；而讲到‘火烧圆明园’、‘戊戌变法’时，又有泪花了，这是清代的尾声。”这样一个开始不被人接受后来又被人留恋的朝代，一定有什么特殊的魅力让人心驰神往吧。

■　只是，历史留下来的字迹还是太少，我们又无法穿越回到那个年代，变成其中的一人，感受风起云涌，大浪淘沙，能够做的，只有体验这个民族遗留下来的风情了。

村里的事

□　孙栅子民俗旅游村位于北京市怀柔区喇叭沟门满族乡境内，属于北京市的最北端。孙栅子民俗村有60%的人口为满族，111国道直达喇叭沟门乡，西行8公里即可到达。距北京市区约160公里，是蕴涵浓郁满族文化特色的民俗旅游专业村。自1997年，由村民自发地开展民俗旅游接待，逐渐走向有组织、有规模的规范化发展，2004年正式批准为北京市级民俗旅游村。

□　村域内有海拔1705米的“猴顶山”，有“五龙潭”、“白桦林”、“壹善松”、“长寿泉”、“百丈崖”、“七月冰川”等自然景观30多处；有“一善”、“二箸”、“三星照户”石刻，传说是崇祯元年，皇太极、多尔衮、庄妃3人前来此地游览风光，一时兴起分别提字所留下的。村域内有“夏凉宫”、“绿色华夏度假村”、“满乡人度假村”、“木家寨度假村”、“龙泉山景区”，并开设了“跑马”、“射箭”等突出满族文化特色的娱乐项目。

□ 村子是北京市级保护区——喇叭沟门自然保护区的重要组成部分，因此动植物资源丰富，有野猪、狍和斑羚、蒙古栎、胡桃楸、黄菠萝、刺五加等珍稀动植物；还有木耳、蘑菇、杏仁、葫芦条、大枣等土特产品。饮食上有以红白茧子、四喜丸子、白肉片为主的传统“二八席”；有豆面饽饽、黏豆包、年糕等满族特色食品；还有锅贴、小鸡炖蘑菇、木了芽、苦了芽、山野菜等农村特色食品。茶余饭后，还可以坐在火炕上学剪窗花，学做满族传统的鞋垫、刺绣等。

路线提示

自驾车→

从北京驾车到喇叭沟门一般需要3个小时，路口较少，但山路较多，沿途可以欣赏怀柔山区的河谷风景，别有一番情趣。从三元桥驾车48公里即到达怀柔区庙城立交桥，继续直行(右转下桥怀柔县城)3公里是怀柔区开放环岛，左转(直行密云)1公里，遇T字形路口右转，沿京汤公路直行14公里到达青龙峡岔口，同时，也是山路的开始。行驶8公里后到达幽谷神潭，公路左侧有停车场和厕所。89公里处遇一路口，直行(右转四合堂)3.8公里到达琉璃庙Y字形路口，右转(左转崎峰茶)17.4公里到达汤河口路口，右转(直行汤河口镇，左转宝山寺)经过中石化汤河口加油站后13.7公里到达长哨营Y字形路口，左转(直行滦平)20公里到达喇叭沟门乡政府左拐，沿路直行即到黄甸子/孙栅子村。

公交车→

从北京东直门乘坐916路公交车至怀柔县城，转乘小10路（绿色小巴）到喇叭沟门，有“面的”到达黄甸子/孙栅子村（一般30-40元）。

游玩攻略

到孙栅子或者黄甸子村主要的活动是爬山，其中黄甸子村距离喇叭沟门原始森林景区更近一点。如果出行时间比较早，可以当日出发当日返回，中午在村子里的农家吃农家饭；如果时间充足并且想玩得更尽兴一些，则可以把第一天的时间用来在村子里参观，许多农家都保留着一些别具特点的建筑，值得一看。经过一夜的休息之后再于第二天爬山。

消费报价

普通间（双人、三人、多人）：40—60元/间，20元/人

火炕间：50—80元/间，20元/人

包吃包住（三餐加一晚住宿）：50—70元/人

重点推荐

孙栅子村：

吴家小院

小院坐落在原始森林旁，卫生干净整洁，备受游客好评。主人是当地有名的导游，接待经验丰富，上至景点特色，下到风土人情，如数家珍。党和国家领导人以及多家媒体机构多次光顾吴家小院，并在此座谈。

联系方式：吴国辉　010-60627643　13718190235　13716658539

海燕农家院

农家院地处风景区周围，远离污染，环境幽雅，空气清新，而且

当地植被极好，冬暖夏凉，是休闲纳凉的好去处。春夏时节，院落里的花坛繁花似锦，花团锦簇，美不胜收。

联系方式：蒋春燕　010-60627861　13716979640　13693326266

黄甸子村：

塞外农舍农家院

夏季避暑纳凉的好去处。农家院中花香四溢，果木繁多，住宿干净，是一座典型的农家小院。小院后边就是山，可以锻炼身体。山上视野开阔，您可在此登山远眺，附近的风景一览无余，让人心旷神怡。

联系方式：黄朝林　010-60627748　13161461546

张连树农家院

山脚下的农家，生活气息极浓，小院的青藤凉棚，看着都让人舒心，上面结满了黄瓜、南瓜、丝瓜等等农家绿色蔬菜，再配上善良的农家嫂子做的可口地道的农家饭菜，一定会让游客满意非常。

联系方式：张连树　010-60627667　13716267462　13161465088

体验报告 ////////////////////////////////

交通状况：★★★★★

路况不错，111国道大部分是盘山路，路况良好，大车不是特别多，如果是自驾游，有几个急转弯注意减速。公共交通出行则可能会比较直接。

景点特色：★★★★☆

喇叭沟门原始森林大部分为原始次生林，白桦树和橡树居多，可以攀爬、摄影。

住宿条件：★★★★☆

当地的农家院大都是新建的房子，老房子比较少，相比而言，老房子似乎更有农家院的味道。

愉悦程度：★★★★☆

整体感觉很好，山上的森林让人尤其觉得兴奋，俯瞰下面的景色的时候才能真正体会山高人为峰的境界。

13. 鳞龙山

2.13.1

二道关村——

戏水鳞龙山

关键词》》》》》》

采摘板栗　戏水　黄花城水库　鳞龙山

■　二道关村的名声其实远没有人们想得那么大，这里更像是一个被人偶然发现的小村落，因为风景宜人和毗邻着黄花城水库以及鳞龙山而在一些爱好旅游的人群中口耳相传。这里没有太明显的商业痕迹，你会在一个其他景点人满为患的节日在这个村子轻松地找到停车位，没有太多的人群在这里驻留，所以度假也不会像赶集一样人山人海，落得一个既看不了好景色又糟蹋了好心情的后果。

■ 黄花城水库旁边就是北京的水长城——黄花城水长城，因此这里的风景也格外的清秀，因为汇集了很多的来自水中的灵气。而鳞龙山的瑰宝则是那些栩栩如生的石雕：石猴、石蛙、石头雕刻的雄鸡，还有浑然天成的那些山峰，将军峰、神鹞九子峰、达摩石、神马石、骆驼峰等等，最形象的自然是骆驼峰了，站在山峰上，你可以看到黄花城水库和水长城的全貌，那感觉，就如同自己凭虚御风飞翔在半空中一样，像一只鸟一样鸟瞰这一片水与山、石与墙组成的瑰丽风景里。

村里的事

□ 怀柔境内的黄花城长城是明长城的又一处精华所在，它气势雄伟、构筑精细，集奇险于一身，是北京长城段的一处重要关隘。黄花城历史上曾称为黄花镇，黄花城关被称为头道关，它是外省通往京师的要冲，也是拱卫明皇陵的门户。在黄花城关遗址北侧的岩石上，至今还保留着明万历年间刻写的“金汤”两个大字，足以显示出当年关口的作用。

□ 二道关村全村房屋沿山脚下建成，林木环抱，环境幽雅。村前面山上有连绵起伏的古长城，村内还有多处文物古迹，其中最重要的就是鹞子峪城堡。鹞子峪为二道关所辖，古时该地曾有猛禽鹞鹰出没，故名。鹞子峪建隘口一座，鹞子峪隘口东侧北坡处建有一城堡，建于明万历二十年(1592年)，砖石结构，南墙长102米，北墙长91米，东西墙各长78米。南向开一城门，门洞上镶嵌一汉白玉门额，上书“鹞子峪堡”4个字，城堡保存完好。

□ 关于鹞子峪城堡的作用有两种说法：一是屯兵，二是养马。但都缺乏确切的依据。可以肯定的一点是，当年修建城堡确为军事防御所需，《四镇三关志》上就有关于夷部入犯鹞子峪的记载，古老的城堡曾经历过刀光剑影的浴血厮杀。

路线提示

自驾车→

由京昌高速西关出口—十三陵长陵—沙岭—黑山寨—九渡河—黄花镇—黄花城水长城—鳞龙山。

公交车→

从北京东直门乘916路公交车直达怀柔会议中心下车（空调车8元/人，普通车6元左右/人），换乘蓝色中巴“怀柔—西水峪”就能直接到达。

游玩攻略

一天游玩攻略：

上午抵达二道关村，品尝一下当地的农家饭，紧接着开始攀登鳞龙山。鳞龙山的海拔并不高，大概3个小时左右能够完成上下山的整个过程。下山之后准备返程。这样的游玩过程比较适合单纯只是为了爬山而出门的驴友，用时较短，一天足矣。缺点就是过程太走马观花，很多细节并不能看到。

两天一夜游玩攻略：

第一天上午抵达二道关村，简单地休息之后，可以安排众人去黄花城水库和水长城游览，当地的风景优美，适宜拍照。晚饭之前返回，在农家院住宿，吃农家饭，举行篝火晚会，如果是自助游则可以尽快地休息，避免体力不支。第二天早上起床之后，安排爬鳞龙山，过程基本同一天游玩攻略一样，路上可以多多注意一下身边的植物，有许多无名植被也许你之前从未见过。下山之后，坐公交车或自驾车原路返城。

消费报价

普通间（双人、三人、多人）：40元—60元/间，20元/人

标准间（双人、三人）：80元/间，20元/人

重点推荐

青松居农家院

农家院距离鳞龙山景区门口仅500米，后面设有大型停车场，适合团队游和自驾游。周围有古城堡、“野长城”，还有多年前的老宅子，是写生、摄影的最佳景点，吸引来众多的学生写生团体。

联系方式：海燕　010-89603576　13716260358

体验报告

交通状况：★★★★★

路线比较简单，没有太多的岔路，而且路况较好，适宜自驾出游；如果是自助的单人旅行，乘坐公交车也比较方便，有公交车直达怀柔城里，只需换乘当地小巴就可以顺利抵达目的地。

景点特色：★★★★☆

风景很好，山水的搭配相宜，夏天的时候还有机会游泳。

住宿条件：★★★★☆

住宿比较干净，周围环境优美。当地的饮食比较富于农家风味，值得品尝。

愉悦程度：★★★★☆

唯一美中不足的是服务设施不是很完善，但是如果只是短期的旅行，这里的条件已经足够让人拥有一次美好的经历了。

三　延庆县

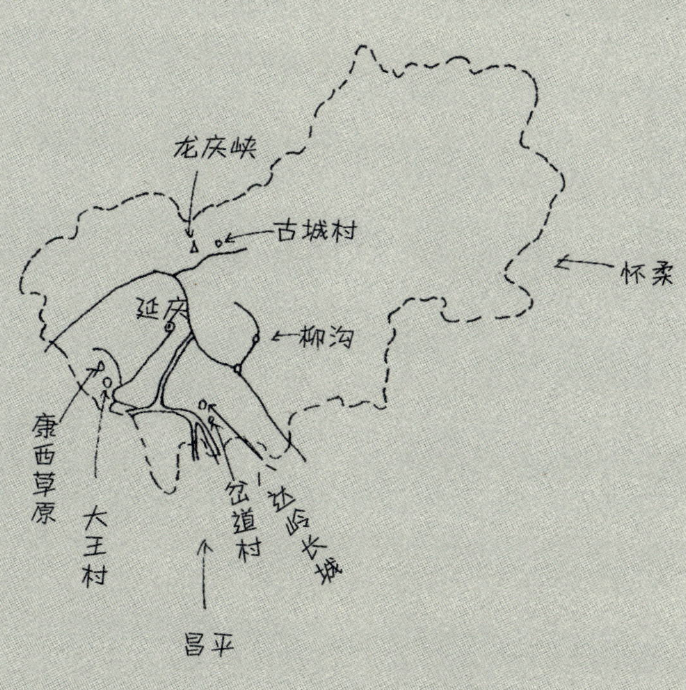

龙庆峡古城村

柳沟民俗村

龙庆峡
冰灯

龙庆峡冰灯

1. 龙庆峡

3.1.1

古城村——

京北小三峡，塞外小漓江

关键词》》》》》》

龙庆峡冰灯节　京北小三峡　避暑　神仙院下　民俗过大年

■　“小三峡胜似三峡，山比三峡险；小漓江赛过漓江，水比漓江清。”思索良久，还是觉得这副已有的对联生动形象地描绘出龙庆峡的山水风情。龙庆峡山之险，险要之处需手脚并用才能攀得上去；龙庆峡水之清，如镜面如空气，直视见底，连左右飘忽的水草径上细绒绒的情景都清晰可辨。于是登龙庆峡的山，少了很多人工的雕饰和刻意的坦途，直接把自然之险呈现给你，让勇敢的人排除艰险，勇于向前，真正体验到登山的乐趣。而在水边

嬉闹，两岸苍翠的群山映在清澈的湖水里，亭台楼榭凉风习习，游船竹筏往来不绝，让人恍如置身在画廊中一样，人游走而画随之展开，一点一点地呈现出龙庆峡的奇景妙境。

■ 提起龙庆峡的著名景点，首推镇山如来、凤冠岛、东大寨和月亮湾，远望镇山如来宛如一座活佛，为龙庆峡镇守着上千年的灵气，而东大寨和月亮湾以峡谷风情为主。夜晚游玩归来，热情的农家院的主人打开了话匣子，拿出来几本厚厚的相册，给我们介绍龙庆峡冰灯节。看到那些绚丽的冰灯被赏灯的人群簇拥，我们开始向往在那个冰雪纯净的天地里，上演的那一场火与冰的碰撞，不过主人介绍说，龙庆峡现在的冰灯都是用电来作光源，尤其那种一串一串的冰灯，五颜六色，非常漂亮，在经常举办的冰灯比赛上，总是能有很多创意奇特的新花样，听得我们无限向往。那个夜晚，躺在农家院的火炕上，真的梦见了洁白无瑕的冰雕散发着奇光异彩，缀满了龙庆峡的整个天空。

村里的事

□ 古城民俗村位于延庆县旧县镇，历史悠久。西汉有村，延庆古八景中的“古城烟树”和“神峰列翠”皆在村域内，这里奇峰林立，水曲幽深，依托“塞外小漓江”——龙庆峡自然景观和得天独厚的地理位置，具有地区特色的民俗旅游业蓬勃发展，游人到这里可以采摘、垂钓、骑马，还可以推碾子、摇辘轳，体验当地的民俗风情。

□ “古城农家乐”是该村民俗户的代表，塞外旅游休闲的居所。这里有高档、中档、低档次客房，游客可以根据自己的需求选择；这里的房间装有彩电、空调，卫生间24小时供应热水。更令客人拍手称绝的是“大土炕”，寒冬时节，深受中老年客人的青睐，而且还能治腰腿病。

□ 1987 年至今，依托龙庆峡，经过 10 余年的发展和挖掘，形成品牌各异的吃、住、行、游、购、娱旅游系列项目，日可接待千余游客用餐住宿。农家小院、现代楼宇、三合院、四合院等服务项目各具特色。古朴的村庄，纯正的民俗，凉爽的气候等待着游客来体验这历史赋予的塞外美景。

□"农家乐"的拿手小吃有贴玉米饼子、拨疙瘩、土豆丝饼、小米疙瘩汤、手擀玉米面条等，均深受客人们的喜爱。特别是在"七一"党的生日时推出的一道特色菜——红薯南瓜汤，使客人既品尝了独具特色的美味，又回味了历史，受到了广大游客的交口称赞。

路线提示 //

自驾车→

从北京马甸桥上八达岭高速公路到延庆，再上京张公路行驶，有路标。

公交车→

1.游8路（旅游专线车）始发站：北京前门、安定门地铁西口(每周六、日发车)。

2.919路（市郊车）始发站：北京德胜门箭楼，每5分钟对开一辆，到延庆县城转乘920路环线到龙庆峡。

游玩攻略 //

一天一夜游玩攻略：

龙庆峡离北京城区不是太远，因此建议在行程中加上其他的游玩项目。周六一早（约6点左右）出发，大约9点到达八达岭野生动物园，游玩大约两个小时左右，继续上路前往龙庆峡，午饭可以在车上解决，到达后直接去景区游玩。傍晚的时候回到古城村，住宿在农家院，品尝农家饭。第二天上午返城。如果是在冬季的时候前往龙庆峡，将可以欣赏到美丽的冰灯。

两天一夜游玩攻略：

周六一早出发，先去八达岭野生动物园游玩，接近中午的时候上车前往龙庆峡，到达卓家营村，选好农家院，午饭就以农家院的特色菜为主。下午可以去果园采摘，还可以推碾子、摇辘轳，体验民俗风情。晚上住在农家院。第二天用一天的时间游玩龙庆峡，下午返城。

消费报价 //////////////////////////////////

标准间（双人、三人）：100—160元/间，50—80元/人

重点推荐 //////////////////////////////////

来荣农家院

集住宿、餐饮、娱乐于一体。院子里的玉米棒子堆积如山，让游客感受到收获的喜悦。农家院的热炕头、农家饭，还有实实在在的农家人……都能让我们深深地感受到自家人的亲情和温暖。

联系方式：马刚　010-69191501　13552878065

志勇农家别墅

坐落在龙庆峡山脚下。这里夏季温度比北京低5℃左右，且风景秀丽，空气清新。冬天可以赏冰灯，玩冰雪。在这里您可以品尝农家美味，也可以参与推碾子、扭秧歌等娱乐活动，还能亲手采摘新鲜水果。

联系方式：王志勇　010-69192093　13651181530

体验报告 //////////////////////////////////

交通状况：★★★★★

那是相当的近啊！刚刚上了八达岭高速，就到了13出口，该下道了，用我们司机师傅的话来说，一踩油门就到了。另外，路标非

常清楚，很好找。

景点特色：★★★★★

严格而言，龙庆峡是一个小峡谷，因此山水景致非常齐全，而山石的形状各异，形成了如来、凤冠等小山，惟妙惟肖；另外一个值得称赞的地方就是，龙庆峡的山狭窄险峻，登上一次非常刺激。不过我们是秋天去的，没有亲身体验到冰灯节的乐趣。

住宿条件：★★★★★

古城村距离龙庆峡非常近，因此住在农家院非常方便，农家院里比较干净，院子里面就摆着石磨、辘轳，给人一种原始、淳朴的小农户之感，非常有趣。

愉悦程度：★★★★★

主要是比较近，一路游来非常从容。龙庆峡风景区名不虚传，给人一种亲近大自然的感觉，尤其是龙庆峡里面的山较为原始，攀登险峻的地方非常惊心动魄，一群朋友大呼小叫，齐心协力，爬到顶峰非常有成就感，建议喜欢刺激的朋友不妨一试啊！

温馨提示：

1. 周边景区：龙庆峡、松山自然保护区、八达岭长城、太安山自然保护区、燕山天池，时间允许的话，游客可以有选择地游玩。
2. 村子里的红薯南瓜汤具有保健养生的功效，一定不要忘了品尝。
3. 龙庆峡冰灯节一般是在阴历的腊月里，有兴趣的游客要提前电话咨询。

3.1.2

卓家营村——

火盆宴后滑雪去

关键词》》》》》》

火盆锅　火盆宴　滑雪

■　你想象过吗？透过贴着“年年有鱼”的窗户看去，外面大雪纷飞，已然是一片银装素裹的世界，而在屋里烧得暖烘烘的大土炕上，一张四四方方刷着红漆的小炕桌，团团围坐着几个好朋友，腾腾的热气从桌上散发，屋内飘着豆腐浓浓的香气，那个香气就是从炕桌上的一个火盆里窜出来的。火盆里放着一个沙锅，沙锅的外围拢着一层燃得正旺的果木炭，沙锅里的汤汁翻滚着，白的是豆腐，绿的是野菜，长的是粉条，片的是羊肉，几个人，几双筷子，几个酒杯，不醉不休。热乎乎的羊肉，原汁原味的野菜，鲜嫩可口的豆腐，伴着辛辣的白酒和朋友的欢笑，熨平了身体的每一个细胞，整个心里充满了无可言喻的欢欣，好一顿畅快淋漓的大餐！这就是在延庆卓家营村的农家院里，那个下雪天，我们和火盆宴的亲密接触。

■　来到卓家营村，美味的火盆宴对于一个喜欢吃的游客而言，或许已经足够，但是雪天的卓家营村将给您提供另一道游玩的大餐，那就是滑雪。村子离有名的滑雪场——石京龙滑雪场不过十几分钟的路程，吃上一顿丰盛暖人的火盆宴后，稍事休息，正好去滑雪场运动运动，于是我们一行5人待雪势小点的时候前往滑

雪场，直接上了高级雪道，摔上几个跟头，躺在柔软的雪地里，哈出的热气把脸侧的雪融化，重新爬起来享受雪中漫游的乐趣，欢笑声、追逐声，留在了我们每一个人的记忆里。

村里的事

□ 卓家营村，隶属延庆县，位于110国道旁，被称为“郊野生态园”，是去延庆龙庆峡和石京龙滑雪场旅游的必经之处。村子民风淳朴，民俗趣味浓厚。目前提供的民俗旅游项目有：千亩生态林观光、骑驴游古城、寻觅地道战遗迹、垂钓、赏花、果品采摘等。

□ 村子的农家院在冬季特别推出当地特色“火盆锅”。大土炕、小炕桌，几人围坐在热乎乎的土炕上，选择花色、样式合适的“火盆”，放上果木炭和特色的沙锅，锅内可以涮，可以炖，还可以烧烤，内容是纯正地道的石磨豆腐：鲜、炸、冻系列，主料有自制酸菜、粉条、青菜、豆制品、肉类等，旁边再配上几样延庆特色小凉菜，酒用小酒壶焖在火盆沿上，越喝越暖和，越吃越舒坦。此外，村内建有花卉观赏园和梅花鹿养殖场，供游人观赏。北京石京龙滑雪场于1999年建成，位于国家级生态环境示范区——北京夏都延庆，距北京市区 80 公里，是北京周边地区第一家规模最大、设备设施齐全、全国最先采用人工造雪的滑雪场，目前滑雪场内设有滑雪道6条（高、中、初三个级别），总长4600 米，不同水平的滑雪爱好者都能在此找寻到这项高雅的户外运动带来的乐趣。雪场还拥有吊椅式缆车两条，其中双人吊椅式缆车长 500 米，4人吊椅式缆车长 900 米。大拖牵索道5条，普通拖牵式索道 2 条，能及时将滑雪者送到起点。

□ 石京龙滑雪场娱乐项目丰富多彩：滑雪、滑圈、雪地摩托、马拉爬犁、雪橇、雪地自行车、鞭炮燃放、儿童戏雪、雪桑拿、温泉浴等任游客选择。雪场全面推出的在国内滑雪市场上独一无二的雪桑拿、温泉浴，对消除滑雪运动后的疲劳、恢复体能有极佳作用。

路线提示

自驾车→

从北京马甸桥上八达岭高速路行至延庆出口（19出口）出来，再按指路牌行驶。

公交车→

从北京德胜门乘坐919路公交车至延庆终点站下车，站内换乘920路公交车至石京龙滑雪场下车，向东行500米即到。

游玩攻略

前往卓家营村游玩，最好选择在冬季即将下雪的天气里，周末的时候只要天气预报阴天或有雪即可启程。周六上午出发，临近中午的时候到达村子，就可以品尝火盆宴，吃得尽兴下午就可以去滑雪场滑雪。傍晚的时候回到农家院，吃农家饭，睡火炕。第二天返城。如果时间充裕的话，第二天可以去康西草原，欣赏冬天的草原风光，或是前往官厅水库游玩。

消费报价

火炕间：100元/间，20元/人

重点推荐

张府兴跃饭庄

位于龙庆峡景区与石京龙滑雪场之间，地理位置优越。房屋干净卫生，农家院主人待人热情亲切。农家院的最大特色是四喜火盆锅，农家饭做得非常正宗，让许多游客吃过之后都赞不绝口，流连忘返。

联系方式：张云秀　010－61120818　13716496465

龙聚阁农家院

位于延庆县石京龙滑雪场景区。农家院以中国北方传统大四合院风格布局。背山面南，空气清新，环境优美。游客可以品尝名厨精心制作的火盆锅、豆腐宴、农家饭等地方特色菜，这里的温泉也是名声在外。

联系方式：赵银平　010－69190204　13501053183

体验报告

交通状况：★★★★★

路程近非常适合周末出游，自己开车一个半小时就可以到达，主要走八达岭高速，标志清楚好找。

景点特色：★★★★☆

来卓家营村，经典的项目就是冬天吃火盆宴、滑雪。火盆宴非常有名，吸引了很多人前往，而酒足饭饱之后去不远的石京龙滑雪场滑雪，更是别有一番体会。

住宿条件：★★★★☆

农家院很干净，各种盥洗的用具齐全，房间以大火炕为主，有点硬，但是很暖和，几个好朋友大被同眠的感觉很好，就是有点不习惯。

愉悦程度：★★★★☆

在卓家营村吃的有特色火盆宴，玩的有滑雪场。一般而言，冬天这个季节，外出可游玩的项目较少，但是卓家营有美食有游玩，让人惊喜不断，全心放松，玩得不亦乐乎，值得向好友推荐。

温馨提示：

1. 滑雪前要充分做好准备活动，重点是拉开肌肉、韧带，较大幅度地活动各关节，特别是下肢关节。
2. 初次滑雪首先要了解场地，清晰记忆场地起伏不平、陡峭、急转弯的方位，一定要反复进行适应性练习，避免不必要的摔伤。
3. 避免超速滑行，滑行的秒速达到15m/s的情况下，就要适当控制滑行速度，头上必须带上头盔或护脑帽及防护镜。
4. 滑雪门票价格：平日全天门票 270元，优惠价110元；周末全天门票 410元， 优惠价 120元。

2. 八达岭长城

3.2.1

岔道村——

岔道秋风掠古今

关键词》》》》》》

八达岭长城　野生动物园　岔道古城　赏红叶　板栗宴

■　于秋风瑟瑟中站在铺满青砖的古街道上，城隍庙后墙破败的一角钻出一丛衰黄的狗尾巴草，萧条着干缩着，一幅深秋的模样。岔道村，这个明朝的兵营，历经了岁月的沧桑变化，如今是八达岭长城脚下有名的小山村。走在村子里，处处可见明、清的遗迹，中心古街、关帝庙、古驿站、四合院，依然向世人彰显着那个时代的风貌，可以说，长城是驻军把守征战的地方，而岔道村则是士兵们休息生活的地方，这里较长城而言，多了一些温柔

的气息，多了一些生活的气息。也许有个士兵在这个山村度过了自己最年富力强的时光，也许古街的那块青砖还残留着刚刚离家的士兵遥望家乡的足印。只要去寻访、去体会，那么这个小山村就是有生命的。

■ 岔道村的知名还是因为八达岭长城。八达岭长城是我国保存最完整、最原始的长城，"不到长城非好汉"，当你拾阶而上的时候，由不得豪情万丈涌上心头，这个人类历史上的奇迹，凝聚了中华民族的无限智慧。依山而建的八达岭长城，连绵起伏就像一条巨龙，而登长城的人就像是骑在巨龙背上，蜿蜒的走廊，回头望去密匝匝的游人，就像五千年以来，在历史上留下了或是没有留下痕迹的国人，前仆后继地在走来，而长城周边的树木郁郁葱葱，枫树生长的地方红红地映着远处的天空，秋风掠过，哗哗作响，让人禁不住牢牢记住这个时刻，这个和历史、和前人的一次精神交流的时刻。

村里的事 ////////////////////////////////////

□ 岔道村位于八达岭长城西北约1.5公里，被誉为"塞上雄观"。原是明朝嘉靖三十年修筑的兵营岔道城的旧址，自修建以来，已有450年历史，历经沧桑，古城处处可见明、清遗迹，并且曾被北京市文物部门列为市级文物保护单位。现在岔道古城已成为八达岭长城脚下一个具有鲜明特色的景观，中心古街、城隍庙、关帝庙、古驿站、临街店铺、客栈、四合院等处处体现出古城文化。每当秋风习习之日，岔道周围山峦起伏，天高云淡，红叶满山，游人可尽情欣赏曾经是延庆八景之一的"岔道秋风"。

□ 八达岭长城在北京北部延庆县境内，被称做万里长城最杰出的代表，是明代长城的精华。长城如巨龙一般在崇山峻岭之间沿山脊蜿蜒曲折，烽火台和敌楼密布，游人可以登城领略长城的雄伟和工程的浩大、艰巨。八达岭长城在1961年就被国务院列为全国重点文物保护单位。1988年，八达岭万里长城被联合国列为世界人类文化遗产。1991年，在全国名胜四十佳评选中，八达岭长城名列榜首。

□　八达岭长城是长城的一个隘口，其关城为东窄西宽的梯形，建于明弘治十八年（1505年），明嘉靖、万历年间曾修葺。关城有东西二门，东门额题“居庸外镇”，刻于明嘉靖十八年（1539年）；西门额题“北门锁钥”，刻于明万历十年（1582年）。两门均为砖石结构，券洞上为平台，台之南北各有通道，连接关城城墙，台上四周砌垛口。从“北门锁钥”城楼左右两侧，延伸出高低起伏、曲折连绵的万里长城。

路线提示

自驾车→

从北京北三环马甸桥上八达岭高速公路，在高速18（长城）出口出来后直行即到岔道村。

公交车→

1.北京前门（17路站）乘游1路，北京站东街（103路站）乘游2路，或从西直门乘郊区车均可到达。

2.从北京德胜门乘919路公交车即可到达。

游玩攻略

一天一夜游玩攻略：

提前准备一些零食，周六一早出发，大约一个半小时后能到达八达岭，直接去登长城，午饭可以在游玩的过程中解决。傍晚的时候回到岔道村，晚上吃农家饭，住在农家院。第二天一早起床，游览岔道村的遗迹，上午返城。

两天一夜游玩攻略：

周六一早出发，可先去八达岭野生动物园游玩，中午的时候赶往岔道村，在农家院品尝农家饭，下午就在村子里观赏明、清的遗迹、古城和四合院。晚上的时候住在农家院。第二天一早登长城，下午的时候返城。

消费报价

普通间（双人、三人、多人）：30—50元/间，15元/人

标准间（双人、三人）：60—120元/间

火炕间：60—100元/间，15元/人

包吃包住（三餐加一晚住宿）：10人以上50元/人

重点推荐

槐悦来客栈

古香古色的四合院，农家门前的百年古槐，见证了长城脚下这个古老村落的发展历程。农家主人热情豪爽，让您到此游玩宾至如归。

联系方式：陈建平　010-69121529　13366963376

东门客栈

在岔道古城东门下第一家，交通便利，环境优美，依托岔道古城的古香古色，东门客栈也有着独特的特点。来这里享受的不仅是四合院的淳朴，服务的热情周到，饭菜的美味可口，最主要的是回家般的温馨。

联系方式：艾宝玉　010-69122018　010-69122066

13901165172　13501086033

体验报告

交通状况：★★★★★

过了高速八达岭长城的出口，打听一下就能到达岔道村，非常近，路况较好，主要是柏油路。

景点特色：★★★★★

八达岭长城的有名就不用提了，300多米的“好汉坡”果然名不虚传，非常难爬，不过爬完了成就感超好。而岔道村的明、清遗迹古色古香，让人有一种穿越时空的感觉，体会那个朝代戍边士兵的生活状态。

住宿条件：★★★★★

农家院里干净宽敞，家家院子里种着果树，各种标准的房间都有，农家饭里的柴鸡蛋和山野菜味道非常好，主人都很热情。

愉悦程度：★★★★★

几个人登长城互相鼓励，爬到最高处，那是相当有成就感的。爬完长城回到农家院，吃起农家饭来非常美味，晚上住得很舒服，第二天在村子里游玩，非常惬意放松。

温馨提示：

1. 农家院一般都可提供景区门票优惠，门票价格45元，团体门票40元，学生证和老年证半价，1.2米以下儿童免费。
2. 八达岭长城地势较高，处于风口，应多穿一些衣服。长城上部分地段坡度很大，最好穿旅游鞋，尤其是女士不要穿高跟鞋，否则只好爬行了。
3. 周边景点有八达岭长城、八达岭滑雪场、八达岭野生动物园、康西草原、柳沟民俗村、龙庆峡，时间充裕的朋友可以前去游玩。

3. 康西草原

3.3.1

大王村——

别样的草原风情

关键词》》》》》》

康西草原　野鸭湖　湿地　骑马　官厅水库

■　大王村就在康西草原上，出农家院就是一望无际的草原，朝西不远就是官厅水库，北部是绵延的海陀山，好像要把草原围在一个小小的怀抱里。草原上有一个野鸭湖，还有一大片的湿地，有野鸭湖的康西草原更有一种原始草原的味道，让草原不再单调呆板，有了另一种新鲜生动的表情，就是这一洼水，让这个粗犷的草原汉子多了一丝细腻和温柔。想象着骑着马趟水而过，携着溅起的水花继续扬鞭驰骋，草原上大块吃肉、大碗喝酒的豪情油

然而生。

■　在康西草原骑马自不必提，不过同去的朋友说这里的草原不够宽阔，马也跑不起来。而我的心思并不在马上，我总觉得依山傍水的康西草原给人另一种感受，少了草原应有的那种宽广硬气，多了几分浪漫的野趣，那些草木茂盛的地方，草高达半人，不时窜出一只野兔、田鼠，野生的苜蓿、野菊生长在草原上，给碧绿的草原增添了丰富的色彩，处处体现着草原的细致和包容。这里的草更加茂盛，长势喜人。

■　位于草原深处的野鸭湖，湖面纯净平和，偶尔有一两只野鸭在水上扑腾着，嘎嘎叫着，但是看不到湖里是不是有鱼，听说是有的。而湖边生长着草原特有的一种蒿草，叶子细长翠绿，粗圆的枝干擎着黄绒绒的顶儿，野风吹来随着湖面的水纹摇曳。我扒着湖边的野草，四下寻找，希望能够找到野鸭的窝，不过最后失望了。野鸭湖往前走就是一片湿地，乱乱的杂草，茁壮的灌木，越来越柔软的土地，点点的水洼，似乎有小动物行走的足迹，这里应该不是我们的天下了。

村里的事

□　康西草原位于京郊延庆县康庄镇西北，西临官厅水库，北靠海陀山，以辽阔的草原风光和成群的骏马牛羊而著称。康西草原有草场3.2万亩，自然景色沁心宜人，那绿色的原野、奔驰的骏马、雪白的蒙古包、嬉戏的牛羊，为康西草原增添了独特的蒙古风韵。景点内设有跑马场、垂钓区，可策马驰骋，可钓鱼野炊。

□　康西草原被称为“京都第一大草原”。康西草原的湖畔上，生长着苜蓿、野菊等草类植物50余种，草丛中有野兔、狐狸、田鼠等动物10余种，银鸥、野鸭、灰鹤等鸟类20种，不时有天鹅飞临，远处山峦起伏，风景优美。草原气温恒低(年平均8.4℃)，依山傍水，湿润凉爽，是理想的消夏、避暑胜地。这里有国内最大的国营骑乘跑马场，有专业性的马术俱乐部，有国内较大的民族民俗度假村，还有较高档次的国际航空俱乐部。晚间，有大型露天篝火舞场、KTV包间、独具特色的露天烧烤(自娱餐厅)。草原夏有草原观景，冬有冰雪狂欢，有供各界朋友喜庆娱乐的烟花爆竹燃放场，有国内规模较大、档次较高的会员制俱乐部。野鸭湖与康西草原咫尺之隔，广袤的水面，田园的舒畅吸引着城里人到此体味不同的生活。

路线提示

自驾车→

从北京上八达岭高速公路到八达岭长城后，出八达岭镇左转5公里即到康庄镇，行程约一个多小时。

公交车→

从北京德胜门北郊市场坐919路公交车支线直达康西草原，到大王庄下车。

火　车→

从北京北站（西直门）坐1455 次（发车时间7:32），到达康庄站下车时间为10:22，下车后“打的”10 元到大王庄。也可到康庄站下，换坐马拉大篷车前往。

游玩攻略

不止一个人说过，康西草原的马并不是太好，不过草原浪漫放松的风情在这里体现得更多，因此建议前往康西草原欣赏地道的草原风光，一定要带好照相机。推荐周末出游，周六一早出发，上午欣赏草原风光，游览野鸭湖，中午前往农家院吃烤全羊、烤羊腿，下午的时候可前往官厅水库，垂钓，坐快艇。傍晚返回农家院，品尝水库鱼。第二天返城。

如果是在冬天的话，可以去野鸭湖滑冰，玩冰橇，破冰垂钓，农家院的游玩项目也很多，单纯地在农家院住上几天，体会当地的民俗风情，享受田园生活的乐趣，也是一种放松。

消费报价

普通间（双人、三人、多人）：50元/间，15元/人

火炕间：50元/间，15元/人

包吃包住（三餐加一晚住宿）：10人以上团体50元/人

重点推荐

喜洋洋农家院

距康西草原仅500米之遥，农家院遍植果树，让您真正享受采摘的乐趣。客房内整齐干净，饭菜可口，价格实惠。农家菜、热炕头、大草原、大红马，让您乐不思蜀。农家主人热情真诚，淳朴大方。

联系方式：李老汉　010-69132959　13693397162

红高粱农家院

距康西草原入口仅200米，院落宽敞整洁，落落大方。屋内设施干净整洁，床单被褥一客一换。主人热情好客，这里能享受到草原烧烤，马背风情，喜欢草原风景的游客在此处可以得到最周到的服务。

联系方式：金枝　010-69131574　137162096152

体验报告

交通状况：★★★★★

主要走八达岭高速，过了长城就到了，非常近，大约一个多小时的车程。下高速后路况一般，但是村子比较有名，很好找。

景点特色：★★★★☆

大王村在康西草原里，离官厅水库、八达岭长城非常近，因此，

在大王村可以坐享草原风情、野鸭湖、湿地、水库鱼，也可以前往八达岭爬长城，村子里有专门的烟花爆竹燃放场，各类游玩项目非常丰富。

住宿条件：★★★★☆

草原上的农家院干净宽敞，家家院子里种着果树，小院生机勃勃。农家饭量比较大，侧重于肉类，运气好的话还可以吃上野兔子肉。

愉悦程度：★★★★☆

康西草原主要是草原风光和成群的牛羊，因此野鸭湖和湿地游玩让人无限放松，大王村的羊肉味道非常正宗，如果喜欢，农家院还提供整羊外卖的服务。

温馨提示：

1. 草原门票价格20元，骑马60元/小时，部分农家院可以提供免康西草原门票，草原上可以提供各色蒙古包的住宿。
2. 康西草原冬季湖面上结冰，形成天然滑冰场，可以去滑冰、玩冰橇，也可以破冰垂钓。
3. 骑马时一定要注意安全，用前脚掌踩马蹬，以免不小心摔下来时被马拖着跑。
4. 骑马时，当马跑起来，你的身体要保持站立的姿势，不要死死地坐在马背上，那样会很颠，这个是经验之谈。
5. 如果从马背上摔下来，千万别用手撑地，那样很容易骨折，尽量以肩着地，然后身体顺着惯性向前滚，减少和地面的直接对抗。

4. 柳沟民俗村

3.4.1

柳沟村——

唇齿留香豆腐宴

关键词》》》》》》

三色豆腐 豆腐宴 八八席 凤凰古城 爱国主义军事教育基地

■ “豆腐，含有铁、钙、磷、镁等人体必需的多种微量元素，含有糖类、植物油和丰富的优质蛋白，素有‘植物肉’之美称，两小块豆腐，即可满足一个人一天钙的需要量。”“豆腐是补益清热养生食品，常食之，可补中益气、清热润燥、生津止渴、清洁肠胃。更适于热性体质、口臭口渴、肠胃不清、热病后调养者食用。”前往柳沟村之前，我特意在网上查了有关豆腐的知识，发现吃豆腐还有这么多的好处，就一直在前往柳沟村的路上大肆

宣扬。等到了柳沟村，才知道自己真是班门弄斧，村子里随便哪个人都可以给你讲上一套豆腐经，而和我们平时经常见到的豆腐不同，有名的“三色豆腐”指的是黄豆豆腐、黑豆豆腐、绿豆豆腐，风味各异，尤其做法不同，味道也不同，蒸、煮、煎、炸，最令人难忘的是涮，是特色菜“火盆锅”，作为豆腐宴的一道主菜，让人吃得热气腾腾，惬意无比。

■　午饭过后，出来农家院闲逛。柳沟村又叫凤凰城，站在高处俯视，整个村子像一只展翅飞翔的凤凰，听说以前村子里还建有庙宇、衙门，现在已经无处可考，只有几处古城墙、城门的遗址，颓然堆放，旁边矗立着新建的大瓦房，两下形成鲜明的对比，村子的整个生活状态比较慢调，冬天午后的暖阳懒洋洋地照在人们的头上，辛苦劳作了一年的农人只有在这个季节闲了下来，有时间围坐在向阳的墙根底下，拢着袖子互相聊着天，抽着旱烟，整个一幅乡村农闲图。不过他们对外乡人是比较好奇的，您若是长时间站在一个地方，会受到所有人向您行的“注目礼”。

村里的事 ////////////////////////////////////

□　柳沟村又称凤凰城，位于延庆县井庄镇，在明清时期，作为居庸关一重要门户，朝廷曾设总兵屯兵驻防，担负着明皇陵（十三陵）的防务重任。村里曾建过18座庙，设衙门，开当铺，市井兴隆。其因站在村外的山上俯视古城，形似一只展翅飞翔的凤凰，而在历史上被喻为“凤凰城”。全城现尚有城墙、城门等遗址，市一级、二级国槐，榆树，柳树等9棵，明朝总兵府驻兵使用过的古井七口。柳沟古城历史悠久，至今仍有很高的观赏与研究价值。村子里还有千亩果园，品种有6—7月份的杏、7—9月份的李子、9—10月份的苹果，其中苹果中的玫瑰红最出名，个大、色艳、清脆，酸甜适度。游人到这里可以采摘、垂钓、骑马，还可以推碾子、摇辘轳等，体验当地的民俗风情。

□　柳沟村结合古城资源和新开发的三色豆腐：美容养颜的黄豆豆腐、滋补养肾的黑豆豆腐、清热败火的绿豆豆腐，创出“凤凰城”、“火盆锅”、“农家三色豆腐宴”品牌。所谓“火盆锅”，就是在用黏土制成的火盆上，以果木炭作燃料，根据客人的需要，放上一个或几个不等的沙锅，炖煮地方特色菜肴，其主要的特点是以素为主，荤素搭配，油而不腻。四周配以具有农家特色的3个辅锅，3个小碗，6个凉菜，取三羊开泰、四平八稳、六六大顺之意。

路线提示

自驾车→

从北京马甸出发，上八达岭高速至延庆县城中心红绿灯处向东行驶，到京张路向东行驶9公里，转往井庄方向行驶3公里即到。

公交车→

北京德胜门乘919路公交车到延庆站下车，转乘去往井庄方向的920路公交车，到柳沟村下车即到，也可从延庆“打的”直达柳沟村（4元/人）。

游玩攻略

在柳沟村冬季的时候体验豆腐宴比较地道，因为季节的原因，在冬天村子里做豆腐的种类较多，好存放，最重要的是味道更加独特，豆腐宴作料齐全，因此建议游客选择在冬季的时候前往柳沟村。周六上午出发，提前联系农家院，临近中午的时候到达即可，中午品尝纯正的豆腐宴，下午的时候在村庄游玩，兴尽即返。

夏季的时候，柳沟村也会备有豆腐宴，夏天前往，第一天品尝豆腐宴，如果时间充裕，可在农家院住宿，第二天前往不远的八达岭长城和龙庆峡游玩，主要的游玩项目是登长城、游览被世人誉为“小三峡”和“小漓江”的龙庆峡。

消费报价

普通间（双人、三人、多人）：50元/间，15元/人

火炕间：50元/间，15元/人

重点推荐

闫和花5号农家院

农家院的主人闫大姐是京郊风云人物，被多家中央级媒体报道过，多次受到市委、市政府的亲切接见，并接待了众多外国游客。发源于此的火盆锅豆腐宴，可以美容养颜、滋补养肾、清热祛火，是美食中的上品。

联系方式：闫和花　010-61192351　13683501973

柳沟27号立文农家院

农家主人善良淳朴，热情大方。凭借一流的生态环境，凉爽的气候赢得了夏都的美誉，这里的豆腐宴更是名扬海内外。品尝美味，避暑纳凉，没有一个地方会比这里更合适。

联系方式：郭立文　010-81172062　13716537449

体验报告

交通状况：★★★★★

开车单程大约需要两个小时，不算太远，但是自出八达岭高速后山路增多，之后都是走省道221，下了省道进村子就没有路标了，要下车问路，一路是柏油马路，路况尚可。

景点特色：★★★★★

纯粹的一种美食的体验，村子里对于吃农家饭非常讲究，尤其是对于豆腐的制作，远近闻名，火盆锅、豆腐宴、八八席的名吃，

荤素搭配，营养丰富，让人印象深刻。

住宿条件：★★★★★

农家院干净宽敞，是那种比较原始淳朴的小山村，主人都很实在热情，吃的各种农家饭非常地道，豆腐宴吸引了很多人慕名前来。

愉悦程度：★★★★★

有吃有玩，凤凰古城引人无限遐想，而现在的豆腐宴绝对能够满足您对美食的挑剔，让人吃得心满意足，成为冬季游客络绎不绝的原因。听说村子里还有上千亩果园，并且距离八达岭长城、龙庆峡非常近，夏天游玩项目更多，期待着柳沟村的下一次游玩！

温馨提示：

1. 当地早晚温度较低，请准备相应的长袖衣服，防紫外线产品必备，最好带上雨伞。
2. 周边景点：八达岭长城、龙庆峡、永宁古城，时间充裕的话可安排游玩。

四 平谷区

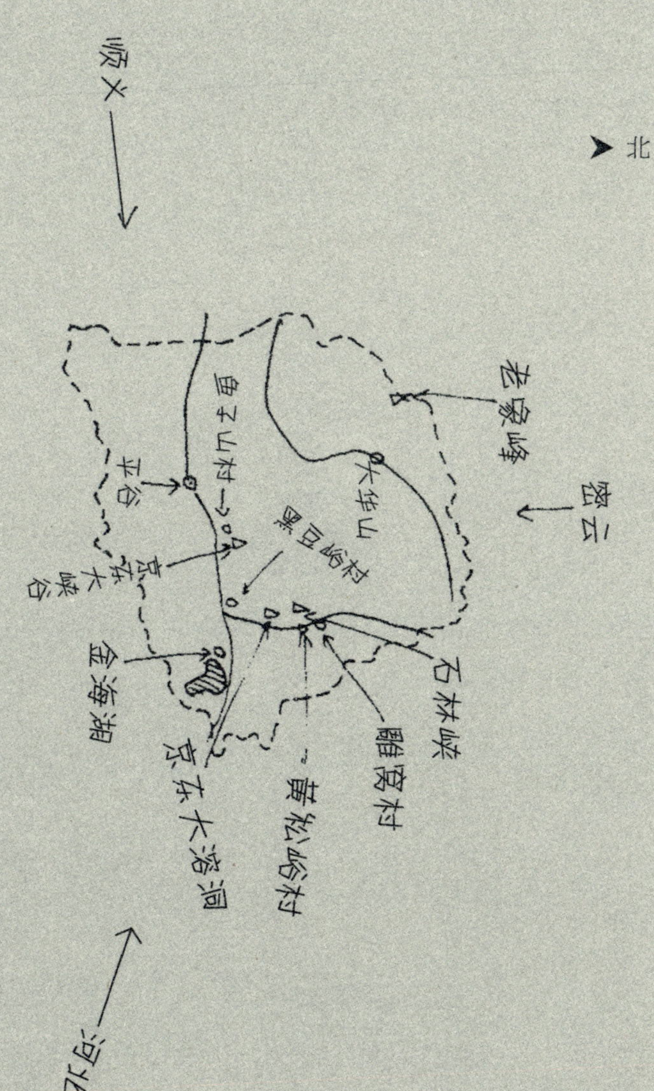

京东
大溶洞

石林峡
玻璃台村

塔洼村

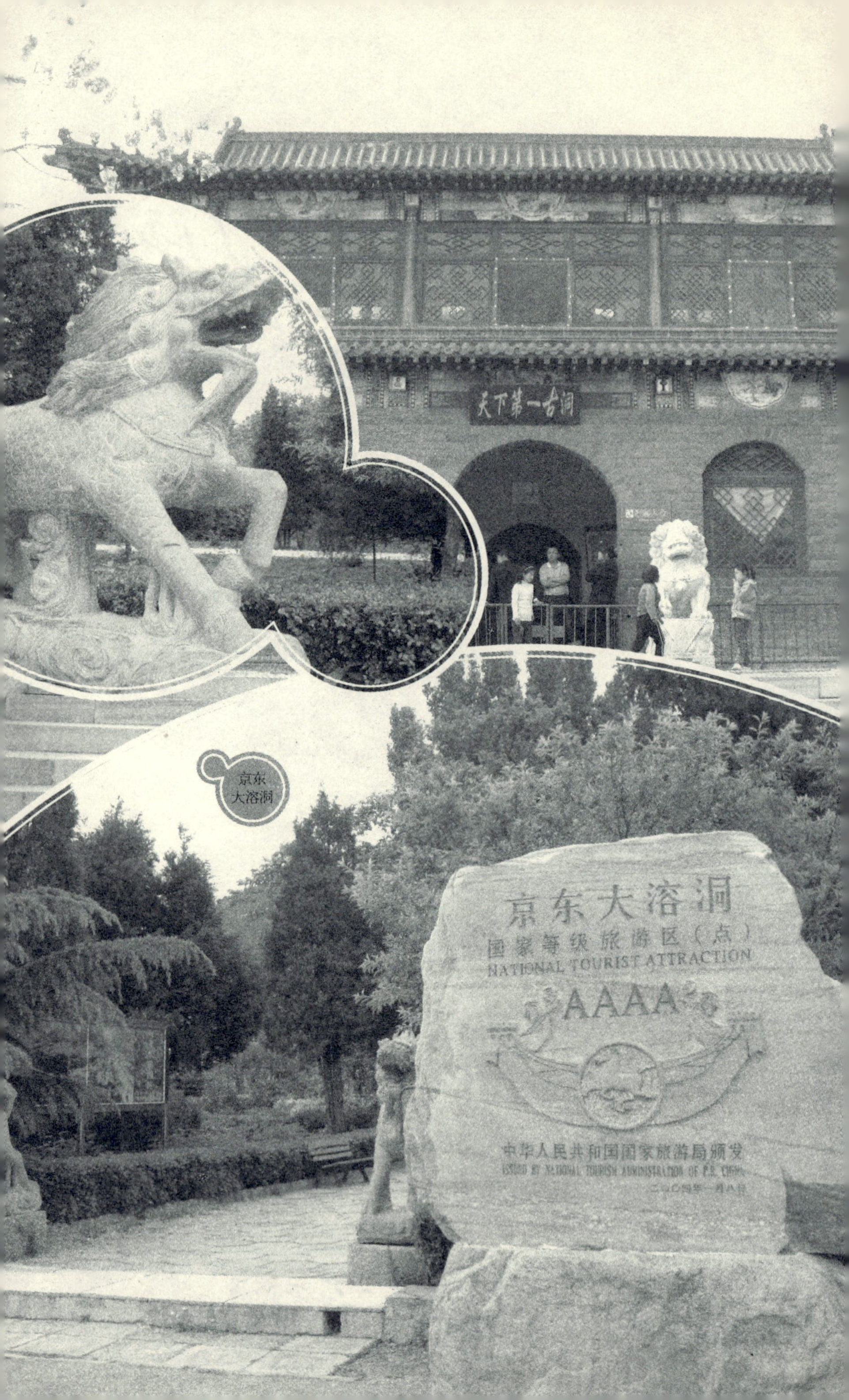

京东
大溶洞

1. 金海湖

4.1.1

海子村——

金海湖旁的小“渔村”

关键词》》》》》》

柴锅炖金海湖鱼　赏红叶　采摘　风筝展　水上游玩

■　其实海子村早已不是渔村，因为那里的人们早已经不是以打鱼为生了。但是在海子村，仍然流传着这样一个传说，以前这个地方降水充沛，出门都要乘船，大水时常漫过周围村落，唯独这个村因海拔较高，如孤岛处于一片汪洋之中，村民便以为自己是大水的后代，受其庇护才不被淹，故此得名“海子村”。尽管这个传说没有太多曲折的故事，还是给这个美丽的村子抹上了一些神秘的色彩。而离此不远的金海湖景区内，有一个“金花公主

墓”，这可是一个富有传奇和民俗色彩的传说，细细品味“寓情于景”，方得其中妙趣。

■ 来到金海湖，才明白什么叫“情由景生”。一早坐游艇上横山，一路上不由得感叹“一湖秀色在横山”，一个“秀”道出了横山的娇美，山间奇石耸峰，翠草绿松，满目所及之处，生机盎然。顺山路向上，时不时可钻入路边形态各异的岩洞，清凉宜人，这一段路您一定要留意周边的岩洞，不要错过有深达数丈住有数百只鸽子的鸽子洞、两个道士修行过的董葛洞，还有那个通天洞，里面有二郎神留下的大脚印。在横山的西坡，一片茂盛的松林创造出一处清幽的景致，而继续往上爬就到了“观景堂”，它西依金海湖大坝，三面环水，四面飞檐明柱。横山的主峰上有名景“驼峰夕照”，说是傍晚的时候，整个横山看起来就像骆驼背上的两个驼峰，惟妙惟肖。而回来的路上，金海湖宽阔平静的水域，倒映着秀丽峻峭的山峰，水摇山摇，让人恍如仙境，湖边任性疯长的芦苇，晚归的野鸭张着翅膀，钻进芦苇荡，映着漫天暗红的晚霞，乡村的傍晚宁静而惬意。

村里的事 ////////////////////////////////

□ 海子村位于平谷区东部，金海湖镇东南部，西南距平谷区政府驻地10余公里，西北距镇政府驻地约3公里。村子就在金海湖副坝西面，有柏油路从西向北与平（谷）蓟（县）公路相接，交通方便。这里的农家饭独具特色，有贴饼子，小米粥，拌山珍野菜，烤红薯、玉米，烤水库鲜鱼等农家饭菜数十种。除了让城里来的游客住农家屋、睡农家火炕，还可以到金海湖边轻松垂钓，亲自到农家小菜园采摘新鲜蔬菜，也可以参加农家的篝火晚会等娱乐活动；村子里的果园除盛产平谷仙桃外，还有柿子、核桃、红杏等，春季满山桃花，秋季果香袭人，同时有大片果园可供游人采摘。此外，在这里还可以了解到7000年前旧石器时期的上宅文化。

□ 这里有闻名京城的侉炖鱼。侉炖鱼选用的是金海湖的鲜鱼，以花鲢、白鲢、胖头鱼为主，用农家的大柴锅炖，一般得炖3个小时。因此去吃鱼前，一定要提前预约，掌握好火候，调料放齐全了，倒上一锅汤，炖到鱼汤只剩下一点儿，汤汁炖到稠稠的时候才出锅。这时整条鱼都是酥的，鱼肉入味，一般人会把鱼骨都吃下去。

□ 金海湖原名海子水库，位于平谷区城东18公里处，距北京85公里，属郊区公园，因北有大金山，南有海子村而得名。其水域面积6.5平方公里，是北京地区水域面积最大的综合性水上娱乐场所，现为市级风景名胜区和市级旅游度假区。金海湖是继密云、官厅水库之后的第三大水库，湖的东西北三面环山，山清水秀，港汊远伸，建有游船码头，游人可乘坐游船去观赏伸入湖中的横山胜景，山间峰石争奇，岩洞和董葛洞等奇石异洞，千姿百态，横山西坡，松林茂密，景色清幽，有“一湖秀色在横山”之说。

路线提示

自驾车→

京顺路—枯柳树环岛右转—平顺快速路—平谷—平蓟路—金海湖镇海子村。

公交车→

从北京东直门乘918路公交车到平谷汽车站，转乘9路小公共汽车至海子路口下车。

游玩攻略

一天一夜游玩攻略：

周六一早出发，到达海子村约在9点左右，开始游览金海湖。可以先坐游艇到达横山脚下，然后爬山，午饭可以在山上解决，登山并且一路观景将耗去下午的大部分时间，下山后顺便前往金海湖的水上运动场小转一下。傍晚选择农家院住宿（最好提前预订），农家饭一定不要错过当地名吃——侉炖鱼，夜宿农家院。第二天尽量早起前往果园采摘，上午返城。

两天一夜游玩攻略：

周六一早出发，到达海子村后先安排好住宿，然后去金海湖游玩。具体安排是，先去水上运动场游玩，然后去附近果园采摘新鲜的水果。傍晚回农家院品尝侉炖鱼，听村里人讲述有关海子村以及金海湖的传说。第二天一早吃过早饭，开始登山，欣赏山上的美丽风光，下午4点时返城。

消费报价 ////////////////////////////////////

普通间（双人、三人、多人）：30元/间，15—20元/人

标准间（双人、三人）：80元/间，40元/人

火炕间：50元/间

重点推荐 ////////////////////////////////////

幸福使者农家院

京郊吃侉炖水库鱼的绝佳之地，饕餮之徒们不会不满意的场所。农家院的主人靠着自己诚实守信的经营和一手做鱼的好手艺，成为该村生意最红火的一家。对鱼情有独钟的游客可以在此地大快朵颐。

联系方式：刘呈存　010-69992560　13681381833

体验报告 ////////////////////////////////////

交通状况：★★★★★

主要走高速和快速路，路况较好，标志明显，一般一个半小时就可以到达。公交车需要换乘一次车，但是也比较好找。金海湖名

气较大，初次前往者多问人不会走冤枉路。

景点特色：★★★☆☆

傍晚的金海湖最美，能让您体会到什么叫“水天一色”、“波光粼粼”，游玩各种水上项目，刺激而又健康。还有村子里的野生水果林，枝繁叶茂，果实累累，非常诱人，跟老乡谈好价钱，就可以体会采摘的乐趣了。

住宿条件：★★★★☆

干净。村子里的侉炖鱼闻名京城，都是金海湖刚捕捞上来的鲜鱼，一般会炖上3个小时，同时辅以独特的原味野菜，味道上佳，令人回味无穷。

愉悦程度：★★★★☆

去海子村游玩，自然风光和人文风光尽享，美丽的金海湖，丰富的水上游玩项目，主人热情周到的招待，地道美味的水库鱼，让人完全置身于乡村游带来的无限乐趣之中，彻底放松。

温馨提示：

1. 海子村出游佳期是4—10月，秋天金海湖周边红叶阑珊，值得一游。
2. 金海湖近邻京东大峡谷、京东大溶洞、湖洞水、飞龙谷、老象峰、盘山、清东陵等多处特色景区，游客们可以按照自己的兴趣安排游玩。

4.1.2

黄草洼村——

地道渔村品鱼虾

关键词》》》》》》

湖鱼湖虾　水上乐园　爬山　京津驿站

■ 如果厌倦了朝九晚五单调不变的生活状态，渴望暂时远离钢筋水泥冷冰冰的城市，那黄草洼村是您不错的选择。我在朋友的引荐之下来到黄草洼村，度过了一个愉快惬意的周末。提起黄草洼村或许没有人知道，但是平谷的金海湖是享誉京城的游览胜地，几乎尽人皆知，而黄草洼村就是临近金海湖的一个小渔村，充满了浪漫的渔家情调。一早起来雾气蒙蒙，云蒸霞蔚，不远处的金海湖睡醒了，四面八方的游人涌来，坐游艇寻访湖中央的横山，登山观湖，一览众景，果然是“一湖秀色在横山”！而清爽宜人的天气一路伴着您，主峰名景“驼峰夕照”、鸽子洞、董葛洞、通天洞一一看来，为游玩增添了无限情致。

■　游山归来，夕阳下的金海湖妩媚动人，晚归的渔民摇着橹，荡起哗哗的水浪。聚集在岸边的一只只满载而归的渔船，列出各自一天的收获。在这里您可以挑选活生生的湖鱼湖虾，让农家院的主人加工，侉炖花鲢、烤水库鲜鱼是村子的特色菜，主人家院子里有一个名叫“簸箩”的东西，终日暴晒在太阳下，里面摆着一种干绿色的野菜，是在秋天的时候从地里采来晾晒的，用这个给我们做出的菜团子，风味独特，非常好吃。傍晚漫步在渔村里，袅袅的炊烟缓缓升起，家家户户结束了一天的忙碌，村子渐

渐归入安静，远望金海湖波光粼粼的湖面，湖中的横山默然矗立，真是一幅完美的渔村晚照，让人无限轻松，备感宁静。

村里的事

□　黄草洼村位于平谷区最东端，尽管深入京郊东部，但是由于平蓟路从这里路过，因此，小小的渔村也就理所当然成了联系平蓟，乃至京津的"驿站"。村子农家饭突出山野特色，有数十种山珍野菜、野菜馅团子、小鸡炖红蘑、侉炖花鲢、烤水库鲜鱼等，农家特色十足。除了让城里来的游客体验农家乐趣外，还可以到金海湖边轻松垂钓，或亲自到农家小菜园自耕自种、采摘新鲜蔬菜，或是在金秋时节采摘大杏、盖柿、核桃等山珍果品。

□　金海湖旅游度假区是北京地区水域面积最大的综合性水上娱乐场所，现为市级风景名胜区和市级旅游度假区，属郊区公园。金海湖是北京第三大水库，湖的东西北三面环山，建有游船码头，备有游艇、游船，游人可乘坐游船去观赏伸入湖中的横山胜景，其素有"小北戴河"之称，湖西北小山头上有观景堂，横山的主峰上有名景"驼峰夕照"，有深达数丈住有数百只鸽子的鸽子洞，有曾有两个道士修行的董葛洞，还有通天洞和二郎神留下的大脚印。

路线提示

黄草洼村：

自驾车→

北京东直门—三元桥—枯柳树环岛东行—顺平路—平谷金海湖（有路标），沿金海湖上行3公里到黄草洼民俗村接待站。

公交车→

从北京东直门乘918路公交车到平谷汽车站，转乘9路小公共汽车至金海湖下车，或乘至蓟县的车到黄草洼村下车。

赵家坟村：

自驾车→

京顺路—枯柳树环岛东行—顺平路—直至金海湖（有路标）沿景区上行2公里即到。

公交车→

从北京东直门乘918路公交车到平谷，转乘小9路公交车或平谷至兴隆的公交车到赵家坟村下车即到。

游玩攻略

一天一夜游玩攻略：

提前准备好一顿午饭，周六一早出发，大约一个多小时即可到达村子。先前往金海湖，坐竹筏到湖中心的横山游玩，爬山观湖，游览“驼峰夕照”、鸽子洞、通天洞，午饭可在游玩的过程中解决。下午下山，在金海湖垂钓。傍晚回村体会村子的晚景，品尝农家特色菜。推荐柴鸡炖蘑菇、炖花鲢、烤鲜鱼、炸小鱼，夜宿农家院。第二天一早前往桃园采摘，上午9点左右返城。

两天一夜游玩攻略：

周六一早出发，大约一个多小时到达村子，选好农家院放下东西前往金海湖垂钓。中午回农家院吃特色菜，主要是柴鸡炖蘑菇、炖花鲢、烤鲜鱼、炸小鱼。下午坐竹筏游横山，傍晚住在农家院。第二天可前往淘金谷、大溶洞游玩，下午4点左右返城。

消费报价

普通间（双人、三人、多人）：40元/间，20—30元/人

标准间（双人、三人）：80—160元/间，40—80元/人

火炕间：15—20元/人

重点推荐

建国农家院

老板卖虹鳟鱼多年，因此做出的鱼也是口味独特，品种多样。门前就是金海湖，到景区不用买门票啦。

联系方式：王建国　010-60982352　13366910369

金慧农家院

石碾子、石磨、石秋千，让您好像回到小时候。农家的老人更是多才多艺，一大堆的乐器信手拈来。门外的翠竹让农家春意盎然。

联系方式：张会鹃　010-60982237　13716566946

体验报告

交通状况：★★★★★

非常近，沿顺平路一直向东，路标非常清晰，大约一个多小时即到。东直门的公交车也很方便。个人倾向于自驾游或者是包车更方便一些。

景点特色：★★★☆☆

黄草洼村就是一个地道的小渔村，空气清新宜人，村民生活怡然自得。临近金海湖水库，湖鱼湖虾水产品丰富，而水库的游玩区域各种水上项目丰富。在每年的夏季，果园里的大桃采摘成为村子一景。

住宿条件：★★★★☆

较为干净舒适，个人认为，吃得要比住得更好，烤虹鳟、生吃三文、湖鱼湖虾、炖柴公鸡、野菜团、贴饼子、野菜合子，做得都非常地道，如果您喜欢，可以自己下厨露两手，主人朴实大方，非常好说话。

愉悦程度：★★★★☆

吃、玩兼顾，白天坐着竹筏游玩金海湖、横山美景，快艇、水上飞伞、脚踏船等项目引得众人互相比赛，非常尽兴。回农家品味农家特色菜，还可以亲自垂钓、下厨烹制，随心所欲。晚上在安静的乡村甜蜜入睡，一觉到明，感觉无限轻松。

温馨提示：

1. 黄草洼村湖鱼湖虾非常新鲜味美，但并不是每天都能有，要提前和农家院的主人预约。
2. 村子里的采摘园主要是各种品种的桃子，成熟期在每年的6—7月份。
3. 水上游玩项目以竹筏为主，保管好自己的手机、包等物品，避免落水。

2. 京东大峡谷

4.2.1

鱼子山村——

大峡谷，小峨眉

关键词》》》》》》

京东大峡谷　桃花宴　抗战纪念馆　小峨眉山　大棚桃基地

■　所谓峡谷者，必是山高水低所成就。从风水上讲，低谷汇聚灵气，山水怡人情致，而鱼子山村背靠京东大峡谷正是揽气养性之处，因此村庄空气清新，安静祥和，让人无限放松，心无旁骛。而步出村来略行片刻，就到了风景区京东大峡谷的入口处。人说峡谷有6公里长，但是整个走下来，一路峭崖清潭，山林怪石，妙趣横生，让人一点也不觉得疲倦。当然了，游玩的时候禁不住美景的诱惑，多逗留一段时间，多拍几张满意的照片，权当

平谷区

是休息了。

■ 品味整个峡谷，以五龙潭最为有名。进入景区先看到的是惊潭，山谷两侧均为绝壁，游人要从紧贴峭壁上的栈道才得以行进，十分刺激惊人。心神甫定马上就来到名为险潭的地方，一座悬空的栈道连接在两岸奇险的岩壁上，下临深潭，让人不敢俯身下看，一路穿过真是险象环生。最有趣的是怪潭，前面瀑布和潭水挡住去路，犹如走入绝境，游人只能从悬崖梯道向上爬。尽头即是柳暗花明，一派豁然之景。空水潭，有潭无水，因水入潭后即被快速地流失掉了，因此不类常潭。响水潭，瀑布高位入潭，激起千层水浪，水声悦耳而得名。除了五龙潭让人印象深刻，连接各个景点的栈道也是形态各异，令人称奇，给人更多的新奇体验。

村里的事 ////////////////////////////////

□ 鱼子山民俗旅游村地处平谷区山东庄镇，紧邻市级风景名胜区——京东大峡谷景区。这里是一个有悠久历史的革命老区，如今仍保持着优美的自然风光和淳朴的乡土风情。除了让城里来的游客睡农家火炕、享受农家大餐之外，还可以到农家小菜园过一把农耕瘾；到山里采蘑菇、挖野菜；金秋时节，游客可采摘到大桃、苹果、梨等精品水果；隆冬时节，还可以观赏温室大棚里盛开的桃花，体验"古有洛阳牡丹隆冬放，今有平谷桃花严寒开"的意境。

□ 京东大峡谷旅游区位于京东平谷，由大峡谷与井台山两大游览区组成，总面积20平方公里。大峡谷纵深3公里，景有五奇：一曰飞流直下。有瀑布高30余米，飞流直下，令人叹为观止，其声于谷中轰响不绝；二曰崖高万丈。谷内高崖，形如壁立，直刺青天，行于其下，直疑其欲倾即倒，心悸胆寒；三曰明潭连珠。谷内有五潭，或清可观鱼，或深不可测，或静若处子，或湍泻奔流，连成一串，为大峡谷添不尽之灵气；四曰栈道悬空。大峡谷狭而曲，陡而险，游览栈道悬于半空，行于其上，顿觉峡谷之险，且增无边情趣；五曰湖明镜清。龙门湖4万平方米，群峰倒映水中，鸥鸭栖身水上，又是一番别样景致。

路线提示

自驾车→

北京三元桥—枯柳树环岛东行—平谷城区—京东大峡谷景区鱼子山村（有路标）。

公交车→

从北京东直门乘坐918路公交车，每天早7:30发车，在平谷广场下车，转乘城乡风景小公共汽车，到达京东大峡谷景区有路标指示到鱼子山村；也可以在东大桥乘旅游专线车14路或在崇文门乘111路旅游专线，每天早7:30发车 。

游玩攻略

一天游玩攻略：

早9点左右从北京东直门长途汽车站乘坐918路公交空调车，到达平谷站(票价10元，大约2个小时路程)。下车后打车到山东庄镇鱼子村，在村内农家院吃午餐之后，徒步至京东大峡谷景区。首先游览大峡谷两大景区之一的五潭——惊潭、险潭、怪潭、空水潭、响水潭。随后乘坐缆车到达东侧另一大景区景山台，这是大峡谷之旅的必玩项目“飞越大峡谷”。整个索道行驶时间为13分钟，过程中可以尽览大峡谷风光。游览南北两个观景台后再乘索道下山，下午返回。

两天一夜游玩攻略：

早晨9点左右从东直门坐车，到达平谷站。白天的安排同上，晚上夜宿农家院，可参加村子里的篝火晚会。第二天清晨可以在村子里晨练，呼吸新鲜空气，吃过地道的农家早饭后，可在主人的陪同下采摘时令水果，鱼子山村的大桃非常有名。尽兴后返城。

消费报价

普通间（双人、三人、多人）：60—80元/间，20—40元/人

标准间（双人、三人）：60—160元/间，30—80元/人

火炕间：80—100元/间，10—15元/人

重点推荐

峡谷郑家大院

本院于1995年成立，是平谷最早的民俗旅游接待户之一，伴随着景区共同成长，距离峡谷最近。北京市领导曾到本院慰问，另有澳大利亚的驻华大使及书法字画界的名人来此游玩。农家主人很厚道。

联系方式：郑学军　010-60968180　13621072056　13439163129

马有志农家院

老式农家套院勾起无数人童年的记忆，似曾相识的建筑风格会让您记起儿时的许多美好印象。爬山虎爬满墙，长出一面天生的绿色墙壁，让游玩更加惬意。院内可采摘四季蔬菜，家禽公鸡现吃现宰。

联系方式：马有志　010-60968420

体验报告

交通状况：★★★★★

主要是距离比较近，乘坐公交车很方便。自己开车按照路标走，很好找到。路况较好，很少堵车。

景点特色：★★★★☆

京东大峡谷在北京较为有名，山高谷深，特色鲜明，各种各样的

瀑布奇观令人叹为观止。同时峡谷里千仞壁立，处处险奇，四季各有妙处，适合游客随时前往，放松身心。每年6、7月份，鱼子村会举办大桃节，喜欢吃桃子的朋友可不要错过哦。

住宿条件：★★★★☆

房间干净卫生，农家饭风味独特，炖柴鸡、四季野菜、香椿炒鸡蛋、炖小鱼儿、炸河虾、烤水库鲜鱼等，野味十足。另外，鱼子村民俗游项目非常丰富，还可以提供原生态的农耕体验。

愉悦程度：★★★★☆

鱼子山村环境清幽，空气清新，一进来就让人感觉神清气爽，尤其在农家院安静的夜晚会休息得非常好，第二天爬山时精神抖擞。而大峡谷景区飞瀑不断，引得我们一行人惊叫连连，兴奋不已，争先恐后好像探险一样，兴致非常高。

温馨提示：

1. 周边毗邻京东大峡谷、湖洞水、石林峡、黄松峪水库、大溶洞、小峨眉山等景点，游客时间充裕的话可以自主安排。
2. 在鱼子山村采摘桃子的时候，尽量穿长衣长裤，防止桃毛接触皮肤引起不适。另外一早上山的话会有露珠，最好穿不怕湿的鞋子。
3. 最佳的游览时间是在每年的8、9月份。

3. 京东大溶洞

4.3.1

黑豆峪村——

天下第一古洞

关键词》》》》》》

京东大溶洞　地质科普　采摘　赏桃花

■　外出游玩，大部分人比较关注名川大山，胜景古迹，这些地方往往多是张扬在天地、阳光、山水之间的景致。但此外还有一种别致的游玩，既宜情致，又长知识，就是古洞探幽。历来博学之人都喜欢“游历”以长见闻，喜欢去常人不易达之处探究自然的奥妙，追寻生命的真谛，而位于黑豆峪村的京东大溶洞，就可以满足这种愿望。它用自己的语言，告诉人们大自然是如何的神秘变幻，鬼斧神工，人类不过是它的一个作品而已，我们知道

的、能做到的还远远不够。

■ 京东大溶洞距今大约15亿年，由此号称“天下第一古洞”。洞内全长2500余米，其中有100米的水路，可以乘船漂流通过。万年大自然造就并珍藏的美景，令人叹为观止。进入溶洞，像是无意间闯进一个奇诡、幽邃而又恢弘壮丽、色彩斑斓、扑朔迷离的世界。只见处处钟乳倒悬，石笋石柱丛生，石花遍地，各种岩溶造型异彩纷呈，光怪陆离。层层叠叠的石幔，宛如朵朵云霞，尤其在经过最后的那段水路的时候，小船摇摆，周围昏暗的灯光映着各种岩溶形影交错，让人仿佛置身冰、雪、霜迷人的世界里，似乎不小心就会撞醒哪个沉睡的岩溶。在里面根本不能拍照，即使用了很大的光圈留在底片上的景色也完全没有了那种身临其境的感觉。“龙汇天书”、“众仙聚会”、“得到善缘”、“水帘洞”、“圣火银珠”、“鲲鹏傲雪”，在这里您一定要安心听导游介绍，并沿着他的思路走，不然错过哪一处都是很遗憾的事情。

村里的事 ////////////////////////////////////

□ 黑豆峪村隶属于北京市平谷区管辖，位于北京市东北部90公里处，距离平谷城区15公里。黑豆峪村处于中元古界长城系高于庄岩层，岩层结构复杂，村子周边山区特点是悬崖耸露，沟深壁陡，溪谷狭长，草木繁茂。全村位于浅山区，环境质量高，绿化覆盖率在85%以上，植被丰富，经济植物以大桃为主。村内民俗旅游接待户，硬件设施、服务水平已达到平谷民俗旅游接待要求。餐饮种类丰富，游客可以吃上农家自己种植的谷子、玉米和新鲜蔬菜，自己饲养的柴鸡，自己从山上采摘的野菜，还可吃上肥美的“烤全羊”、“烤鱼”等。

□ 京东大溶洞：坐落在北京市平谷区黑豆峪村东侧，西距北京城区90公里，因其为京东地区首次发现，故名京东大溶洞。京东大溶洞发育于中元古界长城系高于庄组白云岩地层，距今大约15亿年，由此号称“天下第一古洞”。洞内共分为八景区：蓬莱仙境、江南春雨、水帘洞等；包括数十处景观：圣火神灯、西风卷帘、鲲鹏傲雪等。洞内景观晶莹剔透，绚丽多彩，最壮观的是世界上首次发现、洞壁上具有雕刻特色的“龙绘天书”。新开放的休闲洞，洞内四季恒温，冬暖夏凉，可供游客饮茶、品酒、修身养性。此外景区还为游客及中小学生提供各种地质科普知识，使游者对熔岩景观的形成构造有更深一层了解。

□ 游客还可乘电动车观佛山、洞庭湖及山村各种美景，引人注目的是还可一路观赏桃园、杏园、葡萄园及各种果品采摘，亲身体验回归大自然与花鸟为伴的幽静生活。游完大溶洞还可一路顺风，到大溶洞分景区“飞龙谷”、“湖洞水”一游，这里流泉飞瀑，怪石奇峰，林木丛茂，气候凉爽，悦目赏心。

路线提示

自驾车→

出北京四元桥—京顺路—顺义县城向东行—经平谷区—向东过南独乐镇，见岔路口向北—黑豆峪村。

公交车→

从北京东直门乘918路公交车至平谷世纪广场，转乘小8路到黑豆峪村大溶洞下车即到。

游玩攻略

一天一夜游玩攻略：

周六一早坐车前往，大约9点左右即可到达，直接去景点游玩。中午饭可以在里面解决。傍晚出来前往农家院品尝农家饭菜，晚上住在农家院。第二天一早返城。

两天一夜游玩攻略：

周六一早坐车前往，第一天的行程可参考一天一夜游玩攻略。第二天可以在村庄游玩，采摘果实，游玩各种娱乐项目，下午3点左右返城。

消费报价

普通间（双人、三人、多人）：10—20元/人

标准间（双人、三人）：50—80元/间

重点推荐

绿岗山居

紧靠景区停车场，老板待人和善，在此地可以尽情地采摘核桃、桃子等果品，绿岗山居在当地做得非常有特色，而且口碑很好，平谷区老县长还为其题诗：绿岗坡前野草花，红杏枝头夕阳斜。旧时京馆双燕子，飞入山居百姓家。

联系方式：王东义　010-60972025　13716515738

凯鑫佳旺农家院

左邻京东大溶洞，右靠京东大峡谷，观平谷桃花节，闻遍地桃花飘香，是该村规模最大的一家集住宿餐饮为一体，石锅、野味系列为特色的农家院，院内设有停车场，可承接各类大中小型团体。

联系方式：肖凯　13911913765

体验报告

交通状况：★★★★★

景点比较有名，游览线路明晰准确，距离北京市区较近，自己开车的话一个半小时左右即可到达，路况较好。

景点特色：★★★★☆

新奇、诡异、神秘。去溶洞游览既放松心情，欣赏美景，同时又可增长地质知识，对于中学生普及自然知识是个最好的去处。我

们就遇到过不少家长带着孩子去的，一路上大呼小叫，玩得很开心。另外一些人工管理的项目例如卡丁车、索道、晚会也不错。

住宿条件：★★★★☆

干净、实惠，农家饭风味地道，主人热情洋溢。晚上农家院里非常安静，玩累了一天，可以踏踏实实睡一个好觉。

愉悦程度：★★★★☆

重要的是一种别具一格的体会，感悟大自然的奥妙，满足猎奇、探险的心理，同时放松疲惫的心情。这种特殊的体验让人无限放松。

温馨提示：

1. 景区门票：门票50元/人；学生(持学生证)25元/人；老人（持老年证）25元／人。

2. 周边景点：东方石窟、京东大溶洞、京东大峡谷、金海湖、国家矿山公园。

4. 老象峰

4.4.1

挂甲峪村——

百里桃花廊，多面老象峰

关键词》》》》》》

百里桃花走廊　社会主义新农村　桃花海　老象峰

■　崇山峻岭之间，总是藏着让人惊喜连连的奇秀之境，而东出京城进入平谷山区，连绵的群山处处藏着可赏可玩可娱的好地方，大华山镇的挂甲峪村就是其中之一。挂甲峪村名的由来是，相传800年前，宋朝抗辽名将杨六郎杀敌归来，卸铠甲挂树，在这个地方休整，自此这个地方被称为“挂甲峪”。现在古人的遗迹难以考察，但是今人为了创造美好生活做出的种种努力却让人钦佩不已。村办企业红红火火，村民大部分在里面上班，村子里

统一规划，房屋干净整齐，傍晚时村子的路灯亮起，村里的老人在健身公园里各得其乐。这情景让平素总是紧张、高压的都市人心生羡慕，所谓人生当如是，慢调、休闲而又不失充实。

■ 村子紧邻老象峰风景区，梯田层叠，路径缠绕，空中时时弥漫有蒸腾气韵，空气清新，怡人精神。有游客云，奇中之奇，秀中之秀，秀中藏奇，奇中蕴秀，方为胜境。挂甲峪之秀，秀在花果漫山，团团簇簇，无雨滴翠，逆风而香；老象峰之秀，秀在姿态象形，赫然水脉，五瀑十潭，崖间湍湍激荡，谷底涓涓细流。最让人称奇的是老象峰主峰，换个角度，一象变两象，母子连体，趣味盎然，正所谓“横看成岭侧成峰，远近高低各不同”。这也启示世人，凡事不能过于执拗，换个角度，或许柳暗花明，另辟蹊径。

平谷区

村里的事 //

□ 挂甲峪村：地处平谷北部山区，全村百余户。800年前，大宋抗辽名将杨六郎杀敌归来，铁枪掷地，卸铠甲挂树，歇在此地山岭，后人始称这个地方为“挂甲峪”。现在村子属于平谷大华山镇，为了响应平谷区委、区政府提出的“工业强区、旅游富民”的政策精神，村子以新农村建设为重点，大力发展乡村经济，形成了一个环境优美、绿色生态的山区新农村，是平谷山区有名的社会主义新农村，村民生活富裕，村庄规划整齐，令人充分感到新农村建设带给人们的实惠。

□ 老象峰：位于平谷区大华山镇小峪子村，为平谷区旅游“西线”上的重要景观之一，是一条曲折蜿蜒的峡谷。老象峰景区有30多处别具特色的景观点缀其间，奇趣盎然。老象峰五大特色景观：一是老象天成。天造地设的老象独立于山顶之上，自成一峰，令人称奇。老象身高51.8米、体长76米，其体型之巨大，形态之逼真，实为罕见，堪称一绝；二是密林幽深。老象峰的密林幽长而深远，树种多样，树形各异，古藤纵横交错缠绕其间；三是崖壁古城。老象峰之山崖高而陡、美而奇，一段段山崖似人工垒砌而成，形似块垒，恰如城墙，相传为仙人的乐土；四是菊花仙谷。自夏至秋，历经数月，谷内野菊花遍布山坡，争芳斗艳，为景区增添无尽风韵；五是果园千亩。秋季果香弥散，自采自摘，自是一番悠然的田园情趣。

路线提示

自驾车→

自京顺路、顺平路至官庄道口左转直行，到大华山镇挂甲峪村。

公交车→

1.北京东直门乘918路公交车至官庄道口转乘5路公交车，乘车至大华山镇下车，“打的”10元到挂甲峪村。

2.北京东直门乘918路公交车到平谷县城转乘6路公交车，直到大华山镇下车，“打的”10元到挂甲峪村。

重点推荐

挂甲峪村：

福禄春农家乐旅游观光园

是挂甲峪山庄两家民俗标兵户之一，曾接受中央电视台采访，党和国家领导人也曾来此视察工作。桃采摘为该地的一大特色，万亩桃园任君采摘。

联系方式：何跃禄　13716328343

西牛角峪村：

空悟山庄

听名字就有一种远离尘嚣的意境，而实际上山庄确实坐落于山林之中，绿树成荫，环境是难得的安静。农家有自己的采摘园，游客到此可以亲手采摘水果、蔬菜，体会“采菊东篱下，悠然见南山”的诗情画意。

联系方式：杨会合　010-61945366　13910201827

游玩攻略

一天一夜游玩攻略：

周六一早出发，约9点左右即可到达挂甲峪村，直接前往老象峰景区，爬山游谷。一定要带上照相机。傍晚回到村庄下榻农家院，晚饭以农家饭菜为主，品尝地道的农家风味菜。第二天一早返城。

两天一夜游玩攻略：

同样是周六一早出发，到达后先选好要住宿的农家院，吃过中饭，可以在主人的带领下采摘大桃（春天的时候可以去踏春看桃花，有著名的“百里桃花走廊”，一片花海非常壮观，初夏时节采摘大桃）。傍晚回农家院吃农家饭。第二天用一天的时间游览老象峰，爬山游谷，下午4点左右返城。

体验报告

交通状况：★★★★★

非常近，开车一个半小时即可到达。公交车出行也非常方便，主要走市道，路况较好，路标明显，非常好找。

景点特色：★★★★☆

村子不愧是社会主义新农村，统一规划，令人耳目一新。老象峰景区别具一格，峡谷林密道幽，崖壁古城，还有很多活泼的野生动物，一路游来，令人惊喜不断。

住宿条件：★★★★☆

干净整洁，各种生活用品齐全，乡村的傍晚非常宁静，让人充分体会到田园怡然自得的生活节奏，同时农家饭菜美味可口，非常地道。

愉悦程度：★★★★☆

首先路程较近，非常方便。其次村庄干净整洁，空气清新，令人有返璞归真之感。另外，村子流传着优美的民俗故事，村民淳朴热情，让人体会到村子的浓厚底蕴，非常随意放松，而景点老象峰别具一格，栩栩如生，景区处处鸟语花香，野趣横生，真是让人彻底放松，流连忘返。

温馨提示：

1. 老象峰景点门票20元。
2. 5-8月份平谷盛产鲜桃，选择这个季节前去游玩，可去采摘。
3. 从老象峰下山，一定要去“观象亭”审视老象峰，这时您就会发现刚刚见到的老象变成了一个母子连体象，一个硕大的身体的两端，一大一小两个象头，栩栩如生，甚是可爱，这也是景区的一大景观，万万不可错过！

5. 石林峡

4.5.1
雕窝村——
自然与人文共享

关键词》》》》》》

石林峡景区　黄松峪水库　石林观瀑　平坡戏水　立崖悬柏

■　“早知石林生南国，至此方知读书浅。”这句话道出了在雕窝村游玩的感受，我没有想到北方的气候、地质会有石林，而更没有想到雕窝村周边还有这样鬼斧神工的景观。先是雕窝村村名的由来给这个优美的小山村带来些许神秘色彩，再是霞姑与三郎的美丽传说给人带来更多的精神体验，“真、善、美”向来是人们称颂的主题，而那石林峡风景区“六大美景”深深打动了我，这个鲜为人知的小山沟正全面地进入我的心里，让我沉迷其中，

不能自拔。

■ 石林峡得名于区域内山峰林立，宛若一片石做的林海，遍布在整个景区。一进入这个林子，似乎进入一个没有规律的阵势，给人无限的神秘之感，让人不禁惊诧于造化成景的奇妙，而景点内的六大美景：石林、悬柏、巨石、险峡、九天飞瀑、灵潭，更是给人超凡脱俗的感受。在九天飞瀑处，数十米高的山涧之水携着周边翠绿的风景一倾而下，似玉带，似白锦，而一个“飞”字更是道出了瀑布无限妩媚的身姿。游人经此，四散的细密的水珠弥漫飞舞，罩住你，贴到你的脸上、眉上，亲吻你，渗入你，一种真真切切贴近自然的感觉，仿佛你也是其中的一颗小小水珠，在阳光中粲然游移，自由自在。而瀑下的灵潭，聚集了无数这样的精灵，清可见底，入口甜美，登山觅水的疲惫一扫而光，剩下的，唯有不虚此行的慨叹。

村里的事 //////////////////////////////////

□ 雕窝村位于北京市平谷区黄松峪乡的东北部，三面环山，一面依水，是一个环境非常优美的小村。雕窝村曾经是一个关口，人迹罕至，栖息着很多鸟类和野生动物，相传村子附近山崖中的一个洞穴里住过雕，形体巨大，经常在村里盘旋，因此，人们称这个村为雕窝村。村区域内有湖洞水、石林峡两个景区，又是去飞龙谷、淘金谷、梨园滑雪场的必经之路。雕窝村充分利用地理优势和自然景观，村子接待游客的饭菜主要是山中采来的绿色食品：山野菜、蘑菇、自家饲养的柴鸡、柴鸡蛋等无污染食品，烤全羊更是让游客大饱口福。

□ 相传很久以前当地有位聪慧美丽的女子叫霞姑。她为人淳朴善良，与当地的樵夫三郎成亲，过着男耕女织的美满幸福生活。后来，由于外族的入侵，三郎应征从军，别霞姑而去。此时，被天庭贬下凡的蛟龙从石林峡逃出来，终日祸害当地的百姓，在一次游玩中，妖龙偶遇美丽的霞姑，于是顿起邪念，囚禁了霞姑。霞姑誓死不从，撞死在巨石上。三郎听说妻子被害，从边关日夜兼程回到此地，与蛟龙展开了殊死搏斗，但最终败于蛟龙的妖法下，三郎伤心之余，爬上了石林峡的顶峰，决定殉情。此时，从此路过的西天伏虎罗汉目睹了这一场景，并被三郎的执著和深情所感动，于是协助三郎驯服了蛟龙，救当地百姓于水火之中。传说后来在罗汉的点化下，美丽的霞姑和善良的三郎在此地成仙，云游于石林峡山水间，保护着当地的百姓。直到如今，这传说仍被当地广为流传。

路线提示

自驾车→

北京三元桥—枯柳树环岛东行—平谷城区东行—胡庄路口（有路标）左转—雕窝民俗村。

公交车→

从北京东直门乘坐918路公交车到平谷广场下车，转乘8路公交车到雕窝民俗村下车。

游玩攻略

一天一夜游玩攻略：

周六一早出发，大约一个半小时即可到达。先前往农家院安放东西，然后去石林峡景区游玩，主要是爬山，登上九山顶，拍照游玩，不能错过的是悬崖柏、九天飞瀑和灵潭，午饭可就地解决。下山后可以去垂钓，去逛村子里卖山货的小市场，顺便休息一下。傍晚回农家院品尝农家饭，夜宿农家院。第二天早饭后返城。

两天一夜游玩攻略：

周六一早出发，到达后先在农家院周边游玩，中午在农家院吃农家饭，想吃烤全羊的话要提前和主人说好。午饭后去采摘园游玩，去水库垂钓。傍晚回农家院休息。第二天一早去石林峡景区游玩，爬九山顶，行程参考一天一夜游玩攻略，下午4点左右返城。

消费报价

普通间（双人、三人、多人）：60元/间，15—30元/人

标准间（双人、三人）：60—120元/间，30—60元/人

火炕间：60—150元/间

重点推荐

雕窝村：

乡亲农舍农家院

老板可爱幽默，待人热情诚恳。小院的建筑风格古色古香，有着浓浓的农家风情。一日三餐由专业的厨师负责，曾获平谷区农家面点大赛二等奖，让人不但要大饱眼福，还要得到味觉的满足。

联系方式：王建钟　13716517351　13716571958

长江度假山庄

该地规模较大的一个山庄，集住宿餐饮一体，住宿均为标间，客房床单被套一客一换一消毒，安全卫生，适合大规模的集体出游。餐饮由专业的厨师打理，其农家菜肴曾多次获得平谷区厨艺大赛第一名。

联系方式：张昊　010-60987865　13161095088　13381428766

黄松峪村：

郝老四农家院

紧靠公路，交通便利，前往各个景区都很方便。农家接待能力比较大，有3个院子。门前便是成片的苹果园，苹果成熟之际可以参加采摘活动，同时，在此处还可以免费参观“野长城”。

联系方式：郝长海　010-60971018　13381121024

体验报告

交通状况：★★★★★

非常方便，主要是路程较近，乘坐公交车很方便，自己开车的话也会更快，非常适合自助游。路况很好，同时也比较好找，第一次去也不会走冤枉路。

景点特色：★★★★★

如树木林立的石头景观还真是很少见，九山顶的风光也是名不虚传，山水潭瀑一应俱全，登山的时候野趣横生。山里的果子非常新鲜喜人，风味上佳，给辛苦的登山路上带来很多欢笑。此外在水边垂钓，潭边戏水，亲近自然，丰富多彩。

住宿条件：★★★★★

干净卫生。村子比较小，傍晚炊烟袅袅，别有特色，乡村的夜晚比较安静。农家饭非常地道，全部是新鲜的蔬菜和自家放养的家畜，有的人家还能做出草原风味的菜肴。

愉悦程度：★★★★★

能够全身心接触大自然，体会到山水的情致，既可登山怡情，又可戏水放松，沿途的美景奇观让人忙不迭地拍照留念。农家院的原生态特色、主人的热情与朴实都给人留下很深的印象，让人完全置身于轻松随意的状态下。

温馨提示：

1. 雕窝村的出游佳期在每年的5–10月份。
2. 景区门票：35元/人，学生、军人、老人优惠价20元。
3. 离雕窝村不远的地方有个名叫黄松峪村的地方，那里盛产桑葚、杏、大桃，喜欢的游者可前去采摘。

4.5.2

塔洼村——

石林峡民俗村

关键词》》》》》》

石林峡景区　京东淘金谷　湖洞水　飞龙谷

■　能称得上民俗村，首先，要有特色的景致。塔洼村不远处就是石林峡景区，片片山石林立，形状各异，景点内的石林、悬柏、巨石、险峡、九天飞瀑、灵潭并称石林峡六大美景，青山绿水，巨石明瀑，更是给人独特的放松体验；其次，民俗村要有特色的文化。塔洼村历史悠久，村子里红砖绿瓦，传统民居更兼传统装饰，窗上的窗花，墙上“年年有鱼”的大幅年画，傍晚炊烟袅袅，鸡鸣犬吠之中透出一片祥和安静的生活状态；最后，民俗村要有特色的饮食。塔洼村有鲟鱼八吃、黄泥叫花鸡、肉排板栗、全狗系列和八大碗，而各种新鲜的山野菜、农家小炒就更不

用说了，塔洼村的美食已是声名在外，怎么说，塔洼这个民俗村都名副其实。

■ 即使不想出门，村子里家家还有各种娱乐项目，卡拉OK、棋牌、台球、游戏机。但是金秋窗外阳光正好，一派温暖的阳光让人难以待在村子不动，再说出来就是要好好疏散筋骨，锻炼身体，因此从石林峡游玩回来，我们还上山采蘑菇、挖野菜，和主人一起准备农家饭，吃完饭还前往果园里采摘山柿子。橘黄色的柿子挂在枝头上，坠得枝杈垂得低低的，伸手可及，这里的柿子比不过盘山的柿子个大，但是味道依然甜中带酸。果园里野草丛生，深可及膝，深秋的颜色已经铺满了这个果园，除了那种成熟收获的气氛，无数缕金黄的阳光洒在果园里，让人难以想象即将而来的那个严冬又能怎么样?

村里的事 ////////////////////////////////////

□ 塔洼民俗村是一个在大山的怀抱中孕育而生的古老小山村，四周的山色雄奇峻拔，一洼清澈的池塘镶嵌在村子的中央，是山里娃平日嬉戏的乐园。远处山涧雨水汇成的小溪常年经久不息地流淌，弹奏出美妙动听的音符，每到傍晚，暮霭沉沉时，山雾聚拢，一点点农舍的灯光在弥漫着山间淡淡清香的薄雾中忽明忽暗，平添了小山村的神秘与俊秀。塔洼人用蜡花纸糊墙，青砖墁地，窗上贴窗花，摆放朱红墙柜的房间；上山采蘑菇、野菜，自己动手烹制菜肴。

□ 石林峡景区：北京京东石林峡风景区位于平谷区黄松峪乡，紧邻雕窝村，距北京市区85公里。景区占地12平方公里，因地处京东且谷内山峰挺立峭拔，宛若片片石林而得名，是国家3A风景区。这里空气清新，山奇水秀，是理想的旅游佳地。赏北国石林，观九天飞瀑，游峡谷险峰，寻石林三绝是石林峡四大浏览特色。京东石林峡风景区主要是一条狭长的山谷，谷内遍布的苍松翠柏千姿百态，宛如座座盆景，浓荫蔽日。秋季满山金黄，披红挂赤，谷中还有柿树、山楂等丰富的果树品种，植被丰富茂盛，谷中奇峰怪石美不胜收，在悬崖陡壁上，掩映着一处处怪异的裸石，岩石千奇百怪，恰似天然雕琢而成。整个峡谷林木郁郁葱葱，奇松怪柏苍翠挺拔，幽长的峡谷清寂秀丽，九瀑十八潭点缀其中，惟妙惟肖如一幅天然画卷，颇具北方的壮美气势，又显江南的秀丽多姿，是探幽览胜的绝佳之处。

路线提示

自驾车→

北京三元桥—枯柳树环岛东行—平谷城里东行—胡庄路口，有路标，左转经黄松峪乡—塔洼民俗村。

公交车→

从北京东直门乘坐918路公交车到平谷广场下车，转乘8路公交车到黄松峪村下车后电话联系。

游玩攻略

一天一夜游玩攻略：

塔洼村是远近闻名的民俗村，村子里的农家饭非常地道，因为路途很近，省去了不少的时间。周六一早出发，到达后先去石林峡景区游玩。傍晚的时候回到塔洼村，晚饭以农家饭为主，重点推荐鲟鱼八吃、黄泥叫花鸡、肉排板栗、全狗系列。晚上住在农家院。第二天一早可前去果园采摘柿子，而后返城。

两天一夜游玩攻略：

周六一早出发，第一天可把精力放在塔洼村民俗文化的探究上，上山采蘑菇、野菜，去果园摘柿子，充分放松，体验民俗村的慢调生活。第二天用来游玩石林峡景区，下午返城。

消费报价

普通间（双人、三人、多人）：30—50元/间，20元/人

标准间（双人、三人）：80—100元/间，50元/人

火炕间：120元/间，10元/人

重点推荐

塔洼人家

兴建于2001年8月2日，已有7年的成长历程。山庄分为三大板块，住宿、娱乐、餐饮与一体。可同时接待大型、中型、小型旅游团体会议。设有大型停车场，可容纳5辆50人大巴车，是该地设施最高档的一个度假村。

联系电话：郭晓东　010—60988658（传真）　13381120908

体验报告

交通状况：★★★★☆

非常近，一路是高速路和柏油路，路况较好。石林峡风景区很有名，周围的农家院很多，一定不要找错哦。

景点特色：★★★★☆

塔洼民俗村吃玩项目都很丰富，农家饭特色鲜明，石林峡景区青山绿水非常美丽，村子里环境幽雅，可以采蘑菇、挖野菜，亲自下厨做饭，非常放松。

住宿条件：★★★★☆

农家院里家家种着果树，山村传统很多，农家院主人非常热情好客，喜欢聊天，农家饭的野菜、蘑菇、柴鸡风味地道，让人胃口大开，一定不要错过。

愉悦程度：★★★★☆

在塔洼村主要的感觉就是非常放松。首先去村子游览非常近，路上不会花费很多的时间。到了村子再去石林峡非常方便，两天的

时间很充裕。其次塔洼村的民俗传统非常有趣，和主人聊天很长见识。整个村子生活慢调，是休闲游览的好去处。

温馨提示：

1. 附近的景点有京东大溶洞、石林峡、黄松峪水库、湖洞水、飞龙谷，时间充裕的话可以安排游玩。

2. 塔洼村最佳游览时间是在秋季，当地的柿子成熟，可以前往采摘。

3. 景区门票：35元/人，学生、军人、老人优惠价20元。

6. 玻璃台

4.6.1

玻璃台村——

大山里的世外桃源

关键词》》》》》》

四平八稳玻璃宴　赏梨花　采摘园　住农家别墅

■　玻璃台村，每一位游人第一次听到这个名字会想起什么呢？会以为是一个玻璃做的晶莹剔透的台子吗？一开始我还真是那样想的，而其实这个名字是来源于村头台子上长着一颗大玻璃树，不要小瞧玻璃树，它的叶子做出来的饭菜别有风味，村子里有名的“四平八稳玻璃宴”还有大玻璃树叶的功劳呢，值得每一位走南闯北的驴友们尝尝。

■　不说吃，先说玩。玻璃台的山峰重岩叠嶂，隐天蔽日，让人

不由得想起"芳菲歇去何须恨，夏木阴阴正可人"这句古诗，而一座座山峰玲珑俊秀，有的像雕纹精美的香炉，有的像层层叠叠的彩缎，有的像含苞欲放的莲花，说不尽的千姿百态、奇瑰美丽。站在村底下仰望北山，就会看见历史遗留下来至今保存完整的明长城遗址，原始原貌地展示了明长城的风貌，给人以一种悲壮与苍凉之感。夏季登上长城可以俯视山脚下整个美丽的村庄，观赏山坡上那郁郁葱葱的各种青翠的林木。进入景区，来到有名的东指壶峰，人们说东指壶峰是玻璃台的精髓，一线天是峨眉的瑰宝。一线天里凉气逼人，像一个狭长的冰室。悬崖断裂处，仅一线划空透明，最窄处只能侧肩而过。站在一线天的中央令人感叹大自然对俗世的感召和启示，以心灵与大自然交流，顿悟许多人生与世界的道理，这也许就是一线天的神奇与巧妙吧。

村里的事

□ 玻璃台村：位于镇罗营镇的东南部，南水峪的尽头，因台上生长着一棵大玻璃树而得名。村子四周群山环绕，一条7公里的小路伴随弯弯的小溪与外界相通，因地域的关系，玻璃台村几乎不被外人所识，近似原始的生态环境吸引了游人再三光顾。村子里山口古隘遗址、山脊蜿蜒的长城、川下台上散落的农居、夕阳西下、炊烟袅袅，构成了一幅恬静的山区小村的景致。村子里除了特色的农家饭外，还以玻璃叶大包子、驴肉、燕山珍、野菜、溜焖子、皿饽饽作为特色饮食，值得品尝。

□ 大山深处的世外桃源：玻璃台域内，异峰突起，植被繁密，森林绿化率居全镇之首。发源于磨石沟的镇罗营石河，是平谷境内三条主要河流中唯一发源于平谷境内的河，多少年来灌溉着镇罗营的土地，养育着镇罗营的人民，从玻璃台村前流过。鬼斧神工的奇峰，古老的长城，深情的子母石，悠悠的溪水，郁郁葱葱的松林，使得这里的负氧离子远远高于城区，更兼勤劳的山民，淳朴的民风，向世人展现了一块未开垦的处女地，一块待开发的旅游景区。目前村庄以攀岩爬山、探险寻幽、山涧戏水、松林采蘑、长城遗风、奇石思母、农家小住等为经营特色，建立了中小学夏令营基地、文人作家采风创作之家，游玩项目非常丰富。

□　玻璃台高山果品采摘园：玻璃台高山果品采摘园紧邻玻璃台新村，是一处建在山坡上以吸收天地精华为主的果品基地，因山地土质比平原土质好，向阳性强，有利于果品生长，所以这里的果品口感好，无污染，深受广大游客欢迎。该采摘园主要果品有：大桃、红果、核桃、板栗等。

路线提示 ////////////////////////////////////

自驾车→

北京三元桥—枯柳村环岛东行—平谷区官庄路口往北—峪口小城镇往北—华山镇政府东往北—西峪水库往东—镇罗营镇政府往东—关上村往东—杨家台水库往东—玻璃台村。

公交车→

北京东直门长途汽车站乘918路公交车到关上村，转乘6路公交车到玻璃台村。

游玩攻略 ////////////////////////////////////

一天一夜游玩攻略：

周六一早出发，到达玻璃台村要3个小时左右，因此中午直接找个农家院安置好，吃过午饭，到天子谷登山健体郊野公园爬山游览，亲近大自然。晚上回农家院享受一桌“四平八稳玻璃宴”，其中的味道要自己体会哦。在农家院休息一晚，第二天吃过早饭返城。

两天一夜游玩攻略：

周六一早出发，第一天的安排同上。第二天早餐结束游览紧临新村的一线天景点，呼吸山野气息，放松心情，中午在新村用午餐，午餐结束到玻璃台高山果品采摘园采摘纯天然绿色果品，采摘结束返城。

消费报价

标准间（双人、三人）：50元/间，30元/人

火炕间：30元/人

重点推荐

德福农家院

一个听起来就让人觉得朴实的名字，看过电视剧《神医喜来乐》的游客自然会记得剧中的那个徒弟德福。主人为人爽快，快人快语，很多事情让人觉得没有那么多的繁文缛节，在这里住宿游玩，痛快。

联系方式：王晓玉　010-60978090　13716620485

小芹农家院

门前小河流过，周围青山环绕，一幅山水田园的好风光，让人不由得怀疑自己是否真的还身处北国大地。客房整齐干净，被褥都是一客一换，住得非常舒服。尤为难得的是，老板的农家菜也做得相当地道，有口皆碑，很受欢迎。

联系方式：杜玉芹　010-60978028　13716105225

体验报告

交通状况：★★★★★

主要是空间距离上有点远离北京市区，路况还可以，因此要在时间上妥善安排。

景点特色：★★★★★

果然是“大山里的世外桃源”，尽管距离较远，但是一进入村

庄，就能和大自然亲密接触，山、水、谷、园丝毫没有人工粉饰的痕迹，这块未开发的旅游景区最适合那些喜欢刺激、原始的驴友们。另外，这个地方现在还不收门票。

住宿条件：★★★★★

干净、卫生，主要是吃得很有特点，玻璃宴可是玻璃台村的特产，用玻璃叶包裹食物进行蒸煮，给人留下不一样的美味享受。

愉悦程度：★★★★★

在玻璃台村享受到的是完全的放松和原始自然的风光体验，吃的特色农家饭，玻璃叶有一种特别的新鲜味道，而亲自劳作采摘新鲜水果，体会到的是丰收的喜悦。

五 房山区

北
东湖港
十渡村
河北省
宝水
门头沟
蒲洼
西庄村
拒马河
十渡景区
G108
云居寺
韩村河
房山
京石高速
火车（西站发车）
丰台
大兴

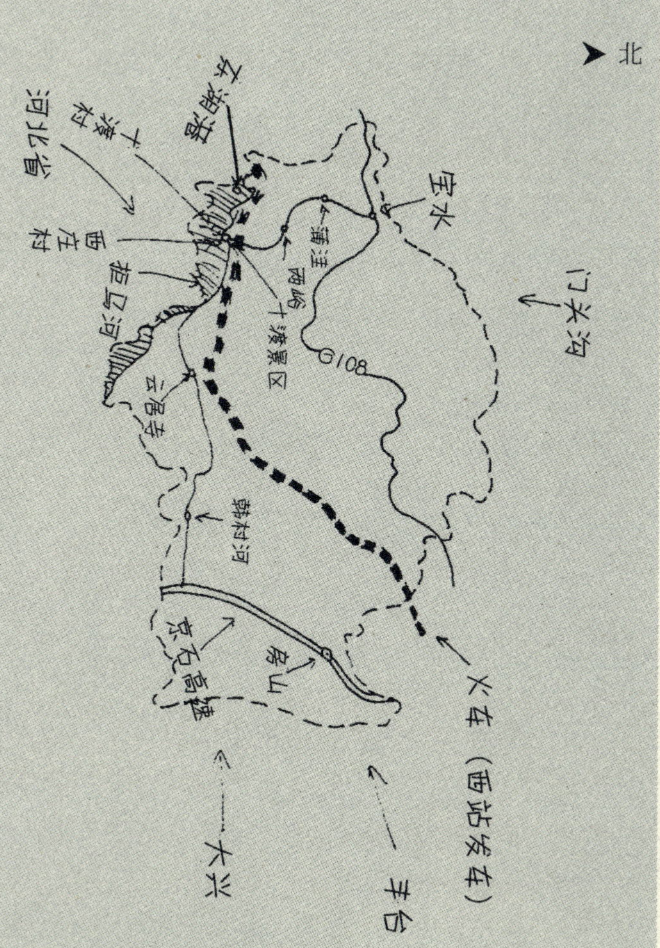

各渡风景

十五渡
十五渡

十渡
十渡
西庄村

十渡蹦极
中国第一座蹦极跳台
十渡村
特色农家

1. 十渡

5.1.1

十渡村——

百去不厌是十渡

关键词》》》》》》

竹筏　蹦极　拒马乐园　滑翔　索道缆车

■　十渡不单单是一个村子，更是山水游玩各种名目的集大成者，怪不得人们提起京郊旅游，百去不厌的就是十渡。传说从千河口到十渡村，沿途在拒马河上要过桥渡水10次，“十渡”因此得名。其实十渡的每个村子都有可赏可玩之处，而其中以十渡最为有名。依附当地地势而建的拒马河乐园，宽广的水域，花样百出的游玩项目，山水溪涧、险景奇观带给人们新奇的享受。还有类似江南水乡的竹筏，让游客在北方也能亲身感受到江南水乡的

房山区

风韵。自然、古朴的竹筏与六渡碧波园度假村现代、时尚的豪华游艇形成了鲜明的对照。乘上竹筏，撑起竹篙，轻轻地往岸边一点，或是坐在竹筏的小竹椅上小憩，欣赏惊险刺激的蹦极跳和美如神鹰的峡谷飞人，让您有一种回归自然的异样感觉。

■ 如果您对刺激类的游乐项目情有独钟，那么您就来对了，拒马河乐园有中国第一座蹦极跳台，是您战胜恐惧心理、挑战自我的试金石；有背负蓝天，面向绿水，与鸟儿共舞，与风儿做伴的“峡谷飞人”；有步移景换的观光缆车，十渡风景尽收眼中；有“百米峡谷何所惧，千丈绝壁变通途”的滑翔飞翼，实现您在蓝天中飞翔的愿望；还有充分体现力量与胆量结合的悬崖攀岩。

村里的事

□ 十渡村：位于十渡风景名胜区中心，坐落在龙山脚下，是十渡政府所在地。站在村里，远远可望见三峰叠翠，高低宕荡，犹如一只巨大的蝙蝠矗立于此，朝沐山露，夕送余晖，这就是十渡风景区内著名的“蝙蝠山”。蝙蝠山坐落在十渡村东，海拔650米，是十渡众多景点中较别致的一景。

□ 拒马乐园：拒马乐园坐落在麒麟山与拒马河之间，其四面环山，水流缓慢，水质清湛，微风轻拂，碧波荡漾，丝丝涟漪，与两岸悬崖断壁、绿柳茵茵构成了一幅绝妙的山水画。同时拒马乐园是十渡一座综合性游乐园，这里有中国第一座蹦极跳台；有“峡谷飞人”、“攀岩”；有步移景换的观光缆车；有“百米峡谷何所惧，千丈绝壁变通途”的滑翔飞翼；有江南竹筏，让游客在北方也能亲身感受到水乡的风情，还有水上飞车、皮划艇、鸭子船、漂流等娱乐项目，参与其中，其乐无穷。

□ 十渡风景区：北京十渡旅游风景区位于北京西南的房山区境内，与河北野三坡接壤。关于“十渡”的由来，有两种说法：一种说法与佛教有关，“十渡”是佛教的“十方世界，普渡众生”的简称。另一种说法是在历史上，从一渡（张坊）至十渡由于需经过10个渡口，故这里被称为“十渡”。十渡旅游景观有：群峰叠翠、蝙蝠山、笔架山、朝辉山、龙山、虎山、蝴蝶峰、骆驼峰、石人峰、雄鹰展翅峰、鹰咀岩、棒槌岩、蛙咀石、香炉石、千尺窗、一线天、通天洞、千古河床、塔山仙池、望佛台、龙山“佛”字等近百处。

路线提示

自驾车→

北京六里桥—京石高速—琉璃河—韩村河—张坊—十渡村。

公交车→

917路公交车早上6点至下午5点在北京天桥站整点发车，中午11点和12点不发车,车票14元。

火 车→

6095次 北京西站—十渡 06:20—08:55 车票5.5元

6417次 北京西站—十渡 17:44—20:10 车票5.5元

6438次 十渡—北京西站 10:54—13:24 车票5.5元

6096次 十渡—北京西站 19:10—22:04 车票5.5元

游玩攻略

一天一夜游玩攻略：

周六一早出发，大约9点左右即可到达，可直接前往景点游玩。嫌麻烦的话不用带很多东西，十渡村里的商店日常消费用品非常齐全。在景点爬龙山、看“佛”字，前往拒马乐园游玩各种水上项目，午餐可以就地解决。傍晚的时候在农家院住宿，品尝农家菜，烤虹鳟鱼、炸小鱼河虾等特色菜非常不错。住上一晚第二天吃完早饭小转一下坐车返城。因为时间的关系，建议可以将十渡的景点分开多次游玩。

两天一夜游玩攻略：

周六一早出发，到达后把东西安放在预约的农家院里，然后爬龙山，看“佛”字，多照点相片。傍晚的时候返回农家院，品尝农家菜，夜宿农家院。第二天一早起床，前往拒马乐园游玩，里面刺激性的项目比较多，同时也可以划竹筏、垂钓、购买特色产品，下午4点左右返城。

消费报价

普通间（双人、三人、多人）：50元/间，5—10元/人

标准间（双人、三人）：40—80元/间，20—30元/人，

重点推荐

齐一毛农家院

位于十渡民俗村，门前拒马河畔尽现眼底，对面龙山山脉，距离平西抗日英雄纪念馆仅50米左右。如您能在休闲之余来齐一毛农家院一定是一种享受。农家还准备了好多爬山用的拐杖，供游客使用。

联系方式：晋显莹　010-61348182　13693508926

晋山居农家院

位于十渡风俗村，农家坐落在半山腰上，依山而建，青山环，绿水绕，景色非常优美。门前走廊几个大红柱子特别漂亮。站在院内可以观赏十渡的山景，有种一览众山小的感觉。

联系方式：晋显良　010-61340469　13716337710

三渡饭店

位于三渡民俗村，背倚拒马河畔，四面环山，仿佛走入神仙境地。饭店临街、临景、靠山、靠水，再加上周到的服务，可以让您找到大自然的清新，感受农家的纯真。农家有鱼池，想吃鱼的时候非常方便。

联系方式：穆希亮　010-61344376　13691041537

朋来缘农家院

位于三渡民俗村。这里是婚纱摄影的好地方。四周青山环绕，背靠山峰耸立，前有渡河流水，是您休闲旅游观光的好去处，农家门前宽敞好停车，可以提供百人同时就餐。

联系方式：张敏　010－61344657　13141245300

北京金水河饭店

位于六渡民俗村，背依燕山山脉，拒马河畔尽现眼底。本店集食宿、娱乐为一体，交通便利，设施齐全，农家有卡拉OK歌舞厅，可以蹦迪、唱歌。

联系方式：穆卫华　010-61344080　13911835010

鑫福餐厅

位于十渡镇北石门村东湖港景区附近，它的对面是一个水上乐园，是拒马河流域水面面积最宽、树林面积最广的一片绝佳游玩之地，在这里您可以尽情划竹筏、划木船，夜晚也可在树林安营扎寨，乐哉乐哉！

联系方式：郑明书　010-61346682　13716108032　15901233194

体验报告 ////////////////////////////////////

交通状况：★★★★★

可能是景点比较有名的缘故吧，交通非常方便，用在路上的时间也就一个多小时，路况也不错。

景点特色：★★★★☆

可以说，在十渡风景区，不光能够体会北方崇山峻岭的雄伟，而且可以欣赏南方溪水竹排的温婉，每次游玩都感觉意犹未尽，会相约再访。不过就是周末和黄金周等旅游旺季，游人比较多，有些类似竹排、缆车等项目还要排队。

住宿条件：★★★★☆

宽敞干净。十渡的农家院招待客人的经验比较丰富，推荐农家菜一定要点烧烤虹鳟鱼、炸小鱼河虾、炸花椒芽，还有凉拌合菜、木兰菜，非常地道。住的房间均是坐北朝南的农家大院，令人感觉赏心悦目。晚上很安静。

愉悦程度：★★★★☆

景区内管理很到位，各种娱乐设施齐全，给人充分的游览体验，适合各种类型的游客。

温馨提示：

1. 在景区可以提前让房东安排游玩项目，例如骑马、划竹筏，要小心被黑，例如上马30元下马70元这样的情况。
2. 如果在当地遇到自己不能解决的情况最好给房东打电话，这样可以很容易解决问题。
3. 惊险刺激的蹦极、峡谷飞人等游乐活动一定要遵守安全守则，听从教练的指挥。

房山区

5.1.2

西庄村——

十五渡的东湖港

关键词》》》》》》

东湖港　平西抗日纪念馆　烟火　悬崖跳伞　峡谷飞人

■　走进西庄村，映入眼帘的是怡然自乐的乡村生活景象，点缀在绿水林间的是一个个返璞归真的农家住宅，几乎不用真正地走近，就已经感受到了他们生活的宁静、幸福和充实，因为，在您的视觉或感受上，在您目之所及的地方，自然的美好，已告诉了您一切。于是，在这里整个身心都会放松下来，唯一的渴望，就是好好品味这个宁静的小山村将要带给您的一切！

■　村子临近新开发的十五渡，以东湖出名，景区内群山环抱，层峦叠嶂，有“险梯叠瀑，檀林氧吧”的美誉，山上有险、有奇、有缓、有峭。登山的入口是由木板和铁链搭成的铁索桥，走上去桥身左右摇晃，引起游客惊叫连连。过了铁索桥，沿着被称为“华北第一梯”的山路上爬，身边不时冒出一段若隐若现的小溪，伴着我们一路同行，终于到了那个传说中的奇观——“三叠瀑布”，水流分三叠落差，每叠落差更增加了下降的气势，最后直流急下，直入底潭击石飞溅，令人称奇。而瀑布的上面是女儿泉，泉水清澈甘洌，旁边几条劈开的毛竹冒出一股甘甜的泉水，忍不住诱惑，小心地爬上去，接了一捧水，扑在脸上，顿时感觉神清气爽，爬山的疲惫一扫而光。

村里的事

□ 西庄村：位于十渡风景名胜区龙山脚下，京原铁路穿境而过，十渡火车站就在村北，拒马河从村前流过，这里不但有龙山“佛”字奇观，还有全国青少年爱国主义教育基地平西抗日烈士陵园，花卉苗木培育基地义庄园也坐落在此。民俗村村庄内房屋整齐，街道宽敞整洁，绿树成荫，被区妇联命名为“青山野渡，巧姑靓嫂”旅游示范基地。这里的农家小院为游客准备了火炕，游客还可以亲自动手，烧火做饭，品尝各种野菜馅的水饺，吃锅

贴饼子、菜团子，喝玉米粥，还可以推碾子、推石磨、骑马、参加篝火晚会、燃放烟花等，会让游客真正体验到农家生活的乐趣。

□　十五渡：是近几年新兴的旅游胜地，东湖港、西湖港是现今十渡最美的两个旅游景点。东湖港曾被评为国家级地质公园，是绿色旅游和度假的胜地，有“险梯叠瀑，檀林氧吧”的美誉。景区内奇特的“三叠瀑布”水流分三叠落差，直流急下，瀑水入潭击石飞溅。“华北第一梯”倚峭而建，工程险峻，有“登云梯，而览群山”之势。回音壁瀑布是东湖港著名的景观之一，高瀑飞银，直泻潭底，水势猛烈。这里自然资源丰富，动植物种类繁多，生机盎然妙趣横生。西湖港是吴奇隆版《萧十一郎》的拍摄地，十一郎小木屋旁一道瀑布倾泻，在这里休息品茶，实在惬意。西湖港另有西山奶奶庙、清凉世界、水上竹排场、沙滩浴场等旅游项目。

路线提示

自驾车→

北京六里桥—杜家坎（京石高速）—琉璃河出口—韩村河—云居寺—十渡村。

公交车→

917路郊区车有：917（支）房山、917（支）张坊（云居寺）、917（支）十渡等。发车时间：6:00、7:00、8:00、9:00、13:00、14:00、15:00、16:00、17:00。发车地点：天桥（天桥大剧院西侧）。去往十渡以远可到十渡倒车（当地中巴），旅游季节车多，非旅游季节车少。

火　车→

6095次	北京西站—十渡	06:20—08:55	车票5.5元
6437次	北京西站—十渡	17:44—20:10	车票5.5元
6438次	十渡—北京西站	10:54—13:24	车票5.5元
6096次	十渡—北京西站	19:10—22:04	车票5.5元

游玩攻略

一天一夜游玩攻略：

周六一早出发，大约一个半小时即可到达。到达后先去十五渡游玩，重点游览东湖港，沿途过索桥、爬云梯，欣赏“三叠瀑布”的奇观，也可以体验“悬崖跳伞”、“峡谷飞人”项目，不过要注意安全，同时提醒各位朋友一定记得带照相机，很多美景不能错过的。傍晚回西庄村住在农家院，品尝农家饭，和主人聊聊天，了解西庄村的风土人情以及历史典故。第二天一早可大略地游览一下平西抗日纪念馆，上午乘车返城。

两天一夜游玩攻略：

周六一早出发，达到后先在农家院安排好，然后去平西抗日纪念馆参观，伴随导游的介绍了解过去的历史。下午建议在村庄周围游玩，可以采摘，参加农事活动，这些在西庄村有专门的接待。晚上吃特色农家饭，夜宿农家院。第二天游玩东湖港，下午4点左右返城。

消费报价

普通间（双人、三人、多人）：50元/间，5—15元/人

标准间（双人、三人）：50—80元/间，20—30元/人

火炕间：5—10元/人

重点推荐

东芳嘉园农家院

位于西庄民俗村，拒马河水上乐园就在村旁，可提供惊险刺激的蹦极和“峡谷飞人”挑战您的性格，锻炼您的胆量。同时该农家院提供车站免费接送，20人以上到景区游玩来回接送，每人5元。

联系方式：常绍芳　010-61340848　13641157156

林芳农家院

位于十渡西庄民俗村，右临小型超市，购物方便。农家有私家面包车，可提供免费接送。农家前后两个小院，前院装饰布置比较现代，而后院建筑别具古朴风味，保留着古宅式样，曾经接待过韩国旅游团。

联系方式：刘淑芳　010-61340394　13552991454　13671300541

体验报告 //////////////////////////////////

交通状况：★★★★★

自驾车的话还比较方便，主要走高速，下了高速差不多就到了。建议坐公交车一定要坐专线直达的，比较方便。

景点特色：★★★★☆

新开发的景点，吸收了十渡各个风景区的妙处，同时又能独具一格，给人更自然清新的感受，比十渡多了原生态的风光，令人流连忘返。此外，平西抗日纪念馆又给景点增加了红色旅游色彩，是其他地方不能比的。

住宿条件：★★★★☆

干净周到，比较适合集体出游，农家院提供的用餐及住宿的集体优惠很实用。

愉悦程度：★★★★☆

西庄村人安静平和，东湖山奇观不断，篝火晚会、放烟火、划竹筏、攀岩等娱乐项目让人游玩得尽兴舒适，得到彻底放松。傍晚归来又可以享受到地道原味的农家饭菜，比较不错。

温馨提示：

1. 一般农家院距离景点几分钟的路程，如果喜欢晨练的游客可以选择一早爬山。

2. 村子里的农家院提供优惠套餐，很实惠的，集体预定送烤全羊，可以尝试一下哦。

3. 周边景点：平西抗日纪念馆、北京十渡国家地质公园、十渡风景区、东湖港、西湖港、孤山寨、拒马乐园，住在农家院，充分利用时间吧。

六 顺义区

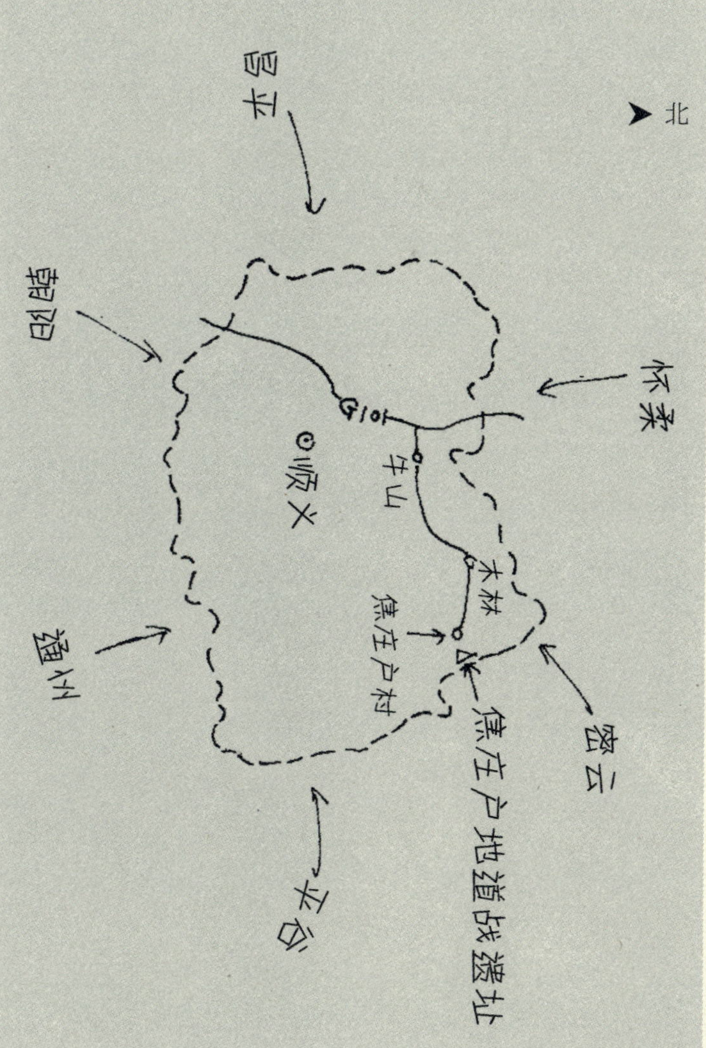

焦庄户
地道战
遗址

地道战
浮雕

沙盘

高射炮

焦庄户
地道战
遗址

焦庄户地道战遗址

1. 焦庄户地道战遗址

6.1.1

焦庄户村——

红色民俗游

关键词 》》》》》》

地道战遗址　地道战纪念馆　登山观景　赏花采摘　吃住农家

■　钻地道去，一个“钻”字透露出一种探索新奇、寻求刺激的心理。

■　接受红色教育去，表现出我们对革命先辈那种不甘欺辱、奋起反抗精神的怀念。

■　焦庄户村，承载着一段每一个中华儿女不能忘怀的历史，那村头老槐树上的铜钟，那遍布村子周围的抗战地道遗址，那一件

件带有抗战色彩的生产和战斗工具，为我们拉开了那个时期的序幕，展示着那些可歌可泣的故事，演绎着那段令人难忘的岁月。

■ 我想，英雄主义的年代已经过去了。在近半个世纪的和平年代里，战争距离我们越来越远，我们只是从电影、游戏中体会那种高强度对抗和那种策略性角逐。刺激成为现代人娱乐的首要追求。而那种远离我们的自发的保家卫国的情感，那种淳朴的注重实效的乡村智慧，只有来到了焦庄户的地道战遗址，才会有一种新的体会。

■ 当行走在地道里面，不会有任何压抑憋闷的感觉。吊在过道里的马灯发出昏黄的光，闻着泥土散发出来的芳香，摸着两侧坚实的土壁，让人不由得想起电影《地道战》中的场景。经过改良以后的地道成为焦庄户人民反抗日寇扫荡的有力工具，一面是上了年纪的老太太把纺车搬进地道，“嗡嗡”地纺线，在地道里进行正常的生产和生活；另一面是我们的民兵们顺着地道钻到郊外的谷地里和村里的乡亲里应外合，狠狠地收拾敌人，真可谓“神出鬼没”，只打得敌人晕头转向。来焦庄户吧，亲自体验一下那场充分体现人民智慧的战斗吧！

村里的事 //

□ 焦庄户地道战遗址位于北京市顺义区东北部地区的燕山余脉歪坨山下，是第二次世界大战中中国人民抗击日本侵略者的一处重要战争遗址。在抗战年代，焦庄户乡亲利用地道为抗击日本侵略者的进犯,为祖国的解放事业做出了卓越贡献。村子隶属于顺义区龙湾屯镇。它处于通往平西、平北的咽喉，自古以来就是兵家必争之地，曾被誉为“人民第一堡垒”的称号。

□ 焦庄户地道战遗址是北京市重点文物保护单位。焦庄户地道战遗址地面筑有暗堡、炮楼，进出口被严密隐蔽，防御、出击体系周到、巧妙，当年的焦庄户村民利用地道，狠狠地打击了日寇的疯狂扫荡与清乡，起到了保卫家园、打击敌人的作用，成为华北地区抗战的典型。近年来，为了方便游客观瞻，已开放了有关地道，并建立了纪念馆、接待部等，焦庄户度假村深具乡村气息与战地色彩，已成为人们所喜爱的旅游目的地之一。1996年国家又把焦庄户地道战遗址纪念馆定为全国中小学爱国主义教育基地。

□ 地道战遗址纪念馆：焦庄户村地道战遗址纪念馆始建于1964年，馆内展出面积1000平方米。展陈内容以照片、实物为主，共分为4个部分，馆内还修建有以抗战历史人物为造型的浮雕群和大型立体沙盘。同时，焦庄户地道战遗址恢复了30米原始地道，该段地道再现当时地道的原始风貌，并采用声光电等现代化高科技手段真实反映历史。地道目前平均高度1.49米，最低处仅高0.6米。此段原始地道采用国内首创的玻璃钢与环保黏合剂技术，既起到保护地道的作用，又可以让游客看到当时开挖地道的历史痕迹。

路线提示

自驾车→

从北京城区出发，沿京顺路向北，至牛栏山路口右转，行驶9.3公里路口左转，然后在14公里处右转直行22公里即到达焦庄户村。

长途车→

北京东直门乘长途汽车至龙湾屯道口下，步行1公里即到。汽车早6:00发车，每日往返5次。

公交车→

北京东直门乘915路公交车到顺义站，换乘去焦庄户方向的中巴。

北京东直门乘934路公交车直达焦庄户村。车票5元。

游玩攻略

一天游玩攻略：

周六一早即赶往焦庄户村，大约两个小时后到达。可先在村子游览一下，找一家农家院，中午的时候好好品尝一下农家菜，其中的小鸡炖蘑菇值得期待。饭后稍事休息，然后直奔地道战遗址和纪念馆，参观完毕即可返城。

一天一夜游玩攻略：

白天的安排同上，但是建议游者朋友们选择在农家院住上一晚。一来时间比较充裕，另外在晚上可以在农家院里放放鞭炮，和村里的“老革命”聊聊天，同时缓解一下一天的疲劳。

当然如果您禁不起房东向您描述的上山采摘的乐趣，第二天又逗留一天也不错，可以顺便骑骑马、登登山，周围有喜欢的水果亲手采摘一下，尽兴方归。

消费报价

普通间（双人、三人、多人）：50元/间，10—20元/人

标准间（双人、三人）：40—80元/间，25元/人

火炕间：20元/人

包院：180元/日

重点推荐

焦秀云农家院

位于顺义焦庄户村抗战纪念林往西100米。院子四周祥和安静，院内还有一个凉亭，空气清新，显得格外舒适，自家还有苹果园、杏院等，您可以在这里充分感受采摘的乐趣，享受天然绿色水果。院主人曾是革命老前辈，一直任村妇联主任。

联系方式：焦秀云　010-60461073　13718551073

孔玉静农家院

农家院干净整洁，主人热情好客，家居布置充满古朴文化氛围。主人热爱字画，客厅墙上悬挂的作品是典型的代表。该农家有自己的采摘园，品种繁多，有樱桃、桃、杏、李子、苹果、梨、葡萄，价格优惠。欢迎电话咨询。

联系方式：孔玉静　010-60462303　13683316509

体验报告

交通状况：★★★★★

离北京非常近，并且很好找，市道的路况还是不错的，两个小时用于交通上，时间很充裕，坐车刚开始有厌倦感的时候就到了。

景点特色：★★★★★

原汁原味的地道战遗址，可以说仅此一家，别无分号。进入地道里，还有头戴白毛巾、穿成八路军样子的老乡引路，介绍暗堡、水道、通风以及怎么样对付敌人等情况，有些时候还可以演练一下，全程体验“地道战”，非常过瘾。同时纪念馆里的一些生产工具特别有意思，有些东西做什么用，是我们连猜都猜不到的。不得不让人感慨农村生活真是别有一番天地。

住宿条件：★★★★☆

干净、卫生，吃的东西很有乡野风味。入夜的乡村很安静，晚上可以出来看到满天的星星。

愉悦程度：★★★★★

专注于地道战遗址和那些抗战的英雄事迹，对于从小就有军人梦想的人们而言，身临其境地感受一下，也算是一些补偿吧。另外走出充满钢筋水泥的大城市，来到地道里，时间和空间都会错转，对每个喜欢出游的人而言，应该是最美妙的体验了。

七　昌平区

北
延庆
怀柔
碓臼峪自然风景区
碓臼峪村
下口村
银山塔林
十三陵
昌平
八达岭高速
顺义
门头沟
海淀凤凰岭
车耳营村
海淀
朝阳

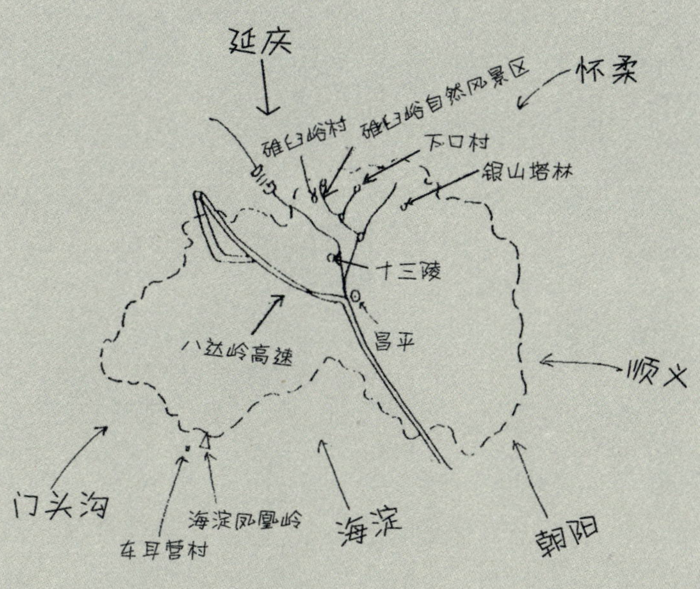

十三陵
泰陵
全国重点文物保护单位
十三陵 泰陵
中华人民共和国国务院

秦陵

十三陵
得陵

银山塔林

雄巨峪风景区

1. 碓臼峪

7.1.1

碓臼峪村——

“京北小三峡”

关键词》》》》》》

“野景”摄影　十三陵　采摘　小河摸鱼　垂钓　烧烤小吃　烤全羊

■　对于像我这样的业余摄影爱好者而言，最大的乐趣在于发现美、留住美、回味美。尤其在旅途之中，能够拍下自己喜欢的画面，闲暇的时候拿来欣赏，与友人分享游玩的趣闻，回味每一个画面带给自己的感受，是最让我兴奋的事情。我相信那些自然风光和植物树木都是有灵性的，它们的每个姿态都是尽心尽力，彰显着生命的尊贵，但是由于技艺不精，出自我手的精美画面少之又少。而

前往碓臼峪村的经历让我切切实实过了一把摄影师的瘾，因为在碓臼峪村，不用刻意选择角度，不用仔细调整视线，随时随处都是好的景色，带着摄像机只管按下快门就能带走一山的风光。

■ 谋杀了我相机最多内存的是村子里那条3公里长的野水沟，这里面“野趣盎然”，一路上野趣不断，先是小路曲曲折折，溪水婉转，清澈的山泉淌过每一块圆圆的石头，“小河摸鱼”的好戏随时可以上演。后是两目所及之处，两侧山石壁立，探出丛丛的绿树，地上土石铺就之处，冒着簇簇的野花，都在习习的凉风中精神抖擞，似乎在提醒游客，“不要闹，不要吵，听听溪水在欢笑，走累了，困倦了，坐坐山石歇歇脚”。尽管是在炎夏之际，头上的太阳却变得异常温柔，脱掉鞋子把脚浸在溪水里，个中美妙滋味不可言喻，伸手牵来一簇野花，闻一闻，清香扑鼻，这条“野水沟”像一个妩媚的乡村少女，给我们带来最大的放松和乐趣。

村里的事

□ 碓臼峪村位于北京市昌平区长陵镇境内，距北京市区50公里，北京市有公交车直达景区。村子在举世闻名的明十三陵游览区西北约4公里，这里景色迷人，交通便利，四面环山，树木繁茂，素有“京北小三峡”美称的“碓臼峪自然风景区”就在村域内，民俗村内建有浅滩戏水场、篝火晚会场等配套服务设施。这里盛产樱桃、杏、桃、柿子、山里红等多种果品。随着季节变化，您可以尝到上百种山野菜和农家饭，是休闲度假的好去处。

□ 碓臼峪自然风景区：景区是在1.3亿年前北京地区发生的那次强烈地壳变动中形成的花岗岩体，经过这1亿多年的风化、侵蚀、雕塑而成。风景区里有崎岖多姿的3公里长沟，遍布奇花、异草、峻峰、怪石，有着浓郁的“野趣”，很少有人工开拓的痕迹。景区内两侧山石壁立，一水中流，故有“京北小三峡”之称，风景区分“琴曲迎宾”、“高峡平流”、“金峡览胜”、“龙潭幽谷”等奇妙景观，一线贯穿50余个景点，景区里的空气净化度为北京一级。

□　碓臼峪村名的由来：相传大宋勇将焦赞率兵北上抗辽，路经此地，军士饥饿难忍，焦赞便用手中宝锏以石制成臼，采崖边荆子舂碾，取金峡岩上松柴，舀龙潭清泉煮食，供军士充饥，后大败辽兵。从此便有人开始借此石臼效之，不料臼底之米取之不竭，奇闻传出，一时到此舂米者不断，有人开始大量制造碓臼，碓臼峪便由此而得名。

路线提示

自驾车→

从北京马甸桥上八达岭高速—昌平西关（13C出口）下高速—十三陵—长陵左转—泰陵左转—碓臼峪自然风景区下（可电话联系）。

公交车→

北京德胜门乘919路郊区车（全高速空调车，6元），在昌平南大街下车往后（西）走到十字路口，到南北向大街的路东等车，换乘昌平5路（绿色，3元）公交车直达。

游玩攻略

一天游玩攻略：

周六一早出发，上午的时候即可到达。可先在村子周围小转一下，选择一家能做烤全羊的农家院，中午饱餐一顿（来碓臼峪村不吃农户自家放养的烤全羊可是一大遗憾）。稍事调整即可进入碓臼峪风景区游玩，逛完四大景观即可返城。

一天一夜游玩攻略：

周六一早出发，到达之后可以先安排好住处，然后白天去风景区游玩。傍晚的时候回农家吃烤全羊，夜宿农家院。一早起来可以重上碓臼峪，早晨峪里别有一番风味，而且是最好的摄影时间，玩差不多了回农家吃上一顿纯天然的农家饭，上午返城。

消费报价 //

普通间（双人、三人、多人）：15元/人

标准间（双人、三人）：50—100元/间

火炕间：50—100元/间，15元/人

重点推荐 //

碓臼峪村：

鑫淼园农家院

农家院落宽敞明亮，集食宿、娱乐为一体，有垂钓鱼池可以垂钓，门前大片树林在炎炎夏日是避暑乘凉的好地方。距碓臼峪风景区仅几分钟的路程，在这里春可赏花，夏可避暑，秋可采摘，冬可踏雪，是您出城游玩的首选之地。农家院的服务宗旨是：顾客至上、服务第一。真诚地邀请全国各地的朋友到这里做客，在这里您可以吃得放心、住得舒心、玩得开心。

联系方式：王爱国　010-89721231　13691171033

爱玉农家院

位于碓臼峪村，距景区仅百米之遥。环境优美，设施齐全，交通便利，主人热情淳朴，饭菜实惠美味，床单被褥一客一换，对于那些厌倦了都市生活，想要放松身心的游客来说，这里绝对是一个天然的散心场所。

联系方式：尚爱玉　010-89722378　13520512023

下口村：

丰益农家院

位于下口村。集食宿、娱乐为一体，客房干净整洁，住宿设施齐全，主人热情淳朴，饭菜地道实惠。出城到碓臼峪游玩，这里的农家院是游客的首选之地。

联系方式：徐淑兰 010-89721875 13436913895

金红农家院

下口村大棚旁边一条已经铺设好的山路直通这个农家院，在这号称为天然氧吧的自然风景区当中犹如一颗闪耀的明星。院内设有大型停车场地，设施齐全。身处碓臼峪的风景之中，可以让人忘却烦恼，回归自然。

联系方式：张雪芬 010-89721335 13146206721

湖门村：

银山庄度假村

位于银山塔林景区的湖门村，素有京北乔家大院之称。可览胜景，可赏古韵，可登山，可拾野，可聚会，可借景。可以体味旧时大宅门的家治家怡，亲身感受华夏民俗的古风古韵。宜今宜古宜风雅，半耕半读半经庐。

联系方式：陈山虎 010-89725640 010-89725643（传真）13911617698

小宫门村：

昌平华林苑度假村

位于十三陵风景区的小宫门村。南临凤凰山，东临骆驼山，风景宜人。您在度假村内或漫步在林荫路上，竹影婆娑，有种置身于世外竹园的感觉。白天可以爬山、采摘、周边探险；晚上可以静静地坐在竹楼品茶、聊天。

联系人：王尤恩 010-89762700/2556 13581879734

体验报告 ///////////////////////////////////////

交通状况：★★★★★

按理说碓臼峪村离北京不远，认识路的话一个多小时即可到达。对于初次前去的游者而言，可先和农家院联系，之前确定好线路，省掉很多麻烦。

景点特色：★★★★☆

这个风景点目前名气不是很大，虽开发不久，却算得上原汁原味。景点最大的特点是给人的感觉很柔和，小山小水，野趣颇多，可以说风景很有亲和力，让人可以全身心地放松，同时对于喜欢摄影的朋友而言是最合适不过的拍摄地了。

住宿条件：★★★★☆

景点食宿的性价比较高，食宿标准每人每天约40元左右，比较干净，尤其淳朴的农家院主人给的饭菜分量特别足，烤全羊味道很正宗。

愉悦程度：★★★★☆

完全亲近大自然，体会山水之间、野花点缀、河鱼浅游，让人感慨放松的感觉真好！不过景点略有点单调。

温馨提示：

1. 碓臼峪7、8月间是水源最充沛的季节，最适合摄影观景，而在每年的8、9月份，山上果实累累，游人可以免费采摘，想体会丰收感觉的朋友可选择8、9月份前来。

2. 住在农家院，可以拿到景区优惠门票。

八　门头沟区

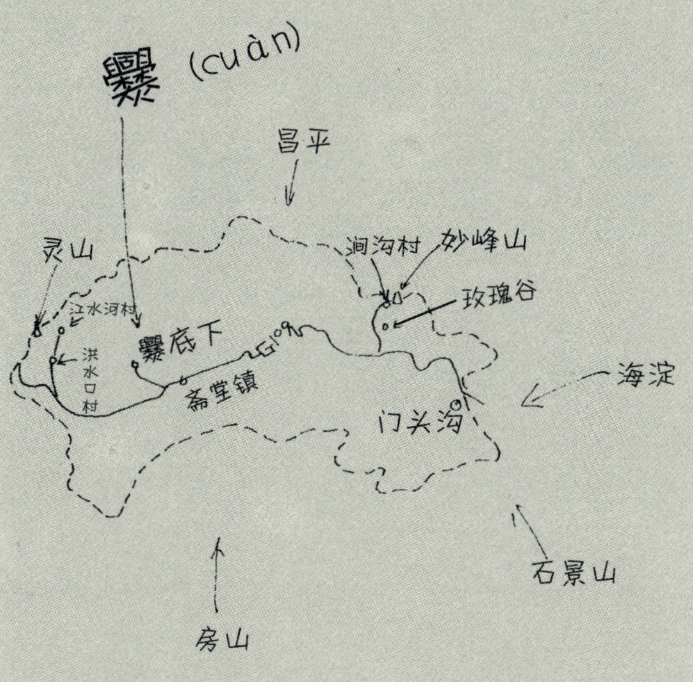

灵山

古老的辘轳

爨底下村

夔底下
一线天

1. 灵山

8.1.1

洪水口村——

神龟横卧灵山古道

关键词》》》》》》

灵山古道　避暑　爬山　垂钓

■　这个村子据说是曾经被作为泄洪的一个口子，因此得名洪水口。这个地方位置险要，如果您打算去灵山的话，这里有一条灵山古道，是必经之路。

■　临出发之前在网上找了几张洪水口村子的照片，来源不详，众说纷纭，只是看到其中一张的时候，我突然觉得这个地方我一定要去，因为照片里显示出来的那房子的样子，分明就和我小时候每次上学路上必须要经过的那些宅子一模一样，斑驳的土坯墙，人字型的屋顶，因为经受了太多的风吹雨打而变得颜色不一的瓦片上，长满了一层绿色的青苔。木制的门框上不知在什么时候刷上了深蓝色的油漆，每天被太阳赤裸裸地晒着，那么多年，终于龟裂出一道道的裂纹，沿着木头的纹理，剥落成一片片卷曲的皮肤。门口有一颗老槐树，冬天到了，除了黑色的树干和枝丫，已经看不到任何树叶，带着倔强的黄色表情固守着，剩下的只是一道道横七竖八的黑色线条。那张照片拍得很颓废，但是却又让人觉得是一种安静而且不忍进去打扰的美。我想我大概是老了，总是对这些很容易唤起记忆中某个情节的物件备感兴趣。

■　此行的目的主要是为了上灵山，只不过通往灵山主峰的道路没有我之前想得那么简单。仔细地权衡了一下，我决定在洪水口村中的农家院里留宿，听听老人们给我念叨以前的老故事，尝一下这里的野味，好好休息，在逃离喧嚣之后这份难得的清净里，睡一个长久以来不敢奢望的好觉，然后早早地起床，准备第二天对灵山的冲锋——爬山，这应该是一个人所有的经历中最接近我们祖先的一种活动了。在一片不熟悉的环境中，树林，或者草甸，周围传来不知名的鸟的叫声，有野禽从路旁的灌木丛中突然出现，看到陌生人又像是受了惊吓一样转瞬消失，不靠缆车，只凭双脚，去爬一座其实并不高的山峰，这就是我的脑海中基于我的现状所能勾勒出来的最美的事情了。

村里的事 ////////////////////////////////////

□　洪水口位于门头沟区齐家庄乡北10公里处，它在灵山南麓峡谷中，是去灵山的必经之地。村里风景青山如画，碧水长流，明代长城，分布其间。这里的山珍观光园：猕猴桃、山葡萄、山楂、海棠供人采摘；“山乡风情一条街”明码标价的小商品供人选购；家庭养殖的山鸡、野兔、柴鸡蛋供人尝鲜；游人可进行游玩、垂钓、游览聚灵峡风光，还可采集山野果、山蘑菇。

□　该村距灵山10余公里，乘车20多分钟；据百花山20公里左右，乘车半小时左右；距龙门涧20公里左右，乘车半小时左右。以上三景点均属自然景点，周围的其他景点有灵山自然风景区、龙门涧、百花山自然保护区、小龙门森林公园。沿聚灵峡古道步行12公里还可直达灵山峰，是游览灵山的又一条新道。

路线提示

自驾车→

北京西五环晋元桥沿109国道前行至双塘涧，右转灵山景区内洪水口村。

公交车→

929路公交车支线从苹果园地铁站发车到双塘涧下车，打车（20元左右）至洪水口村，买门票方可进灵山（门票35元/人）。

公交车苹果园发车时刻表：7:00、9:20、11:50、13:50、17:10

游玩攻略

常规的自助游，时间充裕的情况下，可以把第一天用来熟悉周边的状况，在村子里采风，或者到不远的山上游玩，然后品尝一下地道的农家菜。洪水口村可以垂钓，尝一下自己钓上来的鲜鱼，应该是一种极好的享受了。如果是团体出游，晚上可以玩篝火、放烟花，或者提前休息。山区的温度要明显低于市区，要注意保暖，养精蓄锐准备第二天的活动。

第二天主要用来攀爬灵山。灵山的海拔并不是很高，步行或者骑马都可以，但是上山不宜骑马，因为风景很好，一路上可以拍照。如果是穿越的爱好者可以尝试一下不同的路线，前提是保证安全。可以参考“江水河村”的游玩攻略。

若是时间不够充足，可以把时间压缩，主要用来在灵山上爬山穿越，取消在农家的具体活动，上午到达，下午返回市区。时间虽然不能保证在山上看齐所有的风景，但是用做简单的爬山或者放松还是来得及的。

消费报价 ////////////////////////////////////

普通间（双人、三人、多人）：50元/间，15—30元/人

标准间（双人、三人）：80—150元/间，40—80元/人

火炕间：20元/人

重点推荐 ////////////////////////////////////

京西旅游农家院

农家院交通便利，院落坐落在灵山景区内，炎炎夏日的夜晚还需裹被而眠。消夏避暑，这里是最合适的地方。北京市领导曾在2006年9月到农家院调研、参观，足见其样板意义。

联系方式：杜宏兰　010-61827588　13717875599

农家旅馆饭店

农家院依山傍水，风景秀丽，有自种蔬菜，果树成熟季节可以采摘，主人热情淳朴。小院干净整洁，集食宿、娱乐为一体，周遍景点众多。农家院可派车免费接送到灵山景区门口，交通便利。

联系方式：杨玉亮　010-61827322　13241690571

体验报告 ////////////////////////////////////

交通状况：★★★★☆

洪水口村地处灵山景区内，有旅游车直达，自驾游或者背包族乘公交车出行则需要费一些周折。

景点特色：★★★★★

灵山的海拔不高，但是能够体现出气候随着海拔不断变化的迹象，山上的风景秀美，适宜拍照、散心、穿越，由于海拔和植被的关系，夏季气温要明显低于城区，适宜避暑。

住宿条件：★★★☆☆

当地环境优美，空气清新，适宜居住。农家院的住宿条件略显简单，但能满足基本的食宿需求。

愉悦程度：★★★★☆

能够近距离地感受人与自然之间的默契，爬山、垂钓，都能舒缓身心，让身体和精神都得到很大的放松。

温馨提示：
由于高山低温，游客夏季登顶，需穿长袖衫、带雨具，其余季节需穿厚棉服类服装。灵山景区有军用大衣出租，10元/件。秋季灵山旅游，最好带上一件厚外套，山上的白天、夜晚都很凉。灵山景区内有一个叫做“韭菜坡”的地方有蝮蛇出没，游客应多加注意。

8.1.2 江水河村——牦牛隐匿白桦林

关键词》》》》》》

百草甸　藏族风情　避暑　骑马

■　西藏特殊的地理位置和独一无二的人文风景决定了这个地方会成为一个符号，代表着纯粹的精神回归，纯粹的自然，还有纯粹的虔诚，对于神明的膜拜，以及那干净的空气和看似触手可及的天空带给人味觉和触觉上的震撼，所以我很是能够理解为什么生在西安的郑钧要用他那独特的声音高声地唱着《回到拉萨》。只是，那地方看起来总是遥不可及的远方，火车、自驾，或者步行去西藏，听起来是振奋人心的事情，做起来却发现举步维艰。

■　如果我和您说，北京也有一个西藏，您会用什么样的表情来回答这个说法？那里有牦牛、有草甸，夏天的时候您甚至能在这里欣赏到雪景的风光。虽然看不到布达拉宫的铜墙铁壁，但是您依然可以感受到在湛蓝的天空下愉悦呼吸的畅快，有山谷、有清涧、萧索的白桦林里是冷冷清清的空谷足音。如果您是一个背包客，那么这条路线足以让你不停地更换胶卷、更换电池，因为无论是这里的风景，还是人情，都会让您觉得这是一块天生用来使人安逸、让人忘记忧愁的地方，这个村子叫做江水河村。

■　自己曾经羡慕山中居士的淡泊宁静，憧憬着那种闲云野鹤的日子，总以为是那样随适、潇洒，总想拥有那种闲看庭前花开花落，漫随天外云卷云舒的恬静，过一种隐逸的生活。不过，在这个村子里住了几日之后，就会察觉，真正到了这个环境之中才发觉自己是错的，一个过惯城市生活的人如何耐得住这份孤独和咬噬人心的寂寞呢？只这荒寒的山谷，这冰冷的涧水就足以把我的热情扑灭了。陶渊明的“采菊东篱下，悠然见南山”固然令人向往，可谁又能体会“种豆南山下，草盛豆苗稀。晨星理荒秽，戴月荷锄归”的辛酸呢？我毕竟是个俗人，毕竟脱离不了这由人组成的社会，到如今才发现它是如此的令人流连。

村里的事

□　江水河村位于灵山景区中心，是北京最高居民点。这里不仅有北京最大的云杉古树、地势最高的寺庙、最长的高空索道，而且有北京唯一饲养牦牛的牧场，有国家一级保护动物——褐马鸡，有北京最高的饭店——灵霄饭店，拥有北京最大的高山草甸和独特的风土人情、民俗语言。

□　孟姜女哭长城的故事在中国北方几乎妇孺皆知，哪里有长城，哪里就流传着孟姜女的故事。在人们的印象中，位于山海关以东的长城之首老龙头，扎根于渤海之中，挺立于风浪之下，周围有很多与孟姜女有关的传说与古迹，望夫石、姜女庙、换衣亭等等。无独有偶，灵山上亦不乏孟姜女的传说。灵山主峰边侧有个山疙瘩，叫流泪疙瘩，传说是孟姜女哭长城的地方，山疙瘩是姜女的眼泪凝结成的。相传江水河原名“姜水河”，由姜女哭城时泪流成河而得名，灵山上有个沟叫范坟沟，相传姜女哭倒长城后，从城墙里寻得其夫范喜良的尸骨，埋在此处，如今白石垒起的坟包就是范家坟。

路线提示

自驾车→

北京西五环晋元桥沿109国道前行。北京至灵山风景区，单程122公里，自驾车需要3小时左右。路线：北京阜石路—门头沟三家店—下苇甸—雁翅—军响—斋堂—清水—齐家庄—双塘涧—江水河—灵山风景区。一路有路标，或电话咨询。

公交车→

929路公交车支线从苹果园地铁站发车到双塘涧下车,至景区16公里。

苹果园发车时刻表：7:00、9:20、11:50、13:50、17:10

游玩攻略

江水河村处于灵山景区内，方便出行。

在灵山除了常规自助游之外，如果装备准备充分的话，还可以以穿越、露营的方式在这里进行户外活动。许多户外爱好者会选择从灵山中心景区的灵云彩屋度假村后面往山顶走，通过草坪、原始次生林、白桦林、高山草甸，最后到达五间房景点，全程徒步约1.5—2小时，途中可观赏到白桦林、野牦牛群、五间房的金莲花、野罂粟花等多种高山花卉。

如果想骑马，江水河村口有许多私人马夫在那里招揽生意。租骑方式是分段骑乘（往山下走，而不是往景区内的山上走），价格从50—150元不等；第二处在灵山中心景区西北面草甸上的跑马场，有正规的骑乘场地，价格约100元/人。运气好的话，不用去新疆，在灵山也可以骑到纯种伊犁马。

消费报价

普通间（双人、三人、多人）：40—100元/间，10—40元/人

标准间（双人、三人）：60—150元/间，50—80元/人

重点推荐

好再来农家院

位于北京之巅，是京城少有的避暑胜地。这里有牦牛、奇花异草、草原风光，还有美味的内蒙古烤羊和各种山珍美味。您还可以参加西藏风情节，感受西藏的风土人情。客房可无线上网，工作休闲两不误。

联系方式：闫京科　010-86040285　010-61827953（传真）

13641372108

高峰饭店

位于门头沟灵山景区灵山脚下江水河村，灵山停车场往南500米

左数第一家农家饭店。是去景区必经之地，距离景区非常的近。农家设有停车场，是一家集食宿、娱乐为一体的综合性饭店。背倚灵山山脉，交通便利，气候宜人，堪称避暑山庄，且主人热情纯朴，饭菜地道实惠，客房干净整洁，如您出城游玩选择高峰饭店，定会不虚此行。

联系方式：吴邦燕　010-61827932　13683098751

体验报告

交通状况：★★★★☆

江水河村位于灵山景区之内，有直达景区的旅游巴士，乘公交出行须在中途打车。村子海拔较高，交通受到影响，但总体来说，出入比较方便。

景点特色：★★★★★

江水河村的独特风景就是这里的藏族风情，在这里可以看到活生生的牦牛，在无法到达西藏的时候，可以在这里亲身感受藏族的风景。

住宿条件：★★★★★

江水河村是北京海拔最高的居住点，绝大多数来灵山旅游的游客都选择在这里留宿，如果赶上旅游旺季，甚至要提前很长时间预定。环境优美，适合休息。

愉悦程度：★★★★★

天高云淡的感觉，还有遍地的绿草，可以肆无忌惮地骑在马背上感受驰骋的快感。

温馨提示：

1. 沿途公厕较少，农家的厕所不是太干净，要有思想准备。
2. 沿途有芹峪口公安交警检查站。灵山灵云彩屋度假村有医务室。
3. 建议随身携带手电筒。景区不准吸烟，不准野炊，违者罚款。

2. 爨底下

8.2.1

爨底下村——

穿越明清500年的光影留痕

关键词》》》》》》

四合院　明清古宅　红色教育　古城　采风

■　“爨”：我在第一次看到这个字的时候有些窘迫地问：这是个什么字?

■　如果不是听说了这样一个村落，恐怕我很难找到一个合适的机会去亲身站在传说中的四合院里面，感受这砖、这瓦、这门、这窗、这泥土、这影壁墙、这门槛、这台阶，这里的所有元素所散发出来的悠远气息，一点一点地从500年前，就在这个村落刚刚建立的时候，飘过了万历、崇祯，飘过了康熙、乾隆，飘过了那耻辱的战争和混乱的年代，又飘过了20年前、10年前，一直飘到现在，轻轻地覆盖在我当时站在天井中的身体上，让我觉得我似乎和当时的那些工匠们在神交，于是我感觉到了这屋檐上端坐的兽，这窗纸上黏着的花，这花坛里芬芳的泥，这台阶上青色的砖，一点一点地拼凑、集合，慢慢地形成了我现在所处的这房屋，这院落，这间抬头就可以看到湛蓝天空的四四方方。

■　阳光灿烂，树影婆娑，500年前的这样一个白日里，这些光影是不是也曾经如他们现在在我眼前这样，变幻给另一个注意他们的人看？这样不停地晃动？还好还有这样的一块地方，可以允我进来，不用担心去打扰到别人，也不用担心会被别人打扰，完全就沉浸在这曾经在脑海中无数次想象过的建筑里面。中国的建筑，只讲究土木，所以有一种源于自然的天性，然而随着我们建筑手段和科学技术的发达，越来越多的非自然物融入了我们的住所中，这些东西是非自然的，他们甚至还在破坏着自然，房屋不再像是房屋，而是越来越华丽，但是栅栏也越来越紧凑的牢笼，那些古时候的智慧和大气，也只有在古时候留下来的东西里才能找到了。

■　穿梭在这片建筑群中，那种静谧无言的气氛，仿佛时光流转。每天的光影都随着太阳的移动在地面上划出类似的轨迹，年复一年，这些看似无形的东西其实也在这座古老的建筑里留下了痕迹，只是，我们无心去看，便看见了，假如定睛观看，反而不见了那些痕迹的踪影，这些穿越了500年的光阴的影子，在它们的整个生命里大概还是顽童吧，于是，调皮地在我们的眼前晃动，捉摸不得。回头再看那些实物，漂亮的雕花飞檐，精巧的窗棂灯影，那高大的灰青色的墙，紫红色的瓦，整个人刚刚从影子的幻想里慢慢地挣脱出来，又慢慢品味进去，醒了醉，醉了醒，欲辩已忘言。

■　这个地方，大概只有梦里才能真正来过吧。

村里的事 //////////////////////////////

□ 这里已经有500年的历史，相传该村祖先是明朝永乐年间由山西迁移至此的，建立了这座韩氏家族聚居之地，这里曾经是京西古驿道上繁华的商品交易客栈，也曾是兵家必争之地。经历了数百年沧桑巨变的爨底下村，依旧保持了原始的建筑风貌。

□ 爨底下村位于北京市门头沟区斋堂镇，距离北京市区90公里。村里现存近500间、70余套明清时代的四合院民居，其结构严谨，错落有致，布局合理，建筑风格既有江南水乡的清秀风韵，又有北方高宅大院恢弘的气势。从那些石墙山路、门楼院落、影壁花墙上，仍能看出当年的精工细作。灰瓦飞檐、石垒的院墙凝重厚实中透着威严，恬淡平和中积淀着深厚的文化。如今，这里吸引了大量的摄影爱好者，也成了习画之人写生的基地之一。

□ 爨底下村还有一个称呼——京西布达拉宫。这个美誉的得来是因为整个村庄高低错落，看似古堡又似山城，用彩色石板铺成的小巷，曲径通幽。站在对面的山头上看这个村子，分明就像是拉萨的布达拉宫被凭空搬运到了京西，只是尺寸小了许多。

路线提示//////////////////////////////

自驾车→

沿109国道至西斋塘前方有爨底下的牌子，直走即到。

公交车→

1. 北京苹果园地铁站乘坐929路公交车支线到爨底下村（早7:30—12:30）全天两班。

2. 929路公交车支线至斋堂下车,打车去爨底下村(约6公里)。

游玩攻略 //////////////////////////////

一天一夜游玩攻略：

方案A

周六上午到达，安顿好后可以在村里逛逛，穿梭在古宅院落中，最适宜的玩法是摄影，甚至有些玩家就是为了摄影而来此的。中午可以饱餐一顿地道农家饭，推荐菜品：侉炖鲤鱼、焖酥鱼、柴鸡炖山蘑。运气好的话，可以吃上真正野味的山鼠，光尾巴就有一尺长。下午爬山，可去一线天、娘娘庙、关帝庙。晚上在月光如洗的小院里发呆、闲聊，或者看看久违的满天星。北京城虽然离此不到百公里，但完全是两个世界！周日一早返城。

方案B

周五天黑前到达，第二天一早上山，日影在山坡上变化的效果，特别适合摄影。下午游村落、返城。

两天一夜游玩攻略：

采纳方案A的，若周日意犹未尽，可前往附近的百花山或珍珠湖或斋堂水库，再玩一天。

消费报价

普通间（双人、三人、多人）：50—80元/间，15元/人

火炕间：15元/人

重点推荐

爨韵客栈23号

主人的一手好厨艺和老实人的经营之道，使客栈的生意蒸蒸日上，现已成为爨底下村接待能力最大的农家客栈之一，成为很多官员和导演的下榻之处。

联系方式：韩怀英　010-69819788　15910260575

如意客栈

客栈布局合理，建筑风格独特，做工精细，砖雕、石雕、木雕孕育着古老的民族文化。曾有潘长江、张国立、葛优等明星下榻。

联系方式：杜蒙　010-69818152　13716151638

体验报告

交通状况:★★★★☆

爨底下村名声在外，但地理位置稍显偏僻。

景点特色:★★★★★

保留良好的明清建筑，经常被选做影视剧的外场，除了电影《手机》之外，《投名状》也是在这里取的外景，自然会让人觉得不虚此行。

住宿条件:★★★★★

如果您不是北京人，或者您是曾经在四合院里成长起来的北京人，那么您有没有想过自己在古老的、久违的四合院里入睡是一个什么样的情形？环境安静、卫生，可以近距离地触摸这些老建筑。

愉悦程度:★★★★★

无论是想看好的风景还是想体会一下古老的四合院文化，这里都是一个绝佳的好去处。

3. 妙峰山

8.3.1

涧沟村——

玫瑰花开，佛前一炷青香祈如愿

关键词》》》》》》

祭祀祈福　樱桃采摘基地　庙会　玫瑰　娘娘庙

■　您见过种满玫瑰的玫瑰花园吗？就好像小王子刚刚来到地球上的时候所见的那个开满了玫瑰的花园一样，红色的花蕾，在枝头含苞待放，那种像海一样壮阔的红，远比之前见过的任何浪漫的求婚场面中出现的红玫瑰都要让人震撼，而且这些花朵在被园艺剪剪下来的时候，是纯净的，不属于任何人，不代表任何一个人对他（她）的爱人的思慕和爱恋，而是纯粹地代表着爱情，这个自古以来让人觉得奇妙到无法言说的事情。

■ 涧沟村的玫瑰，名声在外，甚至为这个村庄赢得了一个“玫瑰谷”的雅号，如果您对自己的爱情有所期盼，不如就到这个玫瑰和庙宇同在的地方，用一颗虔诚的心来祈祷自己能拥有一段美好的姻缘。

■ 吸引众多游客到此观光，还不仅是妙峰山美丽迷人的风光和玫瑰，在海拔1000米的峰顶，有一座远近闻名的娘娘庙。娘娘庙始建于明末，清康熙二十八年（1689年）以后，香火逐渐兴旺。自清朝延续到民国，300多年间，每逢农历四月初一至十五是这里的开庙日，届时，佛号钟声，晨昏不断；烛光香火，日夜不绝。近年这里的香火重新点燃，文化庙会、花会、茶会均在此举行。景区还有不少古代建筑，如：长廊、灵官殿、连心亭、半山亭、玫瑰亭、童子亭。自然景观有：猿人石、久吻石、一线天、飞来石、舍身崖等。千年的古松遍布景区，10月的红叶鲜艳夺目。

村里的事

□ 妙峰山自然风景区位于北京门头沟区的北端，永定河以东，是北京小西山风景区的一部分。妙峰山有木本植物600余种，是个天然的植物园。除玫瑰花外，丁香、杜鹃、茉莉、金针此开彼落，形成四面有山皆如画，一年无日不看花的特有景致。主要景点有仰山栖隐寺、滴水岩、末代皇帝溥仪的外籍教师庄士敦别墅、红樱桃山庄、玫瑰仙苑等。

□ 妙峰山最迷人的是它的金顶玫瑰。妙峰山的土壤、水质、气候条件等自然环境十分适宜玫瑰生长，种出的玫瑰花朵大，颜色艳，香气浓，出油率高，在我国北方极为少见，被誉为“华北一绝”。在妙峰山海拔800米以上的台地、缓谷中，聚集了大量玫瑰，特别是主峰东南的涧沟村一带尤为兴旺。妙峰山的玫瑰园面积达数百公顷，历史悠久。每年6月，玫瑰花开，漫山遍野的各色玫瑰娇艳浓烈，整个山谷如同一个温柔乡，飘溢出沁人的芳香。可谓山为佛生景，佛为山增色。

路线提示

自驾车→

北京阜石路向西—门头沟—109国道—担礼—妙峰山牌楼—向北到妙峰山。

公交车→

地铁苹果园站乘坐981路、929路公交车到丁家滩下车，步行或打车（30元左右）到涧沟村。

游玩攻略

早晨出发，正常情况下在路上经过3个小时左右可以到达目的地。中午可以在涧沟村农家院吃一顿农家饭。下午爬山，主要目标是娘娘庙，玫瑰园在娘娘庙西侧，单独收费，上山可以拍照，购买一些当地特有的产品，如玫瑰酱、玫瑰饼等。在娘娘庙进行参拜，之后下山，按照原路返城。

如果想要玩得更尽兴可以安排出两天的时间，第一天主要是从市区到达涧沟村之后的修整，以及对于周边一些景点的粗略欣赏，可以看一下当地对于玫瑰的开发利用，购买一些纪念品。第二天早起，爬山，因为时间足够充裕，可以慢慢欣赏路上的风景。中午可以在山上野餐，不过要保持环境卫生。3点左右下山，收拾东西返城。

消费报价

普通间（双人、三人、多人）：50—120元/间，10元/人

标准间（双人、三人）：60元/间，10元/人

重点推荐

大四合院农家院

妙峰山景区唯一一家保留古老建筑风格的农家大四合院，传统的大土炕欢迎来自四面八方的客人。

联系方式：吴凤林　010-61882918　13716031655

体验报告

交通状况：★★★★☆

公路交通发达，公交车出游的景区附近有站点，乘坐当地的出租车可以很便利地到达，如果是自驾游，则更为方便。

景点特色：★★★★☆

估计大多数人都没有见过玫瑰长在地上的时候是什么样子，所以，玫瑰园之行很让人期待；不过因为有庙的缘故，旺季的时候可能会有很多来上香的人，想不被打扰地游览，可以考虑选择淡季。

住宿条件：★★★☆☆

环境优美，卫生良好，比较适合休息。

愉悦程度：★★★☆☆

当地风景优美，由玫瑰开发出来的各种产品是当地的特产，可以留作纪念。唯一的不足是旺季的时候人会比较多，可能会影响游玩的兴致。

温馨提示：

1. 每年5月底到6月底的一个多月时间里是妙峰山玫瑰花盛开的季节，在这里有用玫瑰花制成的特色食品，可以在景区内买到，包括玫瑰酱、炸玫瑰、玫瑰黄芩茶、玫瑰饼等。
2. 观赏玫瑰的最佳地点是玫瑰园，就在娘娘庙顶的西侧，值得注意的是这里是单独收费的园区。

九　海淀区

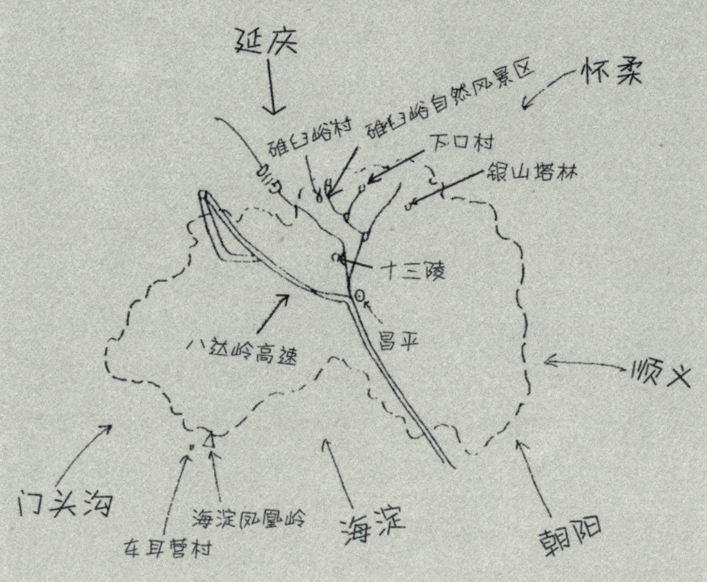

凤凰岭
景区

1. 凤凰岭

9.1.1
车耳营村——
摘果东篱下，悠悠见西山

关键词》》》》》》

采摘（油桃、大樱桃、红黄白杏、葡萄、桃、苹果、冬枣、板栗） 垂钓 爬山

■ 小时候曾经看过这样的年画：一棵青松，上面站立着两只仙鹤，旁边的字样是篆书的“松龄鹤寿”。那时候并不懂得这话的意思，后来慢慢地开始明白其中的韵味，只是总是怀疑松树作为长寿的代表意义之所在，连黄山的迎客松最终也会因为寿命的缘故不得不寻找替身，松树的长寿又能体现在什么地方？这种不屑的念头直到我看到车耳营村口的那棵千年古松的时候才被彻底地打落。车耳营村口的关帝庙和它门前的1600多岁的迎客松，现在几乎已经成了这个村子的招牌。这棵古树形态优雅，如果从不同角度来欣赏，甚至能看到龙、凤、鹿等吉祥物造型，因此被称为“福寿禄迎客松”，更令人惊叹的是这棵古树根系庞大，其树根从地下横穿马路，穿过蓄水池，直接延伸到数百米以外的山涧中，也算是世间少有。直到看到这棵树的时候，我才真正地明白为什么古人要以松树来代表长寿了。

■ 在这样的村庄生活着一定是很惬意的事情了，如果不是因为地处西山境内，我真的要怀疑陶渊明的“采菊东篱下，悠然见南山”是不是指的就是眼前的这个村落。据说村中本来还有一个北魏时期的千年古佛，只是1998年的时候被分割着偷走了，后来虽然案子得以告破，但一来佛像被拆分，二来国家考虑到车耳营村的保安状况着实不够专业，所以就没有把佛像放回村子。车耳营的村民因为祖祖辈辈地守护着这个佛像，也被这个佛像守护着，曾经有几百名村民联名上书，请求国家能够重新把佛像放回村子，然而这一愿望最终还是没有得以实现。同时，车耳营村也因为这件文物大案名声大噪，慕名而来的媒体和游客越来越多，渐渐地形成了固定的游客群，这也算是塞翁失马，焉知非福的现实版本了。

■ 也正是因为佛像的丢失，车耳营村开始重点建设当地的交通和住宿情况，由于地处凤凰岭景区，景色优美，而且当地的果木种植比较普遍，渐渐地开发成现在的样子。这样的过程想来有些黑色幽默，丢了佛像，却开发出了当地的旅游价值，当环境改造得适合保存佛像的时候，却又找不来真品，只好仿一个赝品放在这里，以表示慰藉。

村里的事 ////////////////////////////////////

□ 车耳营民俗旅游专业村位于凤凰岭自然风景区南线。从颐和园或万泉河路往北沿京密引水渠、颐阳路，从八达岭高速北安河

出口走北清路均可到达，是离北京市区最近的民俗旅游接待村。

车耳营全村共有农户86户308人，土地面积3000亩左右，其中可耕面积700亩，以种植果树为主，品种包括油桃、樱桃、杏、李子、久保桃、葡萄、酸枣、苹果等，绿色植被覆盖率达95%以上，空气清新。

□ 车耳营村旅游资源丰富，能满足游客吃、住、游、娱、赏多种旅游消费需求。

吃：有味道纯正、营养丰富的虹鳟鱼、炸飞蝗、农家贴饼子、菜团子、绿色无污染的山野菜、土鸡土鸭等金宏苑山庄精心研制的农家菜品。

住：有卫生整洁、风情浓郁的农家小院。

游：有历史悠久的北魏石佛、吕祖洞、关帝庙和雄伟壮观的金刚石塔，还可以游览毗邻的凤凰岭自然风景区。

娱：有水果采摘，相应季节可以摘到油桃、大樱桃、红黄白杏、葡萄、桃、苹果、冬枣、板栗等多种果品。

赏：有满园春色的千亩杏花，体验“人在花中走，落瓣空中飞”的闲情逸致。游客可在杨柳岸边呼吸新鲜空气，体验垂钓的乐趣，观看农户精心准备的扭秧歌、小车会等传统民俗节目表演。年轻的一族，还可以骑着自行车，在山间体验亲近大自然的清新舒畅。车耳营村空气中负离子含量为市区的150多倍，闲暇时只是去那里走一走对身体也是大为有益的。

□ 在车耳营村，“山泉水”养殖着虹鳟鱼，垂钓、烧烤乐趣无穷；水果就地采摘，既时尚，又新鲜；民俗旅游“农家乐”，在百姓家吃农家饭、住农家院、务农家活儿、交农家友，让游客体会到回归自然的情趣；登上凤凰岭，可观赏那奇峰、怪石、岩洞及优美的自然森林植物，领略那佛教、道教、儒教的养生文化内涵，聆听那辽金时期种种传说故事。

路线提示

自驾车→

1. 八达岭高速北安河出口—北清路到头右转—过海淀驾校—见车耳营民俗村路标左转即到。

2. 西三环沿圆清路—北清路—北清路到头右转—过海淀驾校—见车耳营民俗村路标左转即到。

公交车→

北京颐和园乘346路公交车到凤凰岭总站下车，打车到车耳营民俗村。

游玩攻略

因为车耳营村距离北京城区很近，所以比较适合单日游。早晨坐公车出发，抵达车耳营村之后，村内有北魏石佛、吕祖洞、关帝庙、金刚石塔等景观，毗邻凤凰岭，可以到该景区内爬山。当天即可返回，而且不用担心时间太紧张。如果想在当地留宿的话，车耳营村提供旅行住宿，入住农家院，第二天早早起床，可以体验一下农家日出而作的生活。

重点推荐

谭记农家院

车耳营村第一家农家院，院内设计古朴而典雅，室内装修干净而整洁，虽不豪华但设计精致，春可踏青，夏可采摘，院内有棵多年树龄的杏树。农家院的饭菜味美实惠，尤其是这里的野味，游客交口称赞。

联系方式：孟琳　010-62487513　13161032570　13146160021

凤凰岭樱桃山庄

山庄交通便利。占地10余亩，庄内绿树蔽日，嫩草如茵，是怡情养性的绝佳之地。窑洞风格的客房，冬暖夏凉。山庄饮用、沐浴全部使用天然泉水，而且还有自创火锅豆腐宴、全羊席。

联系方式：王杰　010-62469007　13901076099

住宿标准

普通间（双人、三人、多人）：50—120元/间，15—20元/人

标准间（双人、三人）：60—100元/间，30—50元/人

体验报告

交通状况：★★★★★

地处海淀区，属于北京的近郊，公交发达，自驾游的路线也简单，而且当地的基础设施建设很好，路况良好。

景点特色：★★★★☆

凤凰岭属于西山山系，冬天可以在这里欣赏仿造的西山晴雪，比不上香山的景点，但依然别有味道。

住宿条件：★★★★☆

车耳营村并不是一个靠旅游作为传统的开发项目的村落，大多数农家户都是后来建立的，因此房子都比较新，适宜短期居住。当地民风淳朴，村民待人热情。

愉悦程度：★★★★☆

因为距离北京市区很近，所以感觉十分方便，风景也很好，适宜人数较少的短期旅行。

十　天津蓟县

北

黄崖关长城
黄崖关村
九山顶
常州村
小平安村
大平安村
青山岭
平谷区
盘山
联合村
莲花岭
蓟县
毛家峪长寿村
翠屏湖
于桥水库

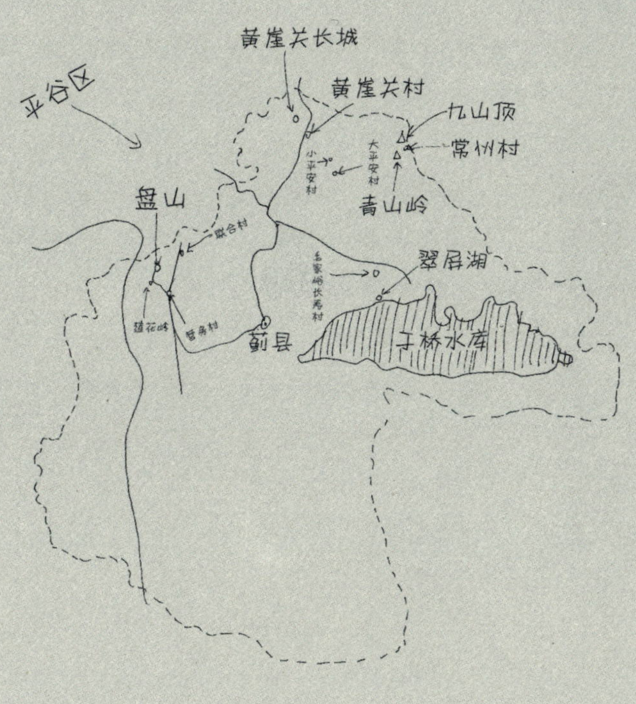

翠屏湖
九山顶

盘山
风景名胜区
次游历过的地方

青山岭
中上元古界
國家自然保護區
天津市人民政府
一九八五年九月 立
盘山
三盘暮雨

1. 翠屏湖

10.1.1

西山北头二村、东山北头村——

双村护翠湖如屏　涟涟水影显东山

关键词》》》》》》

翠屏湖　水上游玩　垂钓　水库鱼　快艇

■　见到翠屏湖，首先想到的是“海纳百川，有容乃大”这句话。翠屏湖仅仅是一个湖而已，但是狭长的湖面再加上两岸苍翠的群山，山水一色让人分辨不出哪里是山水的界线，恍惚中就完完全全置身于一片郁郁葱葱的水色之中了。我想翠屏湖的得名不是因为其紧邻翠屏山，而是因为湖水恬淡平静，映出群山的影子就像一个静止的屏风一样。而假如您花上几元钱，坐上当地的小船任由船夫荡开岸头，在一片泛滥开去的涟漪中驶向湖中心，伸

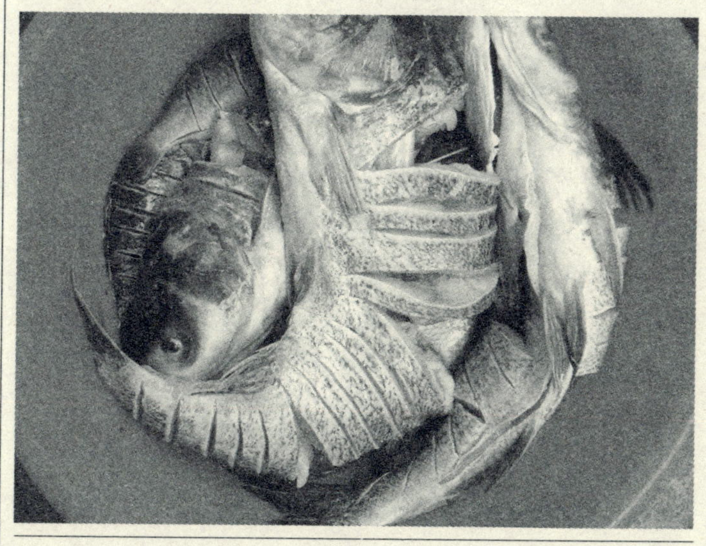

出手去捞起一把夏的清凉，就会切切实实地了解到这样的一方水为什么要叫“翠屏”了。

■ 在翠屏湖游玩以夏天最佳，这里的气温要比市区低3℃—5℃，清清爽爽的空气中拂去了紧张的压力，放松了全身的神经。白天的时候可以任意游玩各种水上项目，而到了晚上，湖边就热闹了起来，尤其在农家院饱饱地吃上一顿水库鱼，在夜色中回到湖边的沙滩上，光着脚丫踩在尚有余温的沙子上，用脚趾揉着每一寸细沙，有的游客已经迫不及待地下水游泳了，清凉的湖水会驱走人们一天的疲劳。游泳的时候一定要小心，没准在不经意的时候，会有一条大个的鲤鱼撞了您一下又急匆匆地从您手边溜走。

■ 有水的地方向来不缺乏山。而翠屏山绿树成荫，山上的果树常年挂有新鲜的果子——核桃、板栗、柿子、红果。在村子里，热情的老乡们会给您详细地介绍各种水果的习性和营养价值，会让您感觉原来吃个水果也是一门很大的学问呢。山有灵性，水有灵性，长出来的纯天然的果子更是有别于超市、市场上果子的味道。

村里的事

□ 从地图上看，西山北头二村和东山北头村分列于翠屏湖的东西两侧，位居京津唐三角地区的腹心地带，两个村子像是两名忠诚的守卫保护着翠屏湖，并且风俗和饮食相似，民风淳朴，可以说是家家临山，户户面水。

□ 两个村子空气清新，环境优美，交通便利，农家小院白墙青瓦，乡土气息浓郁；农家饭清爽可口，以山野菜和家常饭为主，绿色健康。游客可到田间采摘瓜菜，领略农家风情，亲身体验宁静、温馨的田园气氛，感受农家生活的喜悦和快乐，可以满足久居城区的游客渴望回归自然，放松自我的心愿。在这里，到了晚上，可烧篝火、烤全羊、跳舞、扭秧歌，尽情自娱自乐。

□ 翠屏湖：坐落在蓟县城东，又名于桥水库，是天津蓟县有名的风景区，西山北头二村和东山北头村是因翠屏湖而闻名，风景秀丽、群山环绕的翠屏湖水面宽阔，东西长35公里。翠屏湖盛产鱼虾，尤以金翅鲤鱼闻名天下，据《蓟县志》载："鲤鱼产于蓟运河者皆金鳞赭尾。"翠屏湖夏季气候凉爽，是避暑胜地；冬天，这里是滑冰、赏雪的理想场所。整个翠屏湖雪盖冰封，银装素裹，滑冰爱好者纷至沓来。

路线提示 //

自驾车→

南线：从北京八王坟出发，走京通快速、京哈高速，经三河县城直达蓟县县城 。

北线：从北京东三环出发，走京顺线，过顺义，走平顺线，过金海湖，前行到蓟县罗庄子乡王庄桥往右行，沿津围公路直达蓟县。

长途汽车→

四惠—蓟县：7:00—18:00，打车30元左右到达翠屏湖。

蓟县—四惠：8:00—17:00。

火 车→

K429 北京—蓟县南站：15:00—15:59，票价：11元， 打车30元左右到达翠屏湖。

K430 蓟县南站—北京：11:54—13:00，票价：11元。

游玩攻略 //

一天一夜游玩攻略：

周六一早坐车前往，建议先在车上吃点东西，约9点半左右到达翠屏湖景区。先去爬翠屏山，观赏山上清潭碧瀑美景，在山上俯瞰翠屏湖，别有体会。另外多照点相片。下山后去翠屏湖游玩，划船、垂钓、乘坐快艇。傍晚的时候去农家院吃农家饭，一定要品尝当地农户做的水库鱼。夜宿农家院。第二天一早去翠屏湖小转，上午9点返京。

两天一夜游玩攻略：

周六一早坐车前往，先去农家院安排好住宿，最好提前预约。第一天游览翠屏湖，游玩各种水上项目。傍晚的时候回农家院吃饭，品尝水库鱼。第二天一早去爬翠屏山，下午4点左右返京。

消费报价

普通间（双人、三人、多人）：20—30元/人

标准间（双人、三人）：60—80元/间，50—60元/人

火炕间：20元/人

包吃包住（三餐加一晚住宿）：50—60元/人

重点推荐

慧盈农家院

传统的民俗风情，纯朴悠然的农家小院，青山绿水的自然风景与精雕细琢的农家建筑浑然一体。站在小院前，翠屏湖景色尽收眼底，在这里有垂钓、划船、快艇和各种水上游玩项目。

联系方式：段宝双 022-82726602 13821900383

中意农家院

这里依山傍水，空气清新。可以垂钓湖里野生的大鲤鱼，味道鲜美。院内种植了各种新鲜蔬菜供您品尝。主人服务热情周到，饭菜可口。

联系方式：白雪飞 022-82727989 13662180103

体验报告

交通状况：★★★★★

走南线京通快速、京哈高速路比较快一点。由于位于天津，空间距离稍远。但坐车非常方便，乘坐火车一个半小时到达蓟县，顺利的话从蓟县出发半个小时即可到达西山北头二村。翠屏湖非常有名，因此比较好找，路况还不错。

景点特色：★★★★☆

翠屏湖、翠屏山是京郊旅游首屈一指的景点。翠屏湖水面宽阔，山水点缀，风景如画。一年四季，甚至一天早中晚各个时间，不同的天气，翠屏湖和翠屏山都各有风情。很多人不止去过一次两次，就是为了领略不同时节的山水美景。

住宿条件：★★★★☆

西山北头二村的农家院干净整洁，是典型的农家生活风格。村子距离翠屏湖约有十几分钟的路程，主人热情大方，水库鱼风味地道，农家饭菜新鲜丰盛，非常值得朋友们尝试一下。

愉悦程度：★★★★☆

在西山北头二村农家院，吃得可口，住得舒服，可以精神饱满地游山玩水，体会大自然的美景，游玩各种水上项目，非常放松尽兴。当然由于周末的时间有限，有些景点还没有来得及好好品味，稍微有点遗憾，因此我们相约有时间再去一游。

2. 九山顶

10.2.1

常州村——

天津第一峰，疑是南方景

关键词》》》》》》

九山顶　避暑　山货市场　地质考察

■　初见这个名字，细细捉摸会觉得不大对劲，这好像是江苏的一个县级市吧?而在前往探究的路上才知道，这个村名的由来很有一些“红色历史”，原来是抗战时期送情报时为了迷惑敌人，将北方的村庄按照南方的地名来起代号，于是“常州村”就这样叫了起来。带着一种钦佩、一种敬意开始北方的“常州之行”，游览了九山顶、小西天、神秘谷、步云桥，经历了山、岭、桥、洞，感受了鸟语花香、峰回路转等众多的野趣，不由得让人称赞

"天津第一高峰"的名不虚传。

■ 无论哪个游览胜地，风景中山水岭潭是必有其一，大自然好像一位心灵手巧的姑娘，把自己喜欢的地方或用山，或用水，或用岭，或用潭精心地装扮起来，假如一个去处四者皆俱，那这个地方无疑是大自然最为钟情的所在了，而常州村附近的九山顶自然风景区就是这个样子。"九山顶"在历史上由顺治皇帝钦点山名，是为表示皇家九五之尊和九九归一之意，并御封为清东陵的"太祖山"，列为风水宝地，200余年禁止外人出入。皇帝钦点的地方，风景还会差吗？先是神秘的老龙潭水深境幽，让人凉意陡生，再有就是天隧道、离俗桥、望佛台连接了整个景区的风景，直达主峰九山顶，而站在九山顶俯瞰四周，沿途的风景尽收眼底，还能看到战国时期的古长城，"一览众山小"的豪情油然而生。

村里的事

□ 常州村位于蓟县北部，属于下营镇管辖。所处位置西依北京，东靠唐山，南连天津，北接承德，是重要的交通枢纽。1942年，华北抗日的八路军在敌后进行战斗，递送情报时为了迷惑敌人并有利于隐蔽和保密，将联络站按南方地名起了代号，天津蓟县的"常州"便是其中的一站。在村子不远的地方有个国画岭，山腰背面有一处小平台，过去曾搭设过12个老八路的灶膛，是当年冀东抗日机关和八路军官兵"小米加步枪"在敌后宿营的地方，在这里常州村人恢复了50多年前的抗日边区食堂，成了一个传统教育的课堂。

□ 九山顶位于天津市蓟县最北部的塞外深山，是国家级地质自然保护区——中上元古界标准地层最有代表性的山体，又是蓟县国家地质公园典型的石英砂岩峰林地貌，更是森林植被极为繁茂的绝色翡翠和天然大氧舱。九山顶主峰海拔1078.5米，是天津市的最高峰。景区集奇峰、幽林、峡谷、怪洞及战国古长城、抗日革命旧址于一体，景点丰富。进入风景区首先映入眼帘的就是那神秘的老龙潭，然后由经通天隧道、离俗桥、望佛台，便来到天门口景点，再沿登山小路拾阶而上经石瀑布等景观，直达主峰九山顶，到主峰后，沿翡翠岭西行做环形旅游，再经小西天 、轮回洞、神秘谷、步云桥、云泉洞、国画岭最后到达杨穆庵遗址。是人们进行生态旅游、民俗旅游、红色旅游、地质科普旅游的理想境地。

路线提示 //

自驾车→

南线：京哈公路—通州—三河县—收费站—蓟县邦均—津蓟高速出口转盘—蓟县外环—蓟县水泥厂—九山顶（行驶3.5个小时直达九山顶）。

北线：从北京东三环出发，走京顺线，过顺义；走平顺线，过金海湖，前行到蓟县罗庄子乡王庄桥往左行沿津围公路直达九山顶（行驶3个小时直达九山顶）。

长途汽车→

四惠—蓟县 7:00—18:00；

蓟县—四惠 8:00—17:00。

火 车→

北京到蓟县：

7059 次（北京东—蓟县—丰润）北京东 12:40发，蓟县南 14:28到；

4495 次（北京—蓟县—秦皇岛）北京13:00发，蓟县南 14:04到。

下火车后，可安排接站，出租车(“面的”)50元/次（可乘5—7人）。

蓟县到北京：

7060 次（丰润—北京东） 蓟县南 09:25 发，北京东 11:22到；

2538 次（通化—北京） 蓟县南 09:42发，北京10:50到；

4496次（秦皇岛—北京） 蓟县南10:54发，北京12:08到。

游玩攻略

一天一夜游玩攻略：

周六一早赶到常州村，联系好农家院放下东西，备好食物和水，开始攀登九山顶。先自老龙潭爬起，沿登山小路经石瀑布直达主峰九山顶。到主峰建议吃中饭小憩，以补充体力。沿翡翠岭西行做环形旅游，再经小西天 、轮回洞、神秘谷、步云桥、云泉洞、国画岭最后到达杨穆庵遗址。差不多天就要黑了，然后夜宿农家院。第二天一早返京。

两天一夜游玩攻略：

周六一早赶到常州村，同样第一天开始登山，自老龙潭到达主峰经小西天、步云桥、国画岭下山。夜宿农家院，品尝农家饭。第二天可去山货市场，购买当地特产，如各种纪念品等。下午返京。

消费报价

普通间（双人、三人、多人）：50元/间，15—20元/人

标准间（双人、三人）：80元/间，50元/人

包吃包住（三餐加一晚住宿）：普通间45—50元/人，标准间60—120元/人，火炕间60元/人

重点推荐

善知园农家别墅

别墅建筑具有欧派风格，院内宽敞，设有宽敞的停车场，同时可以举办大型的篝火晚会；三楼客房设有观景阳台兼餐厅，在您就餐的同时可欣赏周边的景色。夏天的夜晚住在这里凉风习习，是避暑休闲的理想之地。

联系方式：王继良 杨华 022-29719719 13920858371

13920138463

雅馨园农家院

位于九山顶景区的半山腰，是一个现代化的欧式小别墅。农家院的环境整洁，为游客提供舒适安全的环境。在农家院的观景阳台上可以看到正对面的两座卧佛山。粉色的别墅外景在绿色中特别显眼，温馨而舒适。

联系方式：董云清　李海清　022-29719625　13821638903

体验报告

交通状况：★★★★★

非常便利，标志明显，对于第一次去的游客也不是什么问题，到了天津世界珍奇园，一打听都知道。

景点特色：★★★★☆

九山顶周边沿线的景点众多，像老龙潭、天隧道、离俗桥、望佛台、翡翠岭、小西天 、轮回洞、神秘谷、步云桥、云泉洞、国画岭等景点，各有传说，集人文景观与自然景观于一体，令人流连忘返。

住宿条件：★★★★☆

常州村农家院周末的时候游客比较多，但是吃住还是比较干净的，主人热情大方，农家特色菜齐全丰盛。

愉悦程度：★★★★☆

九山顶景点丰富，各种旅游配套设施齐全，有红色旅游景点、民间传说、天然的自然风光，令人目不暇接，兴奋不已。而农家院舒适贴心的住宿环境为游客提供了最好的休息条件，整个旅游下来，既长见识又领略了美妙风光，比较尽兴。

温馨提示：

1. 九山顶风景区门票每人26元，可以在农家院处购得打折票。
2. 风景区内气温一般比市区低4℃左右，早晚较凉，可多带一件外衣。另外山里随时会有降雨，带上雨伞比较明智。

3. 青山岭

10.3.1

青山岭村——

奇松千年寿，青山万古存

关键词》》》》》》

奇松（千年松树王） 狩猎 红色旅游 备战洞

■ 青山岭劲松园风景区坐落在蓟县北部的长城脚下，风光以松景而闻名。一进劲松园，触目所及的全部是松树，个个遒劲高大，形态各异，棵棵自成意境，傲首成长，株株都构成一幅美丽的画卷。园中有一棵千年古松高30多米，树围4米多，古藤盘绕，枝叶茂盛苍翠，被清顺治皇帝御封为“松树王”。而形似伞状的“鹰盘松”下有一巨石，可容数人并坐，听人说，当年康熙皇帝来此狩猎，常与本地村民魏三元在石头上把酒谈天，共话桑

麻，所以人们称它为“卧龙石”。这里众多自然和人文景观也同样让人痴迷，令人神往。

■　青山岭最有名的活动是狩猎，广袤的狩猎场在劲松园东山坡的松林之中。听人介绍，场内既有平缓的山坡，又有依山就势的阶梯式平台，高低错落，既便于奔跑追杀猎物，又有跳跃跨越之空间，能满足不同年龄的客人狩猎。

村里的事

□　青山岭村位于天津蓟县下营镇，原名青山口村，因为地处青山口关。青山口关与平谷的将军口关、蓟县的黄崖关并称“东京三口关”。清朝的顺治皇帝巡幸至此，自觉此名不雅，遂取此地“山青岭秀”之意，将其赐名为“青山岭”。此名一直沿用至今。村落掩映在松海之中，以松称奇，其中的两棵千年古松，曾被清顺治帝御笔亲封“松树王”。

□　青山岭旅游度假区位于天津蓟县下营镇正北方的青山岭村。此处与九山顶、天台山、清水川等景区景点相连，地理位置极其优越，旅游资源相当丰富。青山岭旅游度假区的游玩项目可以概括为“一场四点”。“一场”：就是弓弩狩猎场，“四点”是指区域内4种可赏可玩的景点，主要指自然风光、特色植被、人文景观和历史遗迹，是青山岭景区游玩的四类经典项目。自然风光：青山口的寿星迎客、青水湖、青山湖、卧龙石、楼前洞、东大楼、青山河、黄崖日照与黄崖夕照等自然景观，此外还有“老虎嘴”、“天窟窿”、“龙女石”、“冷风岗”和“天门开”等著名景点。特色植被：五株桑、酸梨树、大松树王、二松树王、鸳鸯松、“八杈松”、“爬地松”、“一母四子松”、“姊妹松”、“兄弟松”、“迎盘松”、“不日松”等形状各异、惟妙惟肖的松树，还有一株360岁的栗树祖，已经空心，敲起树干来嘭嘭作响，非常有趣。

□　人文景观和历史遗迹：古长城、明代敌楼、古营寨、古长城桥头堡、石长城和砖敌楼、双边墙、龙泉古井、观景长廊、百花园、天津市电台战备洞。

路线提示

自驾车→

南线：从北京八王坟出发，走京通快速、京哈高速，经三河县城直达蓟县县城。

北线：从北京东三环出发，走京顺线，过顺义，走平顺线，过金海湖，前行到蓟县罗庄子乡王庄桥往右行沿津围公路直达蓟县。

长途汽车→

四惠—蓟县 7:00—18:00；

蓟县—四惠 8:00—17:00。下车后打车到青山岭村。

火　车→

K429 北京—蓟县南站 15:00—15:59　票价：11元；

K430 蓟县南站—北京 11:54—13:00　票价：11元。下车后打车到青山岭村。

游玩攻略

一天一夜游玩攻略：

周六一早出发，大约10点左右能到达青山岭。到达之后先前往劲松园游玩，推荐线路是青山口、劲松园、东大楼、古营寨、观景长廊。傍晚的时候回到村子安排好住宿，品尝农家饭。第二天早起前往狩猎场小转一下，重要的是顺便可以去老乡家的采摘园摘点新鲜的水果，大约上午9点左右返京。

两天一夜游玩攻略：

周六一早出发，第一天的安排参考一天一夜游玩攻略。第二天的时候上午去黄崖关登长城，也可去备战洞接受一番红色教育，体验一下警报拉响的战争年代。下午的时候去采摘园采摘，到时可以直接把果子带回家。

消费报价

包吃包住（三餐加一晚住宿）：普通间40—50元/人；标准间70—100元/人；火炕间50元/人

重点推荐

观松轩山庄

山庄主人是当地出色的导游，可带领游客游玩解说。院外松树上分前四后三悬挂着7盏大红灯笼和不同排列摆放的水缸，更能彰显小院的陈列特别。前院有个大鱼池可供游人休闲、垂钓、娱乐，站在院内，秀丽的山色尽收眼底。

联系方式：朱建海　022—29718156　13920422306

体验报告

交通状况：★★★★★

主要是景区比较有名，自己开车的话大约需要两个小时到达景区，景点比较好找，路况非常不错。

景点特色：★★★★☆

青山岭周边有古长城、狩猎台，还有姿态各异的劲松园，“大松树王”、“二松树王”和“卧龙石”等特色景致，在别处很少见到。

住宿条件：★★★★☆

农家院干净敞亮，客房里安静舒适，各种烧烤以及各式农家饭菜花样繁多，令人胃口大开，其中山野菜、花椒芽风味独特，值得一试。

愉悦程度：★★★★☆

青山岭村集旅游、度假、休闲和狩猎为一体，多种游玩项目引人入胜。住农家院、睡农民炕、吃农家饭、享受地道的农家生活，而景区自然风光和人文景观又让人得到无限的放松，村里人淳朴、热情，还为客人唱评剧助兴，让人倍感亲切，无限放松。

温馨提示：

1. 一定不要忘记带着照相机，充好电，最好带上备用电池，不然到时会不够用。
2. 重点推荐景点游玩项目：千年古松、战备洞、古长城、狩猎。
3. 计划随当地人前去狩猎的朋友，需要预订，提前询问注意事项，不同的季节要求不一样。
4. 青山岭周边临近九山顶、黄崖关、梨木台、八仙山、清东陵等旅游景点，建议可以多去几次，分开游览。

4. 盘山

10.4.1

营房村——

盘山必经之处

关键词》》》》》》

盘山　民俗旅游　宗教文化　烟花爆竹

■　如果您想看到一个完整的盘山，那么来营房村吧，这里是去往盘山的必经之路。在营房村的农家院里小憩一夜，一早登山的感觉神清气爽，而未现身于晨曦当中的盘山，云蒸霞蔚，欲语还休，宛如一个初婚的少妇，无限风情。盘山风景区里有塔、有庙，碑刻、古墓，众多的历史古迹值得我们去探索，乾隆皇帝云："早知有盘山，何必下江南。"盘山的秀美由此可见一斑。

■　盘山素有"三盘胜境"之誉，指的是"上盘松胜，蟠曲翳

天；中盘石胜，千奇百怪；下盘水胜，涓流不息”。其中最能打动我的是上盘松境，本来爬上盘山已是精疲力竭，涓流不息的水和千奇百怪的石已然给了我很大的兴奋，古语云“胜境多在常人不常至”之处，爬到上盘，我才意识到这句话的真谛。大自然是公平的，只有付出了超出一般人的努力才能得到一般人所得不到的收获，登上盘山收获的就不是一般人能够得到的。盘山上的那些松，峥嵘奇伟，姿态各异，长于山野丛草之中，更见精神。盘松或探身望路，或倚崖独乐，给人一种生生不息的激励。站在群松之中，细品每一株的意境，宛如自己也是一颗正在茁壮成长的劲松，傲然立于盘山之巅，敢与日月争光辉！

村里的事 ////////////////////////////////////

□ 营房村位于天津蓟县官庄镇，处在风景秀丽的国家级风景名胜区盘山景区附近。这里旅游资源得天独厚，古塔、寺庙、碑刻、古墓等历史文化遗迹众多，历史文化悠久灿烂。该村盛产的各种干鲜果品质优味美，核桃、板栗、柿子、红果等驰名中外，享有盛誉。田盘是盘山的旧称，营房就坐落在盘山脚下，以秀丽清幽的景色、古老迷人的传说、浓郁纯厚的田盘乡情成为游客歇脚的最好去处。

□ 盘山风景名胜区：位于天津市蓟县西北15公里处，是国家重点风景名胜区、国家5A级景区，犹如十里锦屏，屹立于京东、津北，以“京东第一山”驰名中外，并以“三盘暮雨”的独特景观被评为津门十景，曾被列为“中国十五大名胜”之一。盘山史记于汉，盛建于唐，极于清，是自然山水与名胜古迹并著，佛家寺院与皇家园林共称的旅游胜地。历史上众多帝王将相、文人墨客竞游于此，清乾隆皇帝，先后巡幸盘山32次，留下了歌咏盘山的诗作1366首，并发出了“早知有盘山，何必下江南”的感叹。

□ “三盘胜境”：盘山素有“三盘胜境”之美名，即上盘松胜，蟠曲翳天；中盘石胜，千奇百怪；下盘水胜，涓流不息。曾有："上盘雪花飘，中盘雾雨渺，下盘夕阳照"的天然奇观。清初诗人王聪在诗中写道："风摇万壑松涛响，云变三盘雪雨晴。"可以说，盘山集幽林、古洞、奇峰、秀水于一身，现已恢复开放了五大景区、130余处景观点。建设开通了入胜、云松、挂月3条客运索道，游人乘坐索道可直达盘山绝顶——挂月峰。

路线提示

自驾车→

走京沈高速公路，后转津蓟高速公路行至92公里处蓟州收费站，下高速公路直行至13公里，途经环岛即可到盘山。

长途汽车→

四惠—蓟县 7:00—18:00；

蓟县—四惠 8:00—17:00。下车后乘坐出租车到营房村。

火 车→

K429 北京—蓟县南站 15:00—15:59 票价：11元；

K430 蓟县南站—北京 11:54—13:00 票价：11元。下车后乘坐出租车到营房村。

游玩攻略

一天一夜游玩攻略：

周六一早出发，到达营房村选择农家院并安置好东西，开始爬山，游览盘山胜境。午饭可以在山上解决，傍晚返回农家院。晚饭吃烤全羊、农家饭，听主人讲述本地的宗教文化。第二天吃过早饭即可返京。

两天一夜游玩攻略：

周六一早出发，到达营房村选择农家院安置好东西，开始爬山。第一天路线及安排参考一天一夜游玩攻略，第二天一早可以前去周边景点游玩，如黄崖关长城，去翠屏湖垂钓。如果晚上体力恢复得好，也可以前往九山顶继续爬山，领略不一样的山水风景。

消费报价

普通间（双人、三人、多人）：40—50元/间

标准间（双人、三人）：50—80元/间

包吃包住（三餐加一晚住宿）：普通间50元/人，标准间60元/人

重点推荐

缘分农家院

位于盘山风景区，地理位置优越。小院温馨舒适，干净整洁，设计合理，客房宽敞明亮，环境幽雅安静。农家菜口味很好，深受游客好评，在这里可以品尝到各种山珍野味以及农家自己种植的各类无污染蔬菜。

联系方式：韩凤飞　13752428709　13662106709

盘福农家院

位于盘山脚下营房村。炎炎夏日可以在院里凉棚下就餐，农家院客房有传统的农家火炕，冬日里滑雪过后可以睡在农家的火炕上。农家饭菜新鲜可口，可提供采摘。农家院可接待回民就餐住宿，餐具配备齐全。

联系方式：张迎　13820862541

体验报告

交通状况：★★★★★

距离北京略远，大约车程两个小时。不过距离蓟县很近，基本上到了蓟县就到盘山脚下了，可以选择走高速公路。

景点特色：★★★★☆

正是“早知有盘山，何必下江南”，盘山松、水、石景色鲜明活

泼，给人以无限风情之感，盘山被誉为“京东第一山”，足以表现景致的独特。

住宿条件：★★★★☆

营房村就在盘山脚下。爬山累得一塌糊涂，走不上几步就到了乡情十足的农家院，干净舒服，农家饭风味独特，主人热情好客，客房盥洗设备一应俱全，住得非常舒心。

愉悦程度：★★★★☆

尽管爬了一天山感觉很累，但是满山的风景以及照相机里留下的一个个欣喜的瞬间还是让人觉得心满意足，尤其是傍晚躺在安静的农家院里休息的时候，回味一路的风景，真有一种完全放松、恋恋不舍之感。

温馨提示：

1. 营房村临近盘山滑雪场、黄崖关长城、翠屏湖、毛家峪、九山顶等景点，游客时间充裕的话，不妨一游。
2. 有些农家院可以提供打折的景点门票，可以在住宿之前询问一下。
3. 景点设施很全，农家院里还有各种小型超市，去盘山不用带很多食物和水，补给很充足。

10.4.2

联合村——

寻访北少林遗址

关键词》》》》》》

北少林遗址　乾隆行宫遗址　登山　采摘(盘山柿子)　篝火

■　行宫，帝王外出所住的离宫，蓟县联合村——乾隆行宫遗址。

■　光影轻移，在斑驳的墙体上投下淡淡的痕迹，站在这个行宫遗址里，让人没有了时间的概念。追忆中，早已不闻往昔繁华岁月里的华盖溢彩，不见了毕恭毕敬的高接远送，更消失了侍婢美姬的轻歌曼舞。逝去的岁月已远去，四散矗立着败落的亭台楼榭，昭示着一个人曾经的恣意放纵。温柔乡不复存在，但留下的气势依然盘踞在这片废弃的土地上，让人默默感受着曾经的奢华。

■ 行走在行宫遗址里，处处可见颓塌的墙体歪在一边，杂草从墙缝里冒了出来，欣欣长成，而在心里将那些残存的楼榭亭台小心复原，依稀可辨乾清盛世的喧闹，一声叹，几句感慨，怎么能洗净岁月的铅印，两相对比，让人由衷地感慨历史的无情，时间的冷峻，什么事物能够永恒？即使一个人能掌握别人的生死贫贱，即使一个人能操纵生活的安逸舒心，但是他能抗拒自然的规律吗？能反抗时光的流逝吗？而在这个过程中，他得到了什么？他留下了什么？

■ 联合村让游人穿越时空，思想畅游物外，回到村子看到井然有序的乡村生活，让人更加珍惜现实生活的意义。尝试超脱世外，从沧桑变化中体会个人对于生命规律的渺小，生活中更添一种从容恬淡的情趣，而抑制不住的怀古之情能激荡起心目中对于那段历史的追忆。论今，就开始思索着在工作中的变故纷争中如

何做个智者吧。

村里的事 ////////////////////////////////////

□ 联合村位于天津蓟县官庄镇，这里曾经是清帝在盘山的行宫，盛极一时，与承德的避暑山庄并称姊妹庄园，同时近期关于联合村发现北少林遗址的消息被各大媒体转载，遗址尚在开发之中，而前往探究少林文化的人络绎不绝，成为联合村一景。同时，有报道称，河南嵩山少林寺将投资修复位于天津市蓟县的北少林寺。

路线提示 ////////////////////////////////////

自驾车 →

走京沈高速公路后转津蓟高速公路行至92公里处蓟州收费站，下高速公路直行至13公里，途经环岛向盘山方向行驶，到达联合村。

长途汽车 →

四惠—蓟县 7:00—18:00。到蓟县农家可接送。

蓟县—四惠 8:00—17:00 。

火 车 →

K429 北京—蓟县南站 15:00—15:59 票价：11元。到蓟县农家可接送。

K430 蓟县南站—北京 11:54—13:00 票价：11元。

游玩攻略 ////////////////////////////////////

一天一夜游玩攻略：

周六一早出发，车程大约两个小时后到达盘山脚下的联合村，去游玩乾隆行宫遗址，然后转往传说中的北少林遗址游玩。傍晚的时候回到村子，找农家院住宿，晚上吃地道的农家饭。一般旅游旺季的周末村子都有篝火晚会，有兴趣的朋友可参加。第二天一早可以前往采摘园收获有名的盘山柿子，上午9点左右返京。

两天一夜游玩攻略：

周六一早出发，到达联合村后第一天参照一天一夜游玩攻略安排行程。傍晚回到村子住在农家院，品尝农家饭。第二天一早去盘山游玩，游览著名的三盘胜景。下午的时候前往村子的果园采摘盘山柿子，享受收获和美味的喜悦。大约下午4点左右返京。

消费报价

包吃包住（三餐加一晚住宿）：普通间50—60元/人，标准间60—80元/人，火炕间50—100元/人

重点推荐

王继农家院

位于联合村一队。这里交通便利，距景区约一公里，农家院周围绿树成荫，被各种树木包围。农家主人老两口朴实无华，热情好客，做的正宗农家饭菜，味道可口。周围还有许多果树，可提供采摘等项目。

联系方式：王继　022-29821083　13752289233

心怡农家院

位于联合村一队。是近几年新建的砖瓦房，小院周围院墙是透明墙，客人在客房内就可观看远处的风景。院内有两棵红果树，和院子东侧停车场内的柿子树共同形成了一个采摘园。

联系方式：孟浩　13920658630　13820871336

体验报告

交通状况：★★★★★

北京前往蓟县火车和汽车都非常方便，自驾车一路高速，路况很好，一般到达联合村两个小时非常充裕，比较适合周末自驾游。

景点特色：★★★★☆

联合村古迹众多，乾隆行宫遗址和尚未开发的北少林遗址给我们不一样的感受，令人感慨世事变迁，而盘山之游又让人沉浸于山水美景之中，三盘胜景让人流连忘返。果园里的盘山柿子酸甜可口，不过周末的时候人确实很多。

住宿条件：★★★★☆

联合村农家院很多，选择也很多，家家是红檐瓦房，坐北朝南，富含浓郁的山村气息，房间干净卫生，晚上非常宁静。

愉悦程度：★★★★☆

行宫遗址和盘山风景区就在村子不远处，走路也就十几分钟，非常便捷。遗址里各种古迹给人真实的怀古之感，而盘山风景区又让人体会到自然美景的无穷魅力。农家主人热情好客，热情地给我们讲解村子的历史和风俗习惯，既长了知识又放松了心情。前往果园采摘盘山柿子，回家还带了一整箱，玩得非常高兴。

温馨提示：

1. 北少林遗址周边杂草丛生，周围基本上没有什么路可走，建议朋友们选择结实舒服的鞋子前往探究。
2. 联合村的盘山柿子非常有名，喜欢吃柿子的朋友可以选择在9、10月份的时候前往农家院的采摘园，采摘并品尝新鲜美味的大柿子。

10.4.3 莲花岭村——盘山风景唾手可得

关键词》》》》》》

盘山　宗教文化　烟花爆竹　采摘　山货市场

■　这是距离盘山最近的村庄，站在村子里，对面可以望到盘山的风景——莲花岭，听名字就让我有一种向往的感觉，好像能给人呈现出一种超凡脱俗的境界。莲花岭民俗游原汁原味，总是能让人随时随地感觉到乡村生活的情调。是的，如果在这里住上一天，就能体会出乡村生活带来的安逸和自在，不用想今天的工作，不用想季度奖金。在这里生活，只要去感受、去放松，把玩农具、田园采摘、坐牛车，体会农家最原始最朴实的生活状态。

■ 莲花岭的傍晚尤其让人着迷，先是袅袅的炊烟弥漫在夜色未能完全罩住的傍晚，不远处的盘山静静地矗立在晚霞中，喧闹了一天的山水石松慢慢归于寂静，再是晚归的牧人赶着羊群从山上回村，不用挥舞鞭子，羊儿们咩咩叫着，挤着团往家赶，偶尔有几个撒着欢，绕着羊群跑来跑去。夜色沉了下来，空气越发清爽宜人。农家传来阵阵甜美的饭香，到了吃晚饭的时候了，抬头再看盘山，轮廓已然模糊。我想，每天秀美的盘山宛如展开的花朵，亭亭玉立在游人的面前，晚上会不会寂寞呢？但是我觉得，聪慧的盘山是要借着这月色，掬一把晶莹的露水，把明天的自己装扮得更加漂亮吧？

村里的事

□ 莲花岭村位于天津蓟县官庄镇，处在风景秀丽的国家级风景名胜区盘山景区附近。这里空气清新，环境优美，交通便利。旅游资源得天独厚，历史文化遗迹众多、悠久灿烂。该村盛产的各种干鲜果品质优味美，核桃、板栗、柿子、红果等驰名中外，享有盛誉。旅游业已成为第三产业的发展龙头，具备接待大型旅游团体的能力。

路线提示

自驾车→

走京沈高速公路后，转津蓟高速公路，行至92公里处蓟州收费站，下高速公路直行至13公里，途经环岛即可到盘山。

长途汽车→

四惠—蓟县 7:00—18:00 。下车后乘坐出租车到莲花岭村 。

蓟县—四惠 8:00—17:00。

火　车→

K429 北京—蓟县南站 15:00—15:59 票价：11元 ；

K430 蓟县南站—北京 11:54—13:00 票价：11元。下车后乘坐出租车到莲花岭村。

游玩攻略

一天一夜游玩攻略：

周六一早出发，约9点左右到达莲花岭村。先前往村边的盘山风景区游玩。傍晚的时候回到村庄，住宿农家院，品尝农家饭，推荐野菜团子和柴鸡蛋，野味十足。第二天可早起在村子游玩，了解莲花岭村的民俗风情，彻底放松心情。上午9点左右返京。

两天一夜游玩攻略：

周六一早出发，到达的第一天先去盘山风景区游玩，爬山，欣赏“三盘胜景”。傍晚回到莲花岭村，品尝农家饭。第二天起床后可以前往村子里的果园和山货市场，果园里种着有名的盘山柿子，游客可以现场采摘购买，时间充裕的话可以下地，把玩农具。大约下午4点左右返京。

消费报价

包吃包住（三餐加一晚住宿）：普通间50元/人，标准间60—80元/人，火炕间45—50元/人

重点推荐

清雅贤居农家院

农家院距离景区售票处仅10分钟路程。依山而建，在盘山遥望云海松涛、近观水石清奇，步步有迷人的景色，门前一棵大核桃树，夏天在树荫下纳凉、避暑、就餐，感觉非常好。

联系方式：孙后生　022—29822691　13821403255　15822062558

鹏来农家院

距离景区仅300米，距离滑雪场仅一公里。小院依山而建，院子周围种满了各种果树，从春天到秋天各种水果任您采摘，让您体会采摘的乐趣。农家院内设有大型停车场、大型舞厅（电脑点歌）。

联系方式：孙宝永　屈竹青　022-29822496　13102236598　13012251812

体验报告

交通状况：★★★★☆

莲花岭村位于盘山风景区，开车从北京出发大约用两个小时就到了，一路上主要走快速公路，路况较好，路标很清楚。

景点特色：★★★☆☆

莲花岭村属于民俗文化浓厚的乡村，村子里空气清新，规划整齐，给人耳目一新的感觉，处处体现出一种从容淡定的生活方式。秋季果园里的柿子缀满枝头，把结实的树干压得低低的，一派收获的景象。而不远处的盘山风景区更是以其景致优美闻名。

住宿条件：★★★☆☆

莲花岭村环境幽雅，农家院干净整齐，各种生活用具齐备。农家饭里的铁锅柴鸡、野菜团子、小米粥，非常好吃。莲花岭的夜晚很安静，几个好朋友睡在火炕上，大被同眠，相当惬意。

愉悦程度：★★★★☆

盘山柿子真是名不虚传，肉厚汁多，酸甜可口，不过一定要在主人的指引下采摘，摘到没有熟透的柿子就会涩涩的。莲花岭村充满了小山村恬淡自然的情致，让整日处在紧张工作中的人们感到无比的放松。

温馨提示：

1. 盘山柿子成熟的季节是在每年的9、10月份，朋友们可以在秋天前往莲花岭村。
2. 盘山风景区各种商品的补给很充足，因此不用带很多的水和食物。

5. 毛家峪长寿度假村

10.5.1

毛家峪村——

石奇人长寿

关键词》》》》》》

长寿文化　奇石林　狩猎　篝火晚会　蔬菜博物馆

■　听说蓟县有个长寿村，让我一下子想起了陶渊明的《桃花源记》中的那句“黄发垂髫，怡然自乐”，一种祥和、安逸的生活场景跃然眼前，而来到毛家峪村就发现这个并不单单是出现在古诗词里。进入毛家峪村，高大的砖瓦房整齐划一，墙体上写满了“长寿文化”、“养生课堂”，让每个前来游玩的人随时随地都可以学点养生知识。要知道，现在随着人们生活水平的提高，人们越来越会享受，身体也越来越娇贵，调理养生和顺应自然的观

念深入人心，而在毛家峪村，东南西北四面环山，安宁清静，气候宜人，俨然一处世外桃源。村子里的水甘洌甜美，空气新鲜清爽，让人心旷神怡，再加上村里的老人们的顺口溜“出门爬山，进门干活儿”，身体始终处在一种运动的状态中，干净齐整的农家院体现着主人勤劳、积极的生活态度，让人不由得深受感染。

■ 让村里人津津乐道的是这里水土养人，村里的人很少得病，因此长寿者居多。常言道“人到七十古来稀”，家里四世同堂，其乐融融，真是让人羡慕。在毛家峪住上一天，就会感觉出朴实的毛家峪人胸怀开阔，豁达和气，好客好交友，善于助人为乐。毛家峪人总结长寿经验时，总是把好心情、好身体、好家庭、好朋友列为前四条，品味起来确实有道理。对于急于逐功近利弄得身心俱疲的现代都市人，来上一趟毛家峪村必定大有裨益。

村里的事

□ 毛家峪长寿度假村位于天津市蓟县城东10余公里处的穿芳峪乡，乡村北接皇家园林九龙山国家森林公园，南邻碧波万顷的翠屏湖，东连清东陵，西达娘娘顶和黄崖关古长城，由于所处的位置上佳，村子山环水绕、奇石怪岩、风光秀美；周围群山环抱，安宁清静；村子里拥有亿年石、万亩林、千亩果、百年树、长寿人、仿古亭等奇特景观，现已开辟成华北地区目前唯一的一家以长寿为主题的长寿度假村。

□ 长寿村的由来：毛家峪村地处深山老林，环境幽雅，气候宜人，以长寿村的美誉闻名。这个村子近百年内曾出现过4个超百岁的老寿星。毛家峪村已有300余年的历史，未发现一例癌症和疯、癫、呆、傻之人，村子里很多三世同堂、四世同堂的人家，正是因为有那么多的长寿户、长寿人，自然形成了名副其实的长寿村。

□ 远古奇石林：毛家峪村除了度假休闲，村子里还拥有5处奇石林，当地人讲，毛家峪村的岩层形成于元古界，而且石质奇特，故取名为元古奇石林。毛家峪村当属于元古奇石林风景区第一核心景观，横跨景区游览路，分别由崆岫迷宫石林（西石林）、卧龙藏虎石林（中石林）和元宝天书石林（东石林）三部分组成，总体呈条带状环形风景线，奇石林分布广泛，成群成景，并且形态各异，象形石多达万种，令人目不暇接，游人可以发挥充分的想象力，给每一个大小不同、形态各异的石头命名，对于喜欢大自然的人而言，也是一个不错的益智游戏。

路线提示 ////////////////////////////////////

自驾车→

从北京八王坟出发，走京通快速、京哈高速，经三河县城直达蓟县县城，铁桥左转弯，毛家峪长寿民俗村口左转，毛家峪长寿民俗村。

长途汽车→

四惠—蓟县 7:00—18:00；

蓟县—四惠 8:00—17:00。下车后打车到毛家峪村。

火　车→

K429 北京—蓟县南站 15:00—15:59　票价：11元；

K430 蓟县南站—北京 11:54—13:00　票价：11元。下火车后打车到毛家峪村。

游玩攻略 ////////////////////////////////////

一天一夜游玩攻略：

周六一早乘车前往，上午10点左右即可到达，在村子闲逛的同时找好下榻的农家院（也可提前联系，到达后直奔预定的农家院），放好东西可前往参观奇石林。傍晚归来吃农家饭，同当地人取经长寿之法，参加篝火晚会。第二天一早返京。

两天一夜游玩攻略：

周六一早乘车前往，第一天的日程安排同上。第二天一早可在房东的安排下和当地人一起上山打猎，重在过程。傍晚的时候返京。

消费报价

包吃包住（三餐加一晚住宿）：普通间50—60元/人，标准间80元/人，火炕间50—60元/人

重点推荐

丽华农家院

农家主人待人随和，对游客服务热情周到。做的农家饭菜美味可口，量大实惠。农家院自家种植的各种新鲜蔬菜，让您吃到在城市里吃不到的纯正绿色食品。

联系方式：李华　022-22760449　13820119756

福顺园农家院

与众不同的设计与大自然景色融为一体，空气清新，环境优美。主人的服务专业热情，让您感觉到像自己家一样的温馨舒适。

联系方式：李秀荣　022-22760552　13821589913　13821898714

体验报告

交通状况:★★★★★

距离蓟县不远，标示也非常明显，主要是走高速，路况还可以，从北京出发的话，大约需要两个多小时到达。

景点特色:★★★★★

长寿文化深深根植于毛家峪村，山水位置是其一，其淳朴的民风，科学的饮食，身心的调理与运动恰当的结合，是毛家峪村民长寿的秘诀。来了毛家峪，可千万别忘了向当地人讨教几招养生法则啊。

住宿条件★★★★★

毛家峪农家院安静、干净，村子统一规划，统一管理，洋溢着一种怡然自得的生活氛围，村里人都很热情慷慨，给人宾至如归之感。

愉悦程度:★★★★☆

观赏了千姿百态的中世纪奇石林，一路上像发现新大陆地似的大呼小叫，指指点点逐个评说，晚上参加村里组织的篝火晚会，让人彻底放松。同时还能向村里人讨教养生之法，发现以前自己很多生活习惯都是不科学的，真是收获颇多。

温馨提示：

1. 毛家峪村里除了奇石林，周边还毗邻翠屏湖、翠屏山、盘山、九龙山、彩弹射击场、运动场、黄崖关长城等景点，时间允许的话可以都去游览一下哦！

2. 毛家峪村里有情人谷、情人洞，里面的植物多是交错或成对生长，颇有恋人情意绵绵之意，有心的朋友一定不要错过哦！

6. 黄崖关长城

10.6.1
黄崖关村——
津门十景之首

关键词》》》》》》

爬长城　水上乐园　采摘核桃　猕猴桃　山货市场

■　“不到长城非好汉”，这句俗语给了每位登长城的游者很大的鼓励。在黄崖关还有金发碧眼的老外用生硬的中文说着这句话。是的，长城作为世界人工奇迹已经成为中华儿女的骄傲，但是我们似乎忘记了先人修建长城的最初目的，因为大多数人爬长城是为了“一览众山小”，是为了锻炼身体和意志。而来到黄崖关村，会让您一下子领悟长城的最原始最直接的功效——它就是一个防御工事，就是一个为了抵御外族入侵的城楼！它的每个部

件，每个组织巧妙结合，无所不用其极，无论是券门、垛口、女墙、拒马墙，都是发挥长城抵御的最大功能。

■　悉数北方知名的长城景点，八达岭长城以长著称，居庸关长城以陡著称，九门口长城以全著称，而黄崖关长城则是以险著称。城墙和东西南北4座城门楼高耸，昂然矗立，城墙上飘着彩旗，在野风中呼呼作响，城墙特有的厚重的青砖，岁月的痕迹历历可见，摸上去冰凉而有质感。城墙以一种沉默的姿态诉说着一段征战的历史。站在城楼内，耳边似乎响起古战场上厮杀呐喊的声音，眼前闪现刀光剑影马嘶人啸的场景。儿时的梦想被激发出来，建功立业、驰骋沙场的豪情洋溢！而黄崖关用隘口、用城楼给了人们“一夫当关、万夫莫开”的坚实屏障。在关内街道上还建有“八卦迷魂阵”，阴阳五行，死巷和活巷巧妙布局，易进不易出，让人由衷地钦佩先人们无穷的智慧。

村里的事 ////////////////////////////////////

□　黄崖关长城位于蓟县北30公里的崇山峻岭之中，始建于公元556年，明代名将戚继光任蓟镇总兵时，曾经重新设计，包砖大修此处的长城，成为明代蓟镇长城的重要关隘，也是县境内唯一的一座关城。关城东侧山崖的岩石多为黄褐色，每当夕阳映照，金碧辉煌，素有“晚照黄崖”之称，关城因此得名“黄崖关”。黄崖关以关城为中心，东至半拉缸山，有悬崖为屏；西抵王帽顶山，有峭壁为倚，全段长城建筑在海拔7360米的山脊之上。关城这一段长城建筑特色鲜明，南城门楼上镌“黄崖口关”，北城门楼上书“黄崖正关”，城墙上建有“北极阁”，也叫“玄武庙”。关城内的街道就是著名的“八卦街”，也叫“八卦迷魂阵”，用丁头错位死巷、活巷组合而成，易进而难出。关城之外建有圆状空心敌楼，为著名的凤凰楼。

□　黄崖关长城整段长城有砖有石，敌楼有方有圆，砌垒砖有空心有实心，关城塞堡、敌台水关，应有尽有，现今的黄崖关以“八卦街”的中央提督公署为基础建成了我国第一座长城博物馆，在街内还新建了颇具规模的黄崖关长城碑林，包括百将、百家碑林，毛泽东诗词墨迹碑林和篆刻碑林，以及百松园和竹刻名联堂等景点，在太平寨长城内侧广场的石台上还树起了戚继光石雕像，在黄崖关口东侧的八仙湖上还建起了八仙湖水上游乐场。

路线提示

自驾车→

北京四元桥—枯柳树环岛右转弯—莲花山滑雪场—平谷环岛直行—金海湖水上运动场—左转弯去黄崖关长城。

长途汽车→

四惠—蓟县 7:00—18:00;

蓟县—四惠 8:00—17:00。

黄崖关长城风景区距离县城28公里，游客到达蓟县县城后走环城公路，到蓟县飞雁水泥厂向北夏营方向，走津围公路直达景区。

火　车→

K429 北京—蓟县南站 15:00—15:59　票价：11元；

K430 蓟县南站—北京 11:54—13:00　票价：11元，下火车后可打车到黄崖关村。

游玩攻略

一天一夜游玩攻略：

周六一早出发，大约上午10点左右到达。先去登长城，午餐可以在游玩的过程中解决。建议向上爬的时候要节省体力，黄崖关的长城比较险。傍晚的时候回村子住宿，晚饭以农家饭为主，第二天一早返京。

两天一夜游玩攻略：

周六一早出发，第一天可参考一天一夜游玩攻略。第二天去采摘水果，同时可以去山货市场淘宝，各种土特产应有尽有，令人大开眼界。

消费报价

包吃包住（三餐加一晚住宿）：50—80元/人

重点推荐

杨峻农家院

主人热情大方，农家饭菜可口，曾经接待数位名人。农家院客房环境宽敞明亮，距景区仅40米。农家自己果园内种植有红果、杏、李子、桃等各种北方水果，春节到秋季水果不断，游客可享受到采摘乐趣!

联系方式：杨峻　022-22718482　13512026964

文凤农家院

位于黄崖关长城停车场向南50米路西，地理位置优越。农家主人淳朴热情，已经营农家院多年，做的农家饭菜也是口味正宗。游客对农家主人的服务赞不绝口，多年来吸引了大批回头客入住。

联系方式：赵文凤　022-22718265　13516177265

体验报告

交通状况：★★★★★

比较方便。不建议开车去，可以坐火车。出了车站去黄崖关村很方便，价钱也公道，主要是可以节省体力多游览。

景点特色：★★★★☆

黄崖关是4A级景区，修得非常不错。虽然长城是重建的，但还是值得一去。关口险奇的地理位置，再修建上坚固的城墙，可以充分体会前人建筑防御工事的智慧。当然了，最重要的是可以体验一把“霸道雄关”的感觉。

住宿条件：★★★☆☆

比较干净舒适。农家饭丰盛可口，边关乡村的夜晚非常安静，让人一觉好睡，不过也是因为白天玩的比较累了。

愉悦程度：★★★☆☆

黄崖关长城建在狭隘的关口中，和其他的长城相比，充分表现出长城防御性的一面，让人更好地铭记一段历史。而站在顶楼，迎风远眺，金戈铁马、热血沙场的感觉似曾相识，从而体会另一种意义上的放松。

温馨提示：

1. 门票：成人门票每人32元，大中专学生每人24元，中小学生每人20元。
2. 从蓟县县城只有私人的面包车到黄崖关村，包车淡季30元，旺季50元，不知是否能更便宜。大约半小时多的路程。
3. 登黄崖关长城有两条线，即东线和西线。一般的游客会选西线，因为东线从一开始就没有路，但是比较能够磨炼人的意志。
4. 黄崖关村周边景点有白蛇谷、九龙潭、杨庄水库、九山顶、八仙山、劲松园，朋友们时间充裕的话可以安排一下。

10.6.2

小平安村、大平安村——

太平寨长城学养生

关键词》》》》》》

太平寨景区　平安文化　养生文化　采摘　绿色食品基地

■　平安多福向来是人们的美好愿望，而居住在青山绿水、历史悠久的小山村里首先就是一份难得的福气。来到大平安村，首先看到的是整齐干净的街道和农舍，身板硬朗、怡然自得的老寿星三五成群也是村子里的一道风景。临近不远处的太平寨，流传着千百年来的美丽传说，在这样的氛围下，真让人产生出一种归隐的感觉。听说村子还和城里退休的老年人共同探索自助养老的新模式，山村的“老年之家”经常举办适合老年人参与的活动，吸引了周边村子的老人们参加。大平安村优越的居住条件让人们对山村生活产生了无限向往。奔波劳累了一生，退休之后找个好的养老去处确实是很多人的想法，大平安村的养老生活给了人们更多的启示。

■　距离大平安村不远处就是小平安村，走路大约5分钟的路程。两个村子一脉相承，都是远近闻名的休闲、养生胜地。太平寨风景区就在小平安村。其实太平寨就是一段长城的关口，仰望关口正上方即有一块匾额“太平寨”，浩然的霸气环绕在整个景区附近。进入景区，“寡妇楼”、“点将台”、“哨岗”、“墩台”、“养马阁”分布在景点四周，各种传说让人对戍边生活浮想联翩。而戚继光花岗石塑像，一身戎装，气定神闲，似乎还在指挥着千军万马抵御着外族的入侵。一圈转下来，让人时空倒转，充分体验了一番边关驻守的感觉。

村里的事

□ 太平安村位于天津蓟县，是燕山山脉中的一个小山村，村庄古老，环境优美，天朗气清，水澈石明，山木有神，是休闲、养生之胜地。该村依山而建，始建于战国时期，村名是明朝天启皇帝巡边关时所赐，村中心设东、南、西3门，北面为真武古庙，古城墙方正百米，古城东面双乳峰为阴，正东龟背山为阳，阴阳平衡，非常有讲究。

□ 太平寨景区位于黄崖关东南1公里小平安村，是控扼黄崖关城东侧崇山沟谷的寨堡，以山势险峻、长城雄伟著称。在太平寨长城东侧，新建门洞式登城便道，门上嵌“太平寨”石额。登城入口处的广场有8.5米高的戚继光花岗岩塑像，身着戎装，气宇轩昂。而在太平寨的各个侧面多有山明水秀的自然风景，如“飞泉迎阳”、“水帘罗汉”、“金庭玉洞”；有“鹧鸪钻天”、“鹞子翻身”、“狮子岩”、“龙头岩”等奇石；有与当地古长城相连的“牛角山”、“九个弯岭”、“映花尖山”、“蛮王寨”、“英王寨”等险峰；在太平寨山脚下还有与太平寨交相辉映的龙王寺水库；在太平寨附近，还有一处自然村湾，名曰邓家湾房屋。据文物专家们说，该房屋是周围唯一从修建到现在没有重修的古民居。其房屋坐北朝南，分两院三层。正屋主建筑为二层青砖木楼结构，正堂的每块砖上“同治十年，岁次辛未，邓玉峰造”的字样清晰可见。

路线提示

自驾车→

南线：从北京八王坟出发，走京通快速、京哈高速，经三河县城直达蓟县县城到太平寨。

北线：从北京东三环出发，走京顺线，过顺义，走平顺线，过金海湖、津围公路到太平寨。

长途汽车→

四惠—蓟县　7:00—18:00；

蓟县—四惠　8:00—17:00。转乘蓟县到太平寨的中巴。

火　车→

K429　北京—蓟县南站　15:00—15:59　票价：11元；

K430　蓟县南站—北京　11:54—13:00　票价：11元。

游玩攻略

一天一夜游玩攻略：

周六一早出发，约上午10点左右达到景点，直接去太平寨景区游玩，主要的路线是古堡、原始森林、寡妇楼。傍晚前往大平安村住宿，品味农家饭，向当地人学习养生之道。第二天一早起床，最好能抽出时间去果园采摘，上午9点左右返京。

两天一夜游玩攻略：

周六一早出发，第一天的行程参照一天一夜游玩攻略。傍晚的时候住在小平安村，吃农家饭住火炕。第二天一早起床，前往郑家湾观赏明清古建筑群，一定要带照相机。中午的时候去大平安村游览，下午可去果园采摘。4点左右返京。

消费报价

包吃包住（三餐加一晚住宿）：50—100元/人

重点推荐

康夕山庄

山庄具有小型度假村的规模，院内健身器材齐全，让城里来的中老年游客，可以在山野乡村也能享受锻炼身体的益处。山庄后院还设有家禽养殖场，有野兔、鸽子、柴鸡，还有菜地。游客可以自己动手采摘各种蔬菜。

联系方式：阎春景　15022629079　13820175124

体验报告

交通状况：★★★★★

火车和汽车都比较方便。当然如果自己开车的话要更快一些，大约一个半小时即到，太平寨的名气较大，比较好找。

景点特色：★★★☆☆

太平寨山水融合，神秘的原始森林不时有动物出没。不过我们去了只看到密密不见天日的树木，没有看到凶猛的野兽。村子周边长城环绕，更有美丽的历史传说，给景点蒙上更多可赏可玩的意味。

住宿条件：★★★★★

农家院布置得非常温馨，村子里面规划得很好。村人热情大方，非常朴实，特别喜欢和外来的游客聊天。农家饭口味偏重，量大丰盛。

愉悦程度：★★★★★

从北京去蓟县非常方便，而大平安村和小平安村都离太平寨非常近，自然风光和历史传说让人完全地沉迷在景点当中，放松心情。山村的空气清新，见到的老寿星都是一副祥和满足的神态，让人感觉这里生活非常美好，羡慕不已。

温馨提示：

1. 春、秋两季气候温和，是游览太平寨的大好季节。
2. 村内的山民艺术有根雕、奇石、绘画、书法等，有兴趣的朋友可以向房东打听一下。

十一　河北省

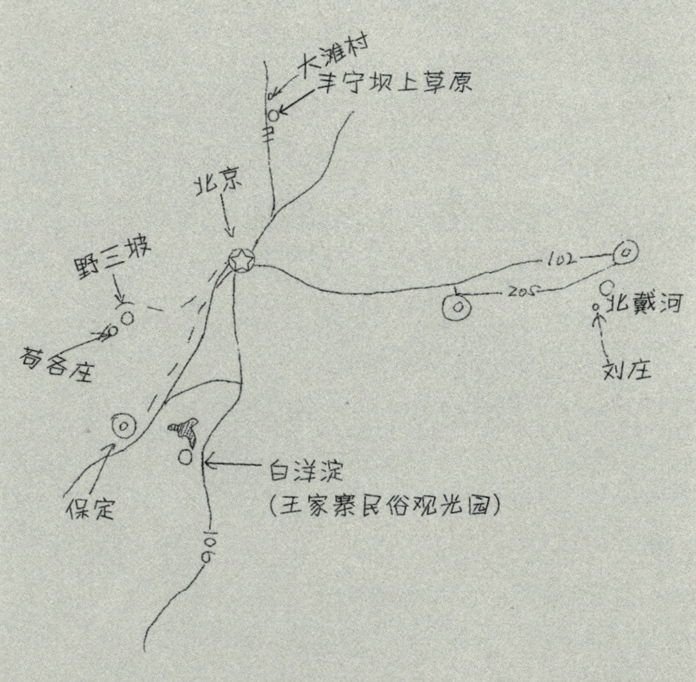

白洋淀

野三坡

百里峡

坝上草原

北戴河

1. 野三坡

11.1.1

野三坡村——

“北方小三峡”

关键词》》》》》》

鱼骨洞　民族风情园　竹筏　骑马　峡谷

■　最先听说，野三坡是国家级地质森林公园，那里河流众多、森林密布、溪潭环绕，因此享有“北方小三峡”的美誉。而真正来到了野三坡就会发现，野三坡的情趣还真不是用一般的语言可以形容的，一路走来，景区的风光集自然、人文、观赏、游玩之大成，自然的有山水潭瀑，森林野畜，鸟语花香，奇洞怪石；人文的有野舟横渡，走马观景，亭台楼榭，民族风情，处处有可赏可玩之景。

■　可以说，野三坡的山处处凸显出山的硬气，野三坡属太行山

脉，继承了太行山雄奇险伟的特点，景区百里峡的悬崖峭壁，全是刀劈斧刻一般，让人不由感叹大自然的鬼斧神工之妙。而山与水向来是相依相存的，野三坡的水正好填补了山石的硬气，给人温柔妩媚的感觉，那常流不绝的拒马河犹如一条细线，将连绵不绝的群山如珍珠一样轻轻缀了起来，形成一条有山有水、动静结合的“项链”，走在野三坡，不期而遇的小瀑布、山泉水总给人意想不到的惊喜，水气迎面，叮咚作响，让人完全沉浸在山水灵气构成的美景中。

■ 百里峡峡谷长约百里，走在里面清凉宜人，给人带来无限的轻松和愉悦。海棠峪里野花点点，白草畔生机盎然，其中的妙趣不可言尽，偶尔还会看到小松鼠拖着毛茸茸的大尾巴，发现有人过来，一转身就藏起来找不见了，留给我们不小的骚动和兴奋。野三坡鱼谷洞的传说更是给人无限的想象空间，岩洞里洞中有洞，洞洞相连，走在里面，恍然置身在一个神奇美妙的世界里，流连忘返。

村里的事

□ 野三坡风景名胜区位于河北省涞水县境内的太行山与燕山交会处，距首都北京100公里。由于特殊的地质构造，形成了独一无二的自然山水景观。风景区总的特点是凸显一个“野”字。景区总面积520平方公里，分为百里峡峡谷风光游览区、拒马河避暑疗养游乐区、佛洞塔奇泉怪洞游览区、龙门天关长城文物保护区、白草畔原始森林保护区及金华山寻奇狩猎区，6个景区内分布着199个景点，山水泉洞、林木花草、鸟兽鱼虫、文物名胜无所不包、无所不奇。景区有酷似桂林山水的拒马河风光、形如鬼斧神工的峡谷奇观、神秘离奇的奇泉怪洞、森林蔽日的白草畔、扑朔迷离的金华山等自然景观；又有古老的栈道庙宇、保存完好的平西抗日烈士陵园及少数民族村寨等人文景观，旅游资源独具风采，被誉为“京畿胜景”。

路线提示

自驾车→

由北京西三环六里桥(或西四环岳各庄桥)上京石高速，从琉璃河(第18)出口出高速(高速费10元)，右行3公里左右(有路标，十渡方向)遇红绿灯左转弯，行1公里过铁道后右转弯(有路标，十渡方向)，行3公里左转弯(有路标，韩村河方向)，行4公里顶头左转弯，行5公里到长沟路口右转弯(有路标，野三坡方向)，然后按照路标经一渡、二渡……十渡，再穿过野三坡镇后直行即到。

火　车→

6095次　北京西站—野三坡　06:20—09:19　车票7元

6437次　北京西站—野三坡　17:44—20:34　车票7元

6438次　野三坡—北京西站　10:31—13:24　车票7元

6096次　野三坡—北京西站　18:47—22:04　车票7元

游玩攻略

一天一夜游玩攻略：

周六一早出发，大约两个小时左右到达野三坡（自驾），到达后直奔鱼谷洞游玩，拍照，欣赏奇洞怪石。出来后可前往拒马河划竹筏，河边骑马，傍晚时回到野三坡选择农家院住宿，品赏特色饮食炸花椒芽、芥末合菜、炸河鱼、韭菜河虾、烤全羊。第二天早饭以棒糙粥、贴饼子、菜团子为主，上午稍事休息约9点左右返京。

两天一夜游玩攻略：

周六一早出发，第一天的行程安排可参照一天一夜游玩攻略。第二天吃过早饭，可前往附近的百里峡或者拒马河水上乐园游玩。下午4点左右返京。

消费报价

普通间（双人、三人、多人）：50—80元/间，5—20元/人

标准间（双人、三人）：40—180元/间，30—60元/人

火炕间：5—10元/人

重点推荐

凤来宾馆

集住宿、餐饮、娱乐为一体的综合性宾馆，可接待散客、学生团体以及旅游团体。依山而建，门前拒马河水缓缓流过，夏日在二楼的观景台上可聚餐会友。院内设有大型停车场地。距离野三坡各景点距离都不远。

联系方式：董凤来　0312-4568403　13833218310　13785229700

富丽园农家院

主人为人热情好客，开朗大方，做的农家饭菜会让您赞不绝口。临拒马河而建，可以欣赏到野三坡的好山好水。农家还可提供漂流5折优惠，以及预定周边各景区门票，享受不同折扣的优惠。

联系方式：李凤英　0312-4568918　13313225255

体验报告

交通状况：★★★★★

野三坡距离北京很近，自驾车大约一个半小时就能到景点，主要走市道，下了市道即是柏油路，路标清楚。

景点特色：★★★★★

野三坡是由很多景点组成的，最有名的是百里峡、鱼谷洞、民族园、白草畔以及拒马河，我们去的鱼谷洞、白草畔，大溶洞里面神秘诡异，泉水清澈，非常有趣。而白草畔清新自然，湖泊点缀在一片生机勃勃的草地上，远处小山时时演示着云海奇观，令人感觉野趣不断，意兴盎然。

住宿条件：★★★★★

野三坡周边农家院非常多，服务很到位，多是宽敞的瓦房，干净温馨，有单间，有大炕。农家院的特色饮食炸花椒芽、炸河鱼、韭菜河虾、棒糙粥、菜团子非常正宗，香味浓郁，让人胃口大开。

愉悦程度：★★★★★

夏天的野三坡清凉宜人，芳草吐绿，溪水潺潺，百花飘香，让人从中体会到无限的生机，整个游玩过程妙不可言，完全沉浸在大自然给我们提供的美丽世界中。不过因为景点，多时间有限，有些景色无法细细品味，略有点遗憾。

温馨提示：

1. 去野三坡最好提前和农家院联系，不要轻易相信景区外的"黑导"，容易被骗。
2. 野三坡有4个开发成熟的景区——拒马河、百里峡、龙门天关、白草畔，各景区之间部分时间有景区班车，"打的"也是可以的，各景区之间的距离都不超过20公里。
3. 野三坡的旅游旺季，集中在4—10月份，这段时间是野三坡景色最漂亮的时候。
4. 在野三坡中国移动（全球通、神州行）、中国联通（包括CDMA）手机都能够正常使用， 信号很好，但是已经属于河北地区。

2. 百里峡

11.2.1

荀各庄村——

百里峡的代名词

关键词》》》》》》

世界地质公园　百里峡正门　竹筏　爬山　驴车

■　提起荀各庄村，人们首先想到百里峡，很多人把荀各庄村当成了百里峡的代名词，因为荀各庄村距离百里峡不足一公里，住在荀各庄村游览百里峡的各个景点，非常方便。这也许就是荀各庄村从事旅游接待的农家院林立的原因吧。我大概统计了一下，荀各庄村东、南、西约有50余家农家院，尽管这样，我们周末去的时候，几乎家家客满，由此可见百里峡受欢迎的程度。

■　百里峡是因峡谷百里而得名，一路上完全沉浸在游山玩水的快乐当中，丝毫不觉得累，倒是拍照的时间让我们的游玩质量大打折扣，后来我们决定放下照相机，专心游玩，等回程的时候再拍照。在盘山的栈道上，标注的各种文史资料吸引了不少游客大声地读出来，路边生长的各种植物，各个都挂着“胸卡”，向路人展示各自的风采。过了约数十处奇形怪状的悬崖，就来到海棠峪，这里成了水的天下，谷底溪水潺潺，虎潭清澈如镜，越显得周边的海棠花、青檀苍翠鲜活，奇险的老虎嘴，狭窄的一线天，令人屏息凝神小心翼翼。刚过了这段险情，眼前矗立一座山头，正是“回首观音”，惟妙惟肖，在这里一定要记得拜拜啊，能保人一生平安的，灵不灵验是一回事，用这种方式寄托人们良好的心愿，很多人很乐意。

村里的事

□　苟各庄村因百里峡而受人关注。位于河北省涞水县野三坡镇苟各庄村的百里峡，是国家4A级旅游区，被誉为“天下第一峡”，是野三坡独具特色的景区之一。百里峡和北京市房山区接壤，总面积105平方公里，景点以峡谷风光、峰林景观为主体，是京西旅游景点中一颗最耀眼的明珠。

□　百里峡景区由三条幽深峡谷——海棠峪、十悬峡、蝎子沟组成，形如鹿角，全长52.5公里，景点众多。这里千奇百怪的岩溶、山泉、瀑布景观，集雄、险、奇、幽于一体，构成了一条浓墨重彩的百里画廊。蝎子沟长12.5公里，因沟中遍生蝎子草而得名。海棠峪是一条17.5公里的深涧，翠壁兀立，丛峦万仞，直插云天。每逢仲夏时节，野生海棠开满沟谷，清香四溢。十悬峡长22.5公里，分布着十数个造型各异的悬崖。进入百里峡，可谓步步有景，如入童话世界。有诗云：“京畿胜景在三坡，三坡魅力数沟各。幽峡三道藏绝景，虎嘴天桥一银河。”

路线提示

自驾车→

北京西三环六里桥（或西四环岳各庄桥）上京石高速，从琉璃河（第18）出口出高速（高速费10元），右行3公里左右（有路标，十渡方向）遇红绿灯左转弯，行1公里过铁道后右转弯（有路标，十渡方向），行3公里左转弯（有路标，韩村河方向），行4公里顶头左转弯，行5公里到长沟路口右转弯（有路标，野三坡方向）；然后按照路标经一渡、二渡行驶，直至十渡，再穿过野三坡镇后直行；然后经过一座大桥后左转弯（有路标，苟各庄、百里峡方向），行10公里后看到路右侧有河的村庄就是苟各庄村。

火　车→

6095次　北京西站—百里峡　06:20—09:34　车票8元

6437次　北京西站—百里峡　17:44—20:52　车票8元

6438次　百里峡—北京西站　10:18—13:24　车票8元

6096次　百里峡—北京西站　18:34—22:04　车票8元

游玩攻略

一天一夜游玩攻略：

周六一早出发，约两个小时后到达苟各庄，直接去景点百里峡游玩。从村子可以坐驴车到景点处，从正门进入，主要的路线是海棠峪、天梯、十悬峡，午饭可以在游玩的过程中进行，不用带太多食物，在景点周围就能买到。傍晚的时候回村子，联系农家院住宿，吃农家饭。第二天一早起床，在苟各庄村体验山村风情，上午9点左右返京。

两天一夜游玩攻略：

周六一早出发，约两个小时后到达苟各庄，第一天的安排可参考一天一夜游玩攻略，第二天可以游玩一些具体的项目，推荐划竹筏、垂钓、骑马，要看游客个人的兴致所在了，也可以前往野三坡等邻近的景点游玩。

消费报价 ////////////////////////////////

普通间（双人、三人、多人）：5—25元/人

标准间（双人、三人）：40—100元/间，10—30元/人

重点推荐 ////////////////////////////////

农家乐旅馆

距百里峡景区仅10分钟路程。农家主人热情好客，忠厚老实，虽然言语不多，但是能让您有一种多年老朋友的亲切感觉。主人做的农家饭味道非常好，而且菜量实惠，让您花最少的钱吃到最正宗的农家饭。

联系方式：李献江　0312-4563116　13191652023

双休假日旅馆

距百里峡景区百米之遥，设施、环境、服务堪称一流。农家院别墅式建筑，客房宽敞明亮，在百里峡周边是环境不错的农家旅馆。二层、三层都设有大型观景台和餐厅，炎炎夏日可坐在观景台观景就餐，俯视拒马河水缓缓流过。

联系方式：张术国　13231285522

体验报告 ////////////////////////////////

交通状况：★★★★★

因为景点是在河北保定地区，距离北京市区较远，但是由于景点非常有名，网上的路线资料非常多，比较好找，主要走高速公路，路况不错。

景点特色：★★★★★

百里峡的风景果然名不虚传，尤其是海棠峪，真正的山清水秀，

怡人心肺，各种野生动植物随处可见，给游客增添了很多意外的惊喜，各种地质切面向游人们展示了嶂谷奇观，妙趣横生，让人印象深刻。

住宿条件：★★★★★

苟各庄村几乎家家都是从事民俗接待的农家院，因此服务都是比较到位的，各种细节的东西房东都能想得到，饭菜以农家风味为主，不过炒菜就有点像饭店里面那样比较油腻了，建议还是点一些野菜、柴鸡、小米粥和饼子等。

愉悦程度：★★★★★

尽管苟各庄离北京比较远，但是一路游玩非常尽兴，百里峡景区给人最大的感觉是凉爽宜人，外面烈日炎炎，里面凉风习习，那种舒服的感觉可想而知。

温馨提示：

1. 百里峡景区门票50元，学生票凭学生证5折优惠。
2. 百里峡景区周边景点有：野三坡、鱼谷洞、龙门天关、拒马河水上乐园。有时间的朋友可以适当安排一下行程。

11.2.2

刘家河村——坐缆车游百里峡

关键词》》》》》》

蹦极　滑索　缆车　百里峡缆车进口

■　去过百里峡的人都会被那里的山水风光所吸引，恋恋不舍，但不知道您有没有想象过位于高处、俯瞰百里峡是什么感觉呢？所谓“不识庐山真面目，只缘身在此山中”，我们游山玩水的时候，沉迷于一景一致，一处风情，而其实单纯走一路，看一路，对整体风景的品味还远远不够，而刘家河村给了我们这样的一个机会——坐着缆车游玩百里峡。

■　且顾不上那些所谓的教练怎么示范，怎么提醒我们注意事项，站在缆车旁，我一直捉摸着坐这个缆车我可以看到什么风景，拿相机的手开始比画着要怎么拍，细心的朋友告诉我要把相机系在手腕上，我现在回忆，当时大家的胆子都还是挺大的，丝毫没有人觉得害怕。

■　缆车不是很宽敞，或者是代步的作用更大一些，坐上去开始有一种眩晕的感觉，有点兴奋也有点担心，和朋友一起抓牢吊绳，看到有人已经启程滑动了，兴奋的情绪占了上风，我们紧跟着滑动了。其实当抓住吊绳，不用探出头去，周遭的景致已经尽收眼底了，墨绿墨绿的是抻牛湖吧，露出一块一块壁立山石的一定是十悬峡了。高处的空气似乎更加新鲜，往来的缆车在空中交错而过，历数百里峡的三大幽深的峡谷，蝎子沟的一线天、磨耳崖、铁索崖；海棠峪的老虎嘴、回首观音；十悬峡数十个造型各异的悬崖以及抻牛湖，正在我们所处的下方静静等待着我们的到来。不过缆车路程太短了，我们刚刚来得及

好好品味这份美妙，刚刚开始评论目之所及的景点，就到达终点了。

村里的事

□ 刘家河村是三河市高楼镇所属村庄，高楼镇坐落在齐心庄镇与燕郊镇（开发区）中间，北与北京市相壤。所辖的刘家河村位于高楼镇人民政府东南侧约5公里处，临近百里峡景区，交通十分便利，地理位置优越。刘家河村林果业主要有桃和梨，其中桃树品种有油桃、久宝、绿化九、十四号等，村子里还有工艺美术，主要是木雕、骨雕。

□ 村子以百里峡景区而闻名。百里峡景区介绍请见“苟各庄村”。

路线提示

自驾车→

北京西三环六里桥（或西四环岳各庄桥）上京石高速，从琉璃河（第18）出口出高速（高速费10元），右行3公里左右（有路标，十渡方向）遇红绿灯左转弯，行1公里过铁道后右转弯（有路标，十渡方向），行3公里左转弯（有路标，韩村河方向），行4公里顶头左转弯，行5公里到长沟路口右转弯（有路标，野三坡方向），然后按照路标经一渡、二渡……十渡，再穿过野三坡镇后直行，然后经过一座大桥后左转弯（有路标，苟各庄、百里峡方向），行10公里后即到。

火　车→

6095次　北京西站—百里峡　06:20—09:34　车票8元

6437次　北京西站—百里峡　17:44—20:52　车票8元

6438次　百里峡—北京西站　10:18—13:24　车票8元

6096次　百里峡—北京西站　18:34—22:04　车票8元

游玩攻略

一天一夜游玩攻略：

周六一早出发，大约10点左右到达刘家河村。刘家河村是百里峡景区中唯一的缆车进口，因此直接乘坐缆车进入百里峡，游览百里峡的自然风景，推荐景点是海棠峪、十悬峡、蝎子沟，午饭可直接在景区内解决。傍晚时回到村里，选择农家院住宿，品尝农家饭。第二天一早可以前往果园采摘大桃，上午9点左右返京。

两天一夜游玩攻略：

周六一早出发，第一天的游玩安排可参考一天一夜游玩攻略。第二天可去拒马河水上乐园，划船、坐游艇，游玩各种水上项目，大约下午4点左右返京。

消费报价

普通间（双人、三人、多人）：10元/人

标准间（双人、三人）：40—120元/间，20元/人

重点推荐

河畔饭店农家院

位于野三坡百里峡风景区，就在景区门口。饭店紧邻拒马河畔，背倚百里峡蹦极台。这里小桥流水，山桃遍野。白天骑马、划竹筏、蹦极，晚上大家一起来个热闹的篝火晚会，唱歌、跳舞，其乐融融。

联系方式：刘春彬　0312-4563395　13930279335　QQ:109945191

京城饭店

位于百里峡风景区灵芝洞入口，集餐饮、住宿、娱乐为一体。京城饭店一层为就餐大厅，可同时接待上百人同时就餐；二层设有不同类型的客房；三层设有观景台，炎炎夏夜，坐在阳台抬头可望满天的繁星，低头可见拒马河边的篝火、烟花。

联系电话：刘桂荣　0312-4563199　13780329318　13501050417

体验报告

交通状况：★★★★★

大约需要两个小时的车程，自驾车的话可谓是“九曲十八弯”。好在百里峡的名气比较大，因此路标比较清楚，过了十渡，就到了百里峡。

景点特色：★★★★☆

村子临近百里峡景区，是百里峡景区的缆车进口，坐缆车去百里峡游玩，可以节省体力和时间，最重要的是体会那种山水尽在脚下，风景即在眼前的感觉，不过这个过程很短，游客们要好好珍惜。

住宿条件：★★★★☆

刘家河村农家院比较多，都很干净，是那种高大宽敞的农户家，家家院里种着蔬菜，搭着篱笆架子形成了一片绿荫，农家气息浓厚。农家野菜清淡可口，自养的家畜肉肥味美，住上两天非常超值。

愉悦程度：★★★★☆

刘家河村空气清新，山环水绕，让人神清气爽，前往百里峡游玩非常方便，缆车随时恭候，那种凌空移位的快感非常刺激，而海棠峪、十悬峡、一线天、老虎嘴的景色给人留下深刻的印象，让人彻底放松，村子果园的桃子个大鲜艳，带上一箱和朋友们共享，其乐无穷。

温馨提示：

1. 野三坡百里峡门票价格50 元，学生凭学生证5折优惠。
2. 坐缆车时尽量不要带手机、书包，拿相机拍照的时候要注意，不然掉下去可就找不到了哦。
3. 建议恐高的朋友不要轻易尝试缆车项目。
4. 刘家河村的果园主要以各类品种的桃子为主，春天3、4月份的时候是赏花春游的好季节，而每年的6、7月份则是大桃成熟的季节，喜欢吃桃子的朋友一定不要错过。

3. 丰宁坝上

11.3.1

大滩村——

烤羊消夏夜篝火

关键词》》》》》》

草原　白桦林　蒙古包　影视基地　烟花篝火

■　草原向来是和辽阔、奔放联系在一起的，看到那“天苍苍，野茫茫，风吹草低见牛羊”的场景，草原上的生灵自由自在地成长着，似乎天和地都会变得更宽阔起来，游玩的心也更加放肆大胆了起来，在草原上跑着叫着，累了就躺在柔软的像毯子一样的草地上，闻着青草混着泥土带来的清香，突然听见车轮嘎嘎和牧民吆喝的声音，抬起头来一看，不远处行来一辆轱辘车，坐着三五个游客，听说这个轱辘车已经不是牧民日常的交通工具了，

变成了游客体验草原生活的一个旅游项目了，走累了，爬上轱辘车想去哪里，主人就会带您去哪里。

■ 第二天，我们期待好久的民族歌舞和赛马节开始了，有人说要了解草原牧民的生活一定要参加他们的娱乐活动。白天的赛马节非常刺激，十几匹剽悍的骏马同时飞驰在碧绿的草原上，一时之间，翻飞的马蹄，掀起的衣角，以及呼喊的声音，整个场面沸腾起来，对于选手而言，名次已经不重要了，重要的是在辽阔的草原上展示着自己，展示自己和马儿的默契。我们在一边叫着喊着，比选手们还兴奋。民族歌舞是在晚饭后开始的，大家围坐在篝火旁，吃着草原上特色的奶皮子、烤羊肉，穿着宽大牧民服饰的少女们载歌载舞，鲜艳的颜色在篝火的映照下更显出生气，我发现，草原上的舞蹈多是几个人手拉手围成圈一起跳的，一旁的大叔说，以前的游牧生活让人们知道人多心齐才能有好日子过，跳舞也是大家一起的。

村里的事

□ 大滩村属于河北省坝上草原丰宁大滩镇，位于承德市西北部，地处燕山北麓和内蒙古高原南缘。丰宁县是河北省第二大县，自然地貌由东南向西北呈阶梯性增高，分为坝下浅山区、接坝深山区、坝上高原区三个不同类型的地貌单元，属典型的山坝县。气候类型属大陆季风型半湿润、半干旱的高原山地气候，山地小气候明显，年平均气温6.7℃。清乾隆四十三年（1778年）取“丰芜康宁”之意，始设丰宁县。

□ 丰宁坝上草原地域广阔，资源和物产较为丰富。全县主要农产品有玉米、水稻、小麦、谷子、莜麦、胡麻、马铃薯、各种豆类等，是全国玉米商品粮基地县、杂粮杂豆基地县。全县林地众多，盛产白桦、黑松、油松等木材，是三北防护林重点县和首都周围绿化县。区域内有较多的山野资源，如热河黄芩、猪苓、柴胡等中药材，以及山猪、狍子、山鸡、金针、木耳、山杏仁等野生动植物资源。全县有5条河流，是滦河、潮河的发源地。旅游资源得天独厚，丰宁坝上草原景点有“京北第一草原”、白云古洞、九龙奇松、洪汤寺温泉等众多景点。丰宁民间剪纸历史悠久，“滕氏布糊画”以其精湛的艺术享誉海内外。

路线提示

自驾车→

沿京顺路驶入开放环岛左转，走怀柔县城外环向雁栖湖方向行驶（看雁栖湖路标），到达雁栖湖直行进山，过幽谷神潭、云蒙山约140公里到汤河口镇可以看到往丰宁的路标，行驶到长哨营向左直行到丰宁县城。左转过一大桥到达丰宁县城（见路标—京北第一草原）右转直行，直到见到第一个岔路口右转，沿河道行驶至土城（从丰宁县城到土城大概10公里）。在土城环岛左转沿大路往大滩方向行驶约60公里处有去坝上的收费站，即到达大滩村。

公交车→

从北京西三环六里桥长途车站（大站）或三元桥公交站乘坐北京至丰宁或北京至多伦的车，进丰宁车站后直接转丰宁至大滩方向(坝上)的公交车即可。

游玩攻略

坝上草原在河北的承德市，距离北京较远，开车大约需要五六个小时，对于周末出游，时间上比较紧张；其次，坝上草原的游玩项目非常多，短时间内游玩不能尽兴，因此建议朋友们可以在网上发贴拼车或者包车游玩，并且至少安排一天以上的时间游玩。

两天一夜游玩攻略：

第一天的上午游览草原风光，主要是拍照，也可以坐坐草原特色的轱辘车，中午的时候吃手扒羊肉、喝草原上的奶茶，下午前往白桦林区游玩，晚上参加草原上的篝火晚会。注意不要玩到太晚，保证休息。第二天学习骑马、射箭，下午的时候购买草原上特有的口蘑、蕨菜，喜欢的话，买上一只野生整羊带回家也很不错。

消费报价 ////////////////////////////////////

普通间（双人、三人、多人）：10—15元/人

标准间（双人、三人）：80—150元/间，50元/人

火炕间：15元/人

重点推荐 ////////////////////////////////////

逸飞农庄

草原主人的质朴与豪爽定让您忘记所有烦恼，在这里您将充分享受到辽阔草原的无限风光，蓝天白云，骏马飞驰。

联系方式：孙亚楠　0314-8285629　13663342805

体验报告 ////////////////////////////////////

交通状况：★★★★★

实在是有点远了，好在一路上除了高速路就是柏油路，进入河北后多山地，沿途风景还是不错的，强烈建议朋友们选择自驾游出行，倒车确实费时间。

景点特色：★★★★★

草原果然名不虚传，我第一次见到这样辽阔的草地，起伏的山丘，草原的精灵，原汁原味的生活状态，给人们打开了完全不一样的世界。草原的白桦林非常健壮，就像草原卫士一样保卫着人们的生活，骑马、射箭、民族服饰，草原文化同样让人着迷。

住宿条件：★★★★★

草原温差非常大，晚上真冷啊。手扒肉相当劲爆，吃起来很爽，不过胃口不好的朋友建议不要多吃，羊肉不好消化。草原的夜晚

很安静，满天的星光灿烂是别处没有的，出去散步时还是要带上手电筒。

愉悦程度：★★★★★

秋天的草原风光旖旎，游客众多，学会骑马后和马一同驰骋在广阔的天地里，这种感觉都要让人上瘾了，夜晚的篝火晚会，身着草原服饰的少男少女翩翩起舞，尽管不知道他们唱的什么歌曲，但流露出来的热情和欢快的气氛久久却留在我们的心里；富有民族特色的手扒羊肉、奶茶、口蘑等美食，让人在游玩之余又大饱了口福。

温馨提示：

1. 在坝上骑马，最好的时期为7、8、9三个月，草深林密，马儿肥壮。冬季去草原看雪景也不错。
2. 坝上水质较差，备一箱矿泉水，到达后或喝或用，会很方便。充足的零食可以在往返10小时的山路上消磨时光。
3. 草原早晚温差较大，即便是盛夏夜晚也非常冷，长袖外套很必要。而白天草原日光较足，最好采取防晒措施。

11.3.2

扎拉营村——

草原长调马蹄声

关键词》》》》》》

草原　白桦林　蒙古包　卡丁车　影视基地

■　一个民族的形成需要共同的语言、文化、历史和生活习惯，牧民是草原民族的统称，依靠着他们脚下的那寸草地生活，要体验草原的文化就要了解牧民每天的生活，但是随着牧民和外界的联系越来越多，那种纯正的草原文化似乎已经很少见。而来到拉扎营村，亲自体验那里的草原民俗接待，热情的人们马上给你带来了异域风情的感觉。一踏进蒙古包，洁白的哈达迎到面前，身着民族服饰的长者，手捧着酒高举过头，口里唱着传统的歌曲，真是让人备感荣幸，更不要提温热美味的奶茶熨平舌苔滑过喉咙，专门为远道而来客人准备的烤全羊香气扑鼻，淳朴热情的主人通过种种方式，就是要让您觉得无限放松。

■　牧民接待尊贵客人除了用歌唱、用欢笑、用敬意表达之外，还会以草原上特色的游玩和美食招待游人。上午出来蒙古包，骑马、坐轱辘车、射箭都会有专门的人；午饭时回到蒙古包，手扒羊肉、柴鸡炖蘑菇，草原荷叶鸡，变着法让您挑剔的胃折服。羊肉暖人壮身，山野菜营养丰富，奶茶随时不断，累了就躺在毛毡子上休息。夜晚草原的天空一片绚丽，明亮的星星调皮地眨着眼睛，似乎在讲着很久以前发生的事情。

村里的事

□　扎拉营村位于丰宁县北部，是京北草原度假村区域内的小村庄。一望无际的草原，天蓝、水碧、空气清新的生态环境，使扎拉营村有“天然氧吧”之称。近年来，扎拉营村依托得天独厚的

自然资源，采取合资、引资等措施，积极发展旅游产业，这里村风淳朴、村民热情好客，已成为北京人假日里自驾车出游的首选目的地。

□ 坝上草原风情园马术俱乐部位于河北省丰宁坝上草原大滩镇扎拉营村，该俱乐部为坝上草原新农村的崛起者，1988年开始经营，至今已有20余年的历程，丰富的经营理念，热情周到的服务，齐全的设施，再加上辽阔的草原，沁人心脾的草香，奔驰的骏马，为游客的出城游玩避暑纳凉找到最佳的归属。如果您厌倦了城市中的嘈杂，就来坝上草原风情园，这里是您城市以外的家。

□ 草原农家特色菜：烤全羊、烤羊腿、香酥羊腿、手扒羊肉、柴锅焖羊羔、柴鸡炖蘑菇、气锅八仙、草原荷叶鸡、炸山鸡块、五香鹿肉、柴锅炖大鹅、野黄花炖牛肉、坝上乱炖、莜面窝子、山药芋子、酸菜土豆粉、柴锅麻油饼、焖狗肉、坝上金针菇、孜然土豆丝；农家主食：家常大饼、贴饼子、菜团子、发面卷、米饭等各种主食；烧烤类：烤全羊、烤野兔、烤鱼、烤羊腿；酒水饮料：马奶酒、闷倒驴、雪碧、可乐、啤酒等各种齐全。

□ 景点游玩项目：滑草、滑索、四轮摩托、蒙古人家、弹跳飞人、射箭。

□ 农家游玩项目：蒙古歌舞表演、专业马术培训、骑马、篝火、越野车、烟花爆竹、滑草、滑索、射箭等。

消费报价

普通间（双人、三人、多人）：50元/间，10—15元/人

标准间（双人、三人）：40—80元/人

火炕间：10元/人

包吃包住（三餐加一晚住宿）：80—218元/人

重点推荐

草原骑士俱乐部喜旺农家院

在辽阔的大草原上与骏马为伍，以马会友，嘹亮的歌声，爽朗的笑声回荡在草原的上空，草原骑士俱乐部是爱马者的乐园。

联系方式：张喜旺　0314-8284865　13673144765

QQ:446093025

思逸庄园

在这里您可以感受到“思昔漠北啸苍狼，逸气黄花塞外香。庄宗负矢函首日，园察损益尽雪藏”的浑厚和“致虚极，守静笃；万物并作，吾以观复”的妙境。

联系方式：0314-8285180　13623249056

游玩攻略

去草原游玩要安排出两天以上的时间，因为在路上就要花掉六七个小时，在旅游季节草原上会有大型的民族歌舞演出，可以提前和农家院打听好，建议选择中午坐车，当天傍晚到达，晚上记得要出门看看草原满天亮晶晶的星星。第一天白天体会草原的民俗接待，游玩各种项目，骑马、射箭， 中午的时候品尝草原特色菜，建议晚上篝火晚会的时候烤全羊，边玩边吃，载歌载舞，非常惬意。第二天上午的时候可以再去骑骑马，放放风筝，四处闲逛一下，中午吃过饭返京。

体验报告

交通状况：★★★☆☆

路很远不好走，一定要找一个经验丰富的人开车，从北京出发穿过怀柔进入山区后，就要一直在山路行驶，车多路窄，驾驶难度很大。

景点特色：★★★★★

拉扎营村以草原民俗接待出名，因此这里的草原文化氛围非常浓，处处可见着民族服饰的牧民，同时这一段的草原茂盛，骏马成群，村子里还有马术俱乐部，同行的一个研究草原文化和另一个善于骑马的朋友对这个地方赞不绝口。

住宿条件：★★★★☆

比较干净舒适，想住蒙古包的话要提前预订，但我觉得蒙古包有一种压抑的感觉。农家院里大多数在草原边上的村子里，最绝的是草原上的特色美食，重点推荐烤全羊、手扒羊肉、柴鸡炖蘑菇、草原荷叶鸡，素一点的山野菜也非常地道。

愉悦程度：★★★★★

民俗接待、骑马、射箭游玩项目丰富，非常放松，尤其是草原的特色美食，放养的羊肉味道纯正，野生的蘑菇肉厚筋道，我个人不是很喜欢奶茶，就不做推荐了。

温馨提示：

1. 坝上草原属高原气候，早晚温差较大，不要忘记带厚衣物。
2. 女生不要穿裙装，建议最好穿运动鞋。
3. 草原的水质不太好，尽量带足饮用水。
4. 简单生活日用品自备：白酒或红酒、手电筒、一次性餐具、洗漱用品、常用药品等。
5. 路过丰宁县城有银行全国联网，到坝上草原只有一个农村信用社没有联网，就没有取款的地方了，习惯刷卡消费的游客，要提前计划好带足现金。

11.3.3 孤山子村——做一回草原飞人

关键词》》》》》》

草原　滑翔　白桦林　滑草　避暑

■“在一个风和日丽的天气里，张开五彩的伞翼，向广阔的田野飘然飞去。”正是这句话，让我产生了对草原滑翔的无限向往，可以说，在空中自由自在地飞翔是每个人童年的梦想，尤其是在一望无际四周碧绿的田野上，而在坝上，做一回草原飞人原来是这样的容易。

■ 当然，必要的安全措施还是要有的，坐滑翔机的话，尽量在教练员的陪同下，免得手忙脚乱地栽下来。动力滑翔机有一点不好就是响声有点大，在草原上空盘旋感觉像侦察机一样，少了点游玩的闲情逸致。最安全最简单的是乘坐吊篮，任硕大的热气球载你飘飘悠悠翱翔蓝天，将整个草原的风景一览无遗。最刺激、惊险的是一个人身背滑翔伞选择一个高坡，冲下去，借着下冲的动力伞体撑开，带着人上升，然后慢慢滑落。

■ 这一次，我们同去的三个人不约而同对滑翔伞青睐有加，看教练示范了两次就禁不住跃跃欲试，朋友说好要在下面找好角度给我拍照，教练给我系好肩带戴上头盔，告诉我掌握好下冲的角度，我站在指定的山坡上，深吸了一口气向下跑起来，开始我是双脚踏踏实实地跑在地上，不久感觉好像后背被别人猛地一提，双脚就开始离地腾在空中，慢慢上升，听着耳边响起呼呼的风

声，我大叫起来，不过我刚明白过来自己的状态时，双脚已经落到山坡下的平地上了，醒过神来回望教练站在的那个高高的山坡，真不敢相信自己是飞下来的。朋友凑上来给我看他手中的照相机，一副手脚扑腾、张牙舞爪的样子，果然是非同一般的体验！

村里的事 ///////////////////////////////////////

□ 孤山子村属于坝上碾子峪乡，位于乡政府东部4公里，村中以山场面积居多。“坝上”是一地理名词，特指由草原陡然升高而形成的地带，又因气候和植被的原因形成的草甸式草原。现泛指河北张家口以北100公里处到承德以北100公里处，统称为坝上地区。就旅游地域而言，主要又分为丰宁坝上、围场坝上、张北坝上和沽源坝上。丰宁坝上起自张家口市的张北县、尚义县，中挟沽源县、丰宁县，东至承德市围场县。

□ 坝上草原夏季无暑，清新宜人。夜幕之时，明月篝火，是诉说情话的好去处；游客可以到篝火旁同南来北往的游客尽情地攀谈、跳舞、唱歌；还可以独自坐在草原上，享受独处的妙趣。清晨起床，你可以踏着软软的天然草毡，聆听百鸟清脆的歌声；也可去看看草原的日出。一轮红日冉冉升起，绿叶上晶莹透明的露珠，立刻变成了闪烁的珍珠；各种植物转眼一片嫩绿；马群、牛群、羊群也在广阔的草原上开始蠕动，真是一片“天苍苍、野茫茫，风吹草低见牛羊”的草原胜景。

路线提示 ///////////////////////////////////////

自驾车→

沿京顺路驶入开放环岛左转，走怀柔县城外环向雁栖湖方向行驶（看雁栖湖路标），到达雁栖湖直行进山，过幽谷神潭、云蒙山约140公里到汤河口镇可以看到往丰宁的路标，行驶到长哨营向左直行到丰宁县城。左转过一大桥到达丰宁县城（见路标—京北第一草原）右转直行，直到见到第一个岔路口右转，沿河道行驶至土城（从丰宁县城到土城大概10公里）。在土城环岛左转沿大路往大滩方向行驶约60公里处有去坝上的收费站，先到大滩镇，穿过二道河村，到达孤山子村。

公交车→

从北京西三环六里桥长途车站(大站)或三元桥公交站乘坐北京至丰宁或北京至多伦的车，进丰宁车站后直接转丰宁至大滩方向(坝上)的公交车，在孤山子村下车。

游玩攻略

孤山子村周围草原地形坡度变化较大，因此比较适合草地滑翔，想玩滑翔伞，孤山子村是游客们最好的选择。到达草原的第一天，可以先玩骑马、射箭等常规的项目，第二天可以尝试做一次“草原飞人”——滑翔伞，玩累了傍晚回山村亲自动手和主人制作烤全羊，外焦里嫩的羊肉定让您食欲大增，晚上不要忘了参加富有民族特色的篝火晚会。第三天返回之前最好去村子的特产市场购买草原口蘑、蕨菜，是馈赠亲朋的上品。

消费报价

普通间（双人、三人、多人）：50元/间，10元/人

标准间（双人、三人）：80—100元/间，50元/人

火炕间：10—15元/人

重点推荐

乡野农家院

农家院落宽敞明亮，门前是绿油油的草原，站在这广阔天地下，心情豁然开朗，微风拂面，乡土气息扑面而来。夏季凉爽舒适的温度，看碧空云卷云舒，诗中的境界在这里体现。

联系方式：武萌　0314-8284886　13653345055　15932413750

体验报告 ////////////////////////////////

交通状况：★★★★★，

坝上距离北京较远，但是路况相对不错，自己开车，从北京出发到孤山子村大约需要6个小时，并不是件很轻松的事，几个人轮流开，相对好一些。

景点特色：★★★★☆

孤山子村附近的草原地势多变，并不是很适合纵马驰骋，但是对于草原空中的游玩项目非常适合，三五一群结伴而来的游客，呐喊着，从坡上快速地滑下，引起一片惊叫和欢笑，非常刺激，同时也是锻炼胆量的好地方。

住宿条件：★★★★☆

草原上的农家院和平原上的差不多，不同的就是几乎每个农家院里都有马厩，主人一般都养着自己的马匹，谈起马经来，一套一套的，让人感觉非常新奇。吃的烤全羊、口蘑，非常地道，不过村子的水质不太好，感觉有点苦。

愉悦程度：★★★★☆

6个多小时的车坐得我们有些无聊，但是到了孤山子村看到从高处飘来的“草原飞人”，我们的兴致一下子提高了，体验了那种飞在空中的奇妙感觉，无限刺激；听到了纯正的草原歌曲；住在草原里的农家院品味草原烤全羊，非常享受。临走的时候背了一大包口蘑、蕨菜等特产，这样的草原之行，哪个会不喜欢呢？

温馨提示：

滑翔伞起飞之前的检查：

1. 检查整个伞衣有无撕裂、刺穿和擦伤情况，特别要注意查看伞衣下表面的前沿部分。

2. 检查伞衣内是否有沙子、碎石子或石块，伞衣内即使有少量的这些东西，也会影响到它的飞行性能。

3. 检查每根伞绳以及之间的连续性，是否缠结在一起或磨损，保证各自功能的发挥。

飞行的注意事项：

1. 严禁单独一人飞行。

2. 飞行中始终戴头盔。

3. 不论起飞或着陆必须是迎风的。

4. 着陆后立即使伞衣排气。

4. 白洋淀

11.4.1

王家寨水乡民俗村——

看不尽的华北明珠

关键词》》》》》》

看荷花　水特产　放河灯　龙舟　戏曲

■　一直困惑于北方风景秀美的山水众多，为什么白洋淀被称为“华北明珠”，难道就仅仅是因为她是中国海河平原上最大的淡水湖吗？当初我是带着这个疑问来到王家寨开始了拜访白洋淀之旅的。两天的探访中，我找到了答案。所谓明珠者，必是集天地精华。白洋淀聚集了自然人文的无限关爱，以荷著称，以水闻名，风光旖旎，处处可以入画，光泽夺人眼目。王家寨就是白洋淀上的一个湖心岛，三面环水。从王家寨出门就是淀子，远望整

个淀子就是一片荷花的海洋，站在四周密密匝匝竞相绽放的粉荷之间，微风送来阵阵荷香，似乎还带有一种清水的甜美，荷叶随风翩翩起舞，水面泛起粼粼波光，让人恍然觉得自己是其中的一株荷花，正争奇斗艳，璀然绽放。

■ 农家修起的简易浮桥栈道，指引着我们一会儿走进荷花荡，一会儿又钻进了芦苇丛，让人感叹各个景点设计之巧妙，把水上、水边的各种游玩情趣一一向游客展现了出来。而当我们乘坐小木船在弯曲的水道中徐徐前行，伸手就可以牵来一株荷花时，眼前浮现起小说《荷花淀》的场景，水生嫂几人寻夫不得，在回来的路上，“她们轻轻划着船，船两边的水哗、哗、哗。顺手从水里捞上一棵菱角来，菱角还很嫩很小，乳白色。顺手又丢到水里去。那棵菱角就又安安稳稳浮在水面上生长去了。”引人无限遐想，小船行程渐快时，水边的野鸭嘎嘎叫着，我突然想起李清照的名句“争渡，争渡，惊起一滩鸥鹭”，那种欢快、自在，充分放松的感觉油然而生。

村里的事

□ 王家寨水乡民俗村坐落于风景秀丽的白洋淀内，西距县城2.5公里，民俗村风景秀美，景色宜人，民风淳朴，是一个集民俗旅游、度假、餐馆、娱乐于一体的综合性休闲度假的理想去处。目前水乡民俗村整个区域呈“T”字形，内设观赏区、游乐区、度假区。

□ 观赏区：荷花观赏区内荷塘15公顷，占区域总面积60%，蜿蜒曲折的荷桥穿梭于荷塘之中犹如一条玉龙在荷塘中游走，穿芦荡、跨荷塘，把三区景观有机地连在了一起，游客既可踏桥赏荷、观鱼、戏水留影，也可站在河堤上俯瞰眺望，白洋淀水天一色，苇淀相连、渔帆点点、妙趣天成，独特的自然风光和荷塘奇景尽收眼底。

□ 游乐区：游乐区内一T字形互动的表演舞台，游人既可赏歌观舞，也可在其中尽展风采，四周石凳的设计更能让您在休息之余一览民俗村的秀丽风光。百亩鱼池以及自由捕区为游客提供了垂钓、扣花罩、夹罱子、下网等水上活动，让游客亲身感受渔家之乐，“自捕淀中鱼，自做渔家饭”更是别有一番滋味。

☐ 度假区：度假区内设有商品部，餐厅还特设了自助厨房，游客可亲自下厨烹饪自己所钓获的活鱼。在用苇箔搭起的美食长廊内，游客既可纳凉、对酌小饮，又可品尝到独具白洋淀特色的全鱼宴、乾隆独爱的“半蒸半煮”以及水乡各色风味小吃。

☐ 白洋淀主要景点：白洋淀文化苑、白洋淀荷花大观园、白洋淀异国风情园、元妃荷园。

路线提示

自驾车→

1. 走京深高速，从徐水往东行，至容城下高速，走引线直接到安新，到关东码头 或旅游新码头乘船到王家寨水乡民俗村。

2. 走京广公路，到保定往东行走省道保静县，直接到安新，到关东码头或旅游新码头乘船到王家寨水乡民俗村。

长途车→

1. 从北京木樨园长途汽车站（早晨6点至晚上18点， 40分钟一趟）到雄县（票价26元），约3个小时路程，下车坐5路到白洋淀水乡郭里口（2元），从郭里口坐船1.5公里到达王家寨水乡民俗村。

2. 北京木樨园长途汽车站坐车到安新（36元），打车到老码头下车找到王家寨水乡民俗村的船（5元）。

消费报价

包吃包住（三餐加一晚住宿）：85元/人

重点推荐

红莲007号农家院

接天莲叶无穷碧，映日荷花别样红。同时身为一名人民教师的小院女主人，热情好客，保证让您吃得好、住得好、玩得更好。

联系方式：张素体 0312-5130157 13930283691（出城游）

绿云农家院

农家主人是个乡村教师，很热情，也很真诚，住在这里您会得到不一样的享受，吃这里的鱼，享这里的水，很惬意的。

联系方式：陈贺良 0312-5130345 13933260223

陈思阳 15032287056

游玩攻略

一天一夜游玩攻略：

周六一早出发，大约3个小时到达白洋淀。可以先去农家院简单吃点饭，王家寨水乡民俗村就在白洋淀的一个湖心岛上，吃过饭就可以租船在淀上游玩。下午先去文化苑、大观园赏荷，然后去渔人乐园，在这里可以体验白洋淀渔民生活，下网捕鱼、踩脚踏船、撑竹筏，傍晚回到农家院，晚饭可以品尝当地的特色菜——全鱼宴，味道鲜美，偏重北方味重的特点，晚饭后去淀上放荷灯，赏夜景，闻荷香，别有一番情趣。晚上住在农家院，一早起床购买当地特产后返京。

两天一夜游玩攻略：

周六一早出发，到达后去文化苑、大观园游玩，第一天的游玩项目参照一天一夜游玩攻略。第二天起床后主要游览元妃荷园、鸳鸯岛和渔人岛，可以购买当地的特产。下午4点返京。建议选择两天一夜的游玩，时间比较充裕。

体验报告

交通状况：★★★☆☆

路途比较远，不过长途汽车比较方便，自己开车的话会更快一些，大约两个多小时进入安新后，一路公路到达王家寨水乡民俗村，路况较好，标志清楚，地点好认。

景点特色：★★★★☆

王家寨水乡民俗村的白洋淀开发早，较其他地方的淀区景点设施完备，是远近闻名的荷花大观园，其中的风情园、元妃荷园、文化苑风光旖旎，而各种各样的小饰品、土特产无不与荷文化有关，令人眼界大开。

住宿条件：★★★★☆

王家寨水乡民俗村三面环水，具有浓浓的水乡情调。农家饭以水上风味为主，鱼虾藕蟹，非常美味，晚上打开窗子直接对着满淀的荷花，清幽安静，凉爽宜人，闻着淡淡的荷香，真像是在枕着一淀的荷花入睡了。

愉悦程度：★★★☆☆

白天逛遍景区，全是荷花的天下，看遍各式各样竞相绽放的荷花，水乡的浓重特色再加上优美的历史传说，给白洋淀更多迷人的色彩，让人游玩非常尽兴。傍晚住在干净的农家院，品尝水乡风味的农家饭，蹲在河边放荷灯，在清新凉爽的夜晚也会梦到风姿绰约的荷仙子，确是一种难得的放松体验。

温馨提示：

1. 购买当地特产一定要货比三家再做选择，最好在房东的建议下购买。
2. 乘船时注意保管好自己的贵重物品，如：手机、照相机等。不要把手放在船窗外，以免发生危险。
3. 户外活动请带防晒霜、墨镜、太阳伞、蚊不叮；晚间放荷灯时请穿长袖衣物，防蚊虫。
4. 划船的时候，新码头需交入淀费30元 ，旧码头是免费的。
5. 每年7月23日至9月23日，是各品种荷花盛开的季节，因此是白洋淀旅游的最佳时间。

5. 北戴河

11.5.1

刘庄村——

靠海最近的村子

关键词》》》》》》

海滨乡村　沙滩娱乐　海鲜烧烤　海产品　地方风味特产

■　第一次见到海是什么感觉呢？激动吗？兴奋吗？呼喊了吗？对于那些从小在水边长大的朋友而言，或者会认为面对大海，没有必要这么夸张，尽管我家乡的河流星罗棋布，从小也是玩着水长大，但是到北戴河初次见到大海，还是忍不住在沙滩上张开双臂大喊了起来。那种安安静静的广阔，那种不加修饰的水天一色，不远处泊着巨大的邮轮，沙滩上散着游玩的人群。脱下鞋子和袜子，小心翼翼地下海，清凉的海水把那种顺畅的感觉通过小

腿传导到全身，熨平了夏天燥热的心情，而海底被水冲平的鹅卵石抚摸着脚底板，痒痒的，站在海水中，海波一浪一浪地涌过来，这时试一下，用心注视面前的水面，会感觉自己已经和大海融为一体，随着波浪轻轻涌动，自由随意，无忧无虑。

■ 来北戴河最经典的游玩项目要数看日出了，不过听说周末的时候人特别多，所以我们选周三去的，但我们到了不一会儿，海边不知不觉已经聚集了一大帮的人，众人正等得着急，东方海平面上出现了鱼肚白，有经验的人小声说："快来了，快来了。"于是大家屏息凝神等着那一刻到来。只见平静的水面上先是慢慢发红，天渐渐敞亮起来，似乎就在我们脚下，水天相接处透出了一丝光线，没有几分钟，这个线放出的光越来越多，线变成了半圆，最后突然一下子，一个明媚的火球跃出了水面，人群中的骚动变成了兴奋的欢呼，好像跃出水面的是我们这一群人似的。十几分钟后，海面上波光粼粼，天大亮了，新的一天就这样开始了。

村里的事 ////////////////////////////////////

□ 北戴河刘庄度假村（又名刘庄村）位于驰名中外的避暑胜地北戴河的东南部沿海地域，始建于清朝乾隆年间。当地渔家旅馆非常繁荣，在东北、京津地区名声大噪，成为北戴河"渔家乐"特色旅游品牌，大力开发以农（渔）家休闲旅游为主要形式的乡村旅游，打造了具有个性化的旅游休闲度假区，以海上垂钓、沙滩娱乐、海鲜烧烤、品渔家菜等特色项目为游客提供了一种全新的旅游产品。

□ 北戴河位于渤海湾北岸中部，河北省东北部，是秦皇岛市的一个区，是北京著名的海边旅游胜地，风景区西面是婀娜俊美的联峰山，山色青翠，植被繁茂。沿海开辟的30多个专用和公共海水浴场，为游客尽情享受海浴、沙浴、日光浴提供了理想的场所。景区内的鸽子窝公园，是观日出、看海潮的最佳境地，沿海岸线向内，有秦皇宫、北戴河影视城、怪楼奇园、金山嘴、海洋公园等各种风格、不同特色的旅游景点分布。在北戴河西南2万多米的昌黎海滨，有4.5万米海岸，45公里林带，沿海具有沙细、滩缓、水清、潮平的特点，是海滨避暑旅游胜地。

□ 北戴河特产：北戴河濒临渤海湾，特产以海产品为主：铁板蟹、干贝、海蝗鱼、梭鱼、墨斗鱼、带鱼、鱿鱼、海螺、毛蚶等贝壳类品种繁多，集渤海湾海味产品之精华。工艺品包括各种珍珠饰品：门帘、项链、珍珠挂件、贝堆、贝雕、人造琥珀、砖雕等工艺品，都非常有当地特色。还有一种当地人用平螺（海底发光的一种螺）加工制成的装饰品，是当地特产与手工制作艺术的结合。

路线提示

自驾车→

从北京东四环上京沈高速路，到北戴河出口出高速，还有约15公里直行路段，沿路标行驶即到。

火 车→

北京站出发，乘坐去往北戴河方向的火车，到达北戴河车站后乘坐5路或22路公交车到海滨汽车站，然后转乘34路公交车即可到达刘庄村。

游玩攻略

一天一夜游玩攻略：

周六一早出发，提前预订好农家院，大约上午10点的时候能够到达刘庄村，放下东西先去沙滩游玩，中午的时候有很多小吃可以选，根本不用带食物，面对大海可以尽情享受海浴的美妙。下午的时候把精力放在游玩周边的各大公园上，可以先租辆自行车，推荐的路线是联峰山公园、鸽子窝公园、老虎石海上公园，当然不要忘记搜罗当地的特产。傍晚的时候回农家院住宿，第二天早点起床去鹰角岩看日出，随后可以前往别墅园游览一下，约在9点左右返京。

两天一夜游玩攻略：

同样是周六一早出发，提前预订好农家院，到达后放下东西，先租辆自行车游玩北戴河周边公园，路线参考一天一夜游玩攻略，傍晚回农家院休息。第二天一早去看日出，然后把一天的时间放在海边，尽情地享受大海带给你的轻松，同时不要忘记购买特色产品，建议可以去游船玩，下午4点左右返京。

重点推荐 ////////////////////////////////////

兴旺宾馆

主人是秦皇岛探险协会会员，热情开朗，喜欢交朋友，因此宾馆价格相当的物美价廉，是典型的宾馆级享受，普通旅馆的价格。主人可以带大家进山，感受秦皇岛的农家氛围，吃地道的农家特色饭。

联系方式：徐立杰　0335-4032169　0335-8096331

13191838852　QQ:836171513

颖利旅馆

位于北戴河旅游景区的中心地带,地理位置优越，通往山海关旅游区的34路、南戴河观光点的22路、北戴河火车站的5路公交车均途经于此，方便您的出行。旅馆从事旅游业近20年，有良好的信誉度和知名度。

联系方式：王颖莉　0335-4042699　03358656792　QQ:4950641

消费报价 ////////////////////////////////////

普通间（双人、三人、多人）：50—100元/间，20元/人，

标准间（双人、三人）：50—100元/间，30元/人

体验报告

交通状况：★★★★☆

由北京东四环四方桥到京沈高速公路北戴河出口,共253公里,路途每几十公里都有明显的路段距离标志，全程差不多2.5小时。基本上每隔40—50公里便有服务区。加油站、洗手间很全，京沈高速路况很好,两个收费站费用在15—20元之间。

景点特色：★★★★☆

典型的海岸风情，有著名的沙滩日光浴、海浴、海上日出等，而鸽子窝公园、鹰角石、海洋公园等人文景点游玩项目也非常丰富。此外，北戴河的特产琳琅满目，花样繁多，如珍珠饰品、特色海鲜、小吃以及有名的元鱼酒、春雪啤酒、北戴河火腿肠，在联峰山公园东南门转上一圈，定让您收获颇丰。

住宿条件：★★★★☆

在刘庄村住宿非常方便，各种档次的房间一应俱全，特色小吃比较多，可以随意点。刘庄村离海边也就5分钟的路程，看日出非常方便，因此游人非常多，尤其是周末的时候，经常客满。

愉悦程度：★★★★★

前往北戴河避暑和游玩兼顾，看日出、沙滩游玩、各种小吃，尤其是傍晚的时候开车到海边的大排档吃海鲜，真是非常惬意。另外，在老虎石海滩那里的小餐馆，门口摆着活蹦乱跳的鲜货，任游客随意挑选，选中之后立即送入厨房，一会儿就可品尝美味的海鲜，非常尽兴，而在游玩的过程中，可以在村子里租到双人或者3人自行车，同样给游玩增加了不少乐趣，就是游人太多了。

温馨提示：

1. 照相机是游览北戴河非常重要的装备，要注意人多的时候防盗。

2. 尽量买活蟹，买死蟹时要注意闻之无腐臭味，蟹腿坚实而有弹性者较为新鲜；买到海蟹后要即刻蒸煮，尽快吃掉，熟蟹在阴凉通风处也至多保存一二日。食前尚需再蒸透消毒杀菌。食时，可佐以姜末、醋汁和大蒜。

3. 在北戴河游泳一定要小心暗礁，海浴需自备游泳衣裤，不要租借；不要穿浅色普通内衣下海；海浴时戒登礁石以免被牡蛎壳甲擦伤；上岸后要防止暴晒，注意保护皮肤；海浴后要用淡水冲洗。

4. 赤土山、鹰角岩、小东山、联峰山望海亭均是看日出的最佳去处；如果想完整地看到“晨曦云霞”、“红日浴海”、“日落洒金”等日出三景，应提前30分钟到达；只有在非阴云天气及无雾情况下，才能看好日出，要注意看天气预报。

5. 北戴河昼夜温差较大，中午海滩上会遭遇暴晒，但凌晨天气就相当冷，应穿足衣服。

6. 可以在景点内租用双人和3人自行车代步，车费是20元一小时，租的时间长可以半价。

6. 京西草原

11.6.1
太师庄——
马蹄声声踏平川

关键词》》》》》》

京西草原　骑马　马术俱乐部　草原娱乐

■　每到暮春盛夏，广袤的草原绿草茵茵，野花吐艳，风景宜人。一群群牛羊在翡翠般的草滩上追逐嬉戏，人们骑着骏马疾驰而过，给这里平添了几分奔放辽阔之感。而对我来说，“春风得意马蹄疾”、“踏花归去马蹄香”这些对骑马体验的描绘印象颇深，每每想到辽阔的大草原，总是让我心生向往，而前往太师庄京西草原，终于了却了我的夙愿。尽管我没有看到湖边飞翔的仙鹤，没有看到天空飘散着的小雪，但我见识了四分之一英格兰血

统骏马的灵性，体验了驰骋大地的感觉，兴奋之情远远抵消了长达一周的身体酸痛。

■ 马是草原的灵魂，没有骏马身影的草原是死气沉沉的。有了马，草原的风景才生动起来，而马背上那一个个娴熟、挺拔的骑手，又给这幅风景添了几笔靓丽的色彩。记得古希腊神话里有个叫安泰的大力士，他的身体一接触大地就能汲取大地的力量，不会被人打倒。由此可见大地是最给人安全感、最让人踏实的。我向来害怕两脚离地，无处可依，但是驯服的马儿不会让你感到惊恐。在马背上你可以感觉到它平稳踏实的步伐，慢走、起步、小跑，它能够揣摩主人的心思，感受到主人的情绪，不断调整自己的步伐。有这样的好马为伴，放心大胆地远眺草原与蓝天相接之处，惬意自由，浮想联翩。当然，一定要让热情的房东帮你挑匹驯服的马，或者直接找当地的马术俱乐部，由专业人士护驾。

村里的事 ////////////////////////////////

□ 太师庄位于河北怀来，属于康西草原的一部分，自驾车走八达岭高速路仅需90分钟。那里不仅有宽阔的草原，而且依山傍水，是一个骑马驰骋的风水宝地。

□ 京西草原：与康西草原实为一体，沿官厅水库展开，是京郊最大的也是唯一的草原。它距世界闻名的八达岭长城仅15公里。京西草原北倚海陀山，西濒官厅湖，依山傍水，广袤辽阔，具有与山、水、林、草、国家级湿地保护区融为一体的独特景观。京西草原沿官厅水库东岸曲折延伸，占地9万多亩，地势平坦，草原广阔，动植物资源十分丰富。同时，由于京西草原所处位置海拔较高，因此，夏季气候湿润凉爽，是理想的消夏避暑胜地。京西草原内设跑马场、马术俱乐部、民族民俗度假村、航空俱乐部、露天篝火舞场等，您可以参与骑马、骑骆驼、射箭、卡丁车、越野摩托车、水上乐园等丰富多彩的娱乐活动。

□ 野树林马术俱乐部：位于河北京西草原，是一家集养马、驯马、培训马术以及餐饮、娱乐、住宿为一体的特色度假村,是北京唯一一家自主经营，拥有40多个会员、70多匹骏马的大型马术俱乐部。俱乐部拥有良好的跑马场地、养马设施，并拥有相当数量的良种马和专业指导教练，不仅教授基础的休闲骑乘技巧也可以教授竞技马术技巧。马术俱乐部除接待休闲骑乘，亦有竞技性质。马术俱乐部还训练赛马，组织和参与各种马术比赛。俱乐部的成员参加过丰宁坝上首届2SC杯赛马节，并获得了不俗的成绩。住宿为独立小院，也设有蒙古包，让您随意挑选，尽情享受。

路线提示 ////////////////////////////////////

自驾车→

北京北五环清河主站上八达岭高速，从延庆东花园出口下高速，见中石化加油站右转，行6公里，见太师庄村牌楼或京西草原路标直行1公里即到。

公交车→

北京德胜门或八达岭高速乘坐去张家口方向的长途车，东花园下车，这时距离草原只有6公里，打车即到。

游玩攻略 ////////////////////////////////////

前往京西草原主要是骑马游玩，不过由于路途较远，因此在时间安排上一定要充裕，建议可以前一天下午前往，到达太师庄农家院先休息一个晚上，第二天再去骑马，中午的时候去蒙古包吃手抓肉，品尝草原特色菜，下午游玩草原特色风景。

消费报价 ////////////////////////////////////

普通间（双人、三人、多人）：80元/间，30元/人

标准间（双人、三人）：120元/间，50元/人

重点推荐

野树林马术俱乐部

集养马、驯马、培训马术以及餐饮、娱乐、住宿为一体，俱乐部拥有良好的跑马场地、养马设施，并拥有相当数量的良种马和专业指导教练。

联系方式：张桂春　0313-6849451　13601203014（驻京电话）13932368409

老村长农家院

客房设施齐全（蒙古包、小帐篷、小木屋等），客房宽敞明亮，干净卫生。主人原来是太师庄民俗村的村长，热情好客，淳朴善良，自家有马20余匹，可供马术爱好者挑选。

联系电话：赵清付　13191795331　13932387929

体验报告

交通状况：★★★★☆

路途相对而言有点远，以自己开车最为方便，同时京西草原名气很大，路标齐全，比较好找，路况较好。

景点特色：★★★★☆

京西的草原风光名不虚传，辽阔宽广，一望无垠的碧绿的草原点缀着星星野花，处处可以闻到野草和荒野泥土的芳香，是亲密接触大自然、放松紧张心情的绝佳去处。当然，京西草原也是上佳的马场，对于骑马爱好者更是相当有吸引力。

住宿条件：★★★★☆

吃得相当不错，手抓羊肉、烤野兔、香酥鸡、炸香椿鱼，尤其是炒柴鸡蛋，香气四溢，绝对比超市和市场上用饲料催成的蛋好吃。另外，农家院干净、舒服，夜晚安静，一早起来空气清新，怡人心脾。强烈建议早起去草原转上一遭。

愉悦程度：★★★★★

河北省

第一次骑马没有经历什么大的挫折，当和同去的朋友们一起骑在马背上在草原上漫步，放眼望去整个辽阔的草原一望无际，心情随之无限舒展，那种感觉好极了。

温馨提示：

1. 太师庄地处京冀交界处河北境内，由于看不到地界，骑马很容易到达地处北京的官厅水库和康西草原，如遇管理人员，可能会让你购买康西草原门票，过去发生过这样的事。

2. 野鸭湖湿地属北京市自然保护区，严禁骑马进入，游客提前问清楚。

3. 太师庄属于河北地区,手机信号都是河北的,打电话时注意。

通讯录

密云县

口门子村：

淑凤农家院		010-69012460	13436855348
蒙然农家院	刁小伶	13716309560	13520258206
景水民间第一家		010-69011291	13121582239
燕麒农家院		010-69013319	13161459034
金芝农家院	金　芝	010-69010189	13436825706
明英农家院	祝德英	010-69011726	13522330126
增喜农家院	许冬梅	010-69013511	13716341170
常回家看看农家院	张玉梅	010-69013642	13716950848
民俗农家院	张永志	010-69011001	13436863056
山水团山农家院	张淑芹	010-69011038	13693048393
溢香渔村	罗云富	010—69012128	13001027017
许家寨美食城	祝天武	010-69016356	13716424573
团山饭庄	李淑芬	010-69011085	13901389542
云山美食城	于　鲲	010-69016677	13801227277
娜鲤泉渔村	许素丽	010-69013662	13601223249

石马峪村：

王家大院	王大庆	010-61021168	
滨湖农家山庄	瞿叶香	010-86613766	010-61021032
		13911587603	
云山美食城	于　鲲	010-69016677	13801227277

娜鲤泉渔村	许素丽	010-69013662	13601223249

流河峪村：

山水林苑度假村	王明双	010-81000088	13601364664

石塘路村：

凤敏农家院		010-61025669	13716691840
		13241698380	
研研农家院	任连明	010-61025885	13436841184
任凤礼农家院	任凤礼	010-61025234	13240306270
福来旅店	郑怀海	010-61025232	13716448170
天天农家院	寇国连	010-61025290	13693511794
孙大妈农家院	孙亚琴	010-61025304	13161495340
怡然居农家院	张玉伶	010-61025360	13716514974
金玉农家院	郭金平	010-61025212	13522380686
张佐琴农家院	张佐琴	010-61025655	13681095447
凤红农家院	代凤红	010-61025759	13716097194
海霞农家院	王海霞	010-61025126	13717596852
四海旅店	邓春玲	010-61025292	13693199000
凤田农家院	任凤田	010-61025313	13611384775
宝鑫民俗客栈	吴秀芬	010-61025139	13716591918
远梅农家院	杨远梅	010-61025475	13264416897
长利农家院	沈长立	13661246136	13436950663
古城人家	祁　维	010-61025356	13910322688

北石城村：

如意农家院	邓金生	张淑春	
		010-61025408	13241697993
山水清农家院	郭玉珍	010-61025495	13671017695

南石城村：

克如农家院	张春花	010-61025020	13716958068
四海农家院	张玉宝	袁秀英	010-61025936
		010-61025427	13716291914
山水庄园	李　春	010-61025093	13716932833
金地桃源饭庄	韩晓波	010-61025162	13911580665

桃花地村：

乡村新居	郭英怀	010-61025477	13716353780
云海龙源农家院	孙书伶	010-61025177	13161455713

水堡子村：

云水饭庄	郭桂兰	010-61025240	15910304460
月霞农家院	王月霞	010-61025345	15910304292
水堡鑫居农家院	吴显武	010-61025504	13716188001
		13241699027	

京都第一瀑村：

精灵度假山庄	沈　霞	010-69016218	13911061629
密仙居度假村	李　云	010-69016996	010-69015588
		13146554482	
神蛙客栈	冯树志	010-69013213	13911326285

张家坟村：

盛家源绿色农家院	赵雪云	010-69016762	13552094251
乡村吧农家院	郭秀凤	010-69012242	13381105991
游客之家农家院	邓小伟	010-69016251	13716309561
鑫地来农家院	于永芬	010-69016253	15910304216
莹鑫农家院	邓德顺	010-69012249	13520851615

临水静小寨	谭凤臣	010-69058308	13611132988

河西村：

晓凤农家院	刘晓凤	010-81051553	13391916552
长城民俗农家院	康桂兰	010-81051625	13552268083

司马台村：

北京司马台温泉度假村		刘文华	13701265674
龙聚堂农家院	王继林	010-69035175	13241661045
仲鑫垄铭农家饭庄	杜玉明	010-69035824	13436458724

遥桥峪村：

遥桥峪16号农家院	张海林	010-81022878	

曹家路村：

海波酒店	张晓军	010-81022395	13241551509
桂珍民俗旅店	周桂珍	010-81022773	010-86828320

大沟民俗村：

如意居农家院	刘世琴	010-81022004	13903247857
益得顺农家院	何秀珍	010-81023216	15831450687
清凉界度假村	蔡连国	010-81021470	13241697244
森森休闲山庄	高占军	010-81021030	13164232132
		13803143376	13932404816
老兵之家	蔡连国	010-81021470	13241697244

眼石民俗村：

兄弟农家	赵丽燕	13293237210	
	陈　刚	13910175090	

青龙背村：

好再来农家乐	于兆东	肖凤荣	
		010-69015271	13716511286
青霞农家院	张春霞	郭玉春	
		010-69015149	13683059241

怀柔区

西水峪村：

鑫玲农家院	杜　剑	010-61651597	13521586230
		13436981387	
海军农家院	王海军	010-61651335	13691301995
如意山庄农家院	杜海军	010-61652065	13911829592
西湖小院	李文刚	010-61651785	13651323356
三棵枣农家院	杨　雪	010-61651396	13910015386
探索俱乐部	安毓翔	010-61652505	13601090689
合理农家院	何永贵	010-61652364	
		13716506476	13716646522
顺心园农家院	王广坤	010-61652330	13716682510
303农家院	方广菊	010-61652443	13717607198
五福同乐农家院	刘玉影	010-61651341	
		13552880347	13261817261
财阁老家农家院	周淑霞	010-61652201	13601034878
鹏来农家院	韩振荣	010-61652668	13691183045
好人缘农家院	韩仕兰	010-61652230	
		13716306471	13716266930
乡雪山庄	杨金兰	010-61652448	13716386065
乡情农家院	宋洪述	15910436698	13716838194
山城庄园	方志兵	13699166819	13683049195

王仕良农家院	王仕良	010-61651824	13716533061
贤聚农家院	夏晓俭	13651006386	13718391382

黄花城村：

挤破门农家院	张爱军	010-61651078	13716516684
北京黄花城八月民俗接待		晋晓东	010-61652077
		13501030497	13501030600
晓红一路发	孙晓红	010-61651393	010-61652530
		13716532231	
老李客栈	李殿国	010-61651211	13693514508

红庙村：

金马驹垂钓园	杨秀英	010-61651816	13716093928

九渡河村：

新利酒家	张仲有	010-89606923	13716768855

官地村：

常大妈农家院	常淑清	010-89617055	13716885065
山水庭院0008农家院		毛金富	010-89617699
		010-87148689	13552011578
官地家园农家院	刘全莲	010-89617819	13901328579
栗乡农家院	刘茂玲	010-89617040	13716181253
		010-51045903	

石片村：

神堂68山庄	高先生	陈小姐	010-89617397
		010-89617002（传真）	13161473611
山居小院农家院	徐　利	010-89617324	13371679001

五道河村：

紫玥农家院	田桂红	010-89617826	13436869989
聪聪农家院	常九来	010-89617825	13691366186

莲花池村：

悠南山水庄园	桂　宾	010-61629109	13901017681
山里人农家院	温显祥	010-61629576	13661270286
溢彩宏农家院	曹秀华	010-61629351	13716736900
		13501257679	15801276685
德翠农家院	翟德翠	010-61629832	13716690938
山野小吧农家院	李芳秋	010-61629989	
建英农家院	黄建英	010-61629012	15910200194
付民轩农家院	付振民	010-61629006	13716436086
		13501257679	15801276685
龙泽家园农家院	单淑香	010-61629320	13716066305

长寿园村：

金二农家院	金立平	010-61627628	13716390218
客择缘农家院	付玉红	010-61627898	13552011983

北宅村：

阳光家园		010-60672122	13716683379

庄户村：

小赵农家院	李海军	赵银华	010-89602028
		13716180358	13671152681
双缘农家院	李永彬	010-89602676	13716231618
		13716013556	

山水间民俗度假村	李东波	010-89602289	010-89602298
		13910800926	13716185246
李永才农家院	李永才	010-89602660	
		13716181518	13552995196
晓月农家院	岳万凯	010-89602355	13717580211
铭鑫源民俗农家院	王明宽	010-89602679	13716332142

苇店村：

隆香居农家院	杨玉香	010-61621673	13436983311

田仙峪村：

王家大院	王长红	13611291232	13810659397
故乡缘农家院	杜丽革	010-61626609	13691535610
隆盛祥农庄	李仕霞	010-61626393	13716584302
鹿鸣峪农家院	孙佐海	010-61626340	13716236244

西三村：

老曹家农家大院	马九龙	曹海英	
		010-60681121	13391973206
富贵宏农家院	胡贵玲	010-60681116	13716176393
宝生人家农家院	任宝生	010-60682120	13366268828

箭扣村：

好汉山庄农家院	张桂红	010-61611763	13716370639
常兴小院农家院	卢振兴	010-61611031	13716193544
赵氏山庄农家院	赵福合	010-61611478	13716568957

峪道河村：

旺子农家院	袁清旺	010-61622052	
		13241670588	13716088580
山青水秀农家院	刘桂霞	13241689706	
峪泉山庄度假村	王德江	010-61622951	13241562979
山沟沟农家饭庄	宋怀凤	赵常在	010-61622982
		13716439896	

北台子村：

宝家海鑫庄吉院	刘久满	010-61622172	13439861665
春凤农家院	李凤芹	010-61622153	
		13716378356	13241683955

西庄村：

出城之家农家院	田艳臣	010-69666339	13693313619
久生农家院	孟立娥	010-69662682	13693036766
集合08农家院	白　雪	010-69661386	13811286339
阳光农家院	杨金华	010-69665697	13716856286

大水峪村：

胡杨五星级农庄	胡女士	010-89616598	
		13911923090	13910932583
田大妈农家院	田淑莲	毕金平	
		010-89616285	13241680038
客来源农家院	姜海伶	010-89616384	
		13717576542	13241683585
温馨农家院	李秀云	010-89616209	13683285078
平静农家院	于忠环	010-89616315	
祥子(春祥)农家院	王春祥	010-89616427	13693601709
四季峡春农家院	李何东	010-89616394	13716622608

海军农家院	方自凤	010-89616637	15910342610
北里农家院	赵翎妃	132644758465	

后山铺村：

琪琪农家院	池建才	王桂芬	010-61610275
		13683656115	13366363279
彭玉霞农家院	池德稳	彭玉霞	010-61610423
		13671097655	

卢庄村：

红螺泉垂钓园	卢文建	010-60682290	
红螺风味居餐厅	王玉芝	010-60681600	13716622950
瑞秋农家院	瑞　秋	010-60681067	13671152649
		QQ：809131671	

孙栅子村：

王俊国农家院	王俊国	010-60627853	13241372832
		13436961421	
吴家小院	吴国辉	010-60627643	13718190235
		13716658539	
杨守清农家院	杨守清	010-60627659	13718566632
海燕农家院	蒋春燕	010-60627861	13716979640
		13693326266	

黄甸子村：

彭明武农家院	彭明武	010-60627641	13716488961
彭明文农家院	彭明文	010-60627873	13716646571
塞外农舍农家院	黄朝林	010-60627748	13161461546
张连树农家院	张连树	010-60627667	
		13716267462	13161465088

二道关村：

青松居农家院	海　燕	010-89603576	13716260358

黄土梁村：

郑福云农家院	郑福云	010-61622075	13241566412

撞到口村：

禄马贵山庄	周志明	010-61652452	13716385899

延庆县

古城村：

来荣农家院	马　刚	010-69191501	13552878065
刘玉凤农家院	韩铁友	010-69191295（传真）	13522819580
志勇农家别墅	王志勇	010-69192093	13651181530
农家情农家院	屈秋华	010-69193293	13681338206
潇贤阁酒店	郝小利	010-69192588	13501018890
韩家大院农家院	韩双根	010-69191073	13611088693
		13521701303	
喜乐融融农家院	王小月	010-69191198（农家院）	010-69191818
		13901305245（餐厅）	
王家第一大院	王石头	010-69191625	13910217658
		13651351394	
鲁石锁农家院	鲁石锁	010-69191278	010-81212702
		13501148354	
周爱民农家院	周爱民	010-69191267	13716008151
江水泉农家院	王志国	010-69176251	13661270859
王家大院	王志强	010-69191283	13121808669
		13381212369	
客仙居农家院	陈玉先	010-69191825	13716586128
		13611373083	

乔家大院	乔爱丽	010-69192908	
		13651086328	13641307724
游龙农家院	李常留	010-69191188	
		13701055006	13693506455
王二来农家院	王二来	010-81169985	13621338571
彭春生农家院	彭春生	010-69196296	13241516307

卓家营村：

张府兴跃饭庄	张云秀	010-61120818	13716496465
龙聚阁农家院	赵银平	010-69190204	13501053183

岔道村：

槐悦来客栈	陈建平	010-69121529	13366963376
东门客栈	艾宝玉	010-69122018	010-69122066
		13901165172	13501086033
康家老店	康秀琴	010-69122272	13681182977
宝艳成农家院	康　艳	010-69122108	13241602988
古槐东巷农家院	王建国	010-69121662	
		13611072123	13241616522
铁锅王农家院	李贵金	010-69121058	13522522101

大王村：

喜洋洋农家院	李老汉	010-69132959	13693397162
李三农家院	李存栋	010-69131271	13691349908
程玉明农家院	程玉明	010-69132316	13552191384
春雪农家院	陈雪敏	010-69132097	13522569397
瑞祥和农家院	姬　利	010-69132253	
红高粱农家院	金　枝	010-69131574	137162096152

柳沟村：

柳沟27号立文农家院	郭立文	010-81172062	13716537449
闫和花5号农家院	闫和花	010-61192351	13683501973

平谷区

海子村：

幸福使者农家院	刘呈存	010-69992560	13681381833

黄草洼村：

建国农家院	王建国	010-60982352	13366910369
金慧农家院	张会娟	010-60982237	13716566946

鱼子山村：

峡谷郑家大院	郑学军	010-60968180 13439163129	13621072056
马有志农家院	马有志	010-60968420	

黑豆峪村：

绿岗山居	王东义	010-60972025	13716515738
凯鑫佳旺农家院	肖　凯	13911913765	

挂甲峪村：

福禄春农家乐旅游观光园	何跃禄		13716328343

西牛角峪村：

空悟山庄	杨会合	010-61945366	13910201827

雕窝村：

乡亲农舍农家院	王建钟	13716517351	13716571958
长江度假山庄	张　昊	010-60987865	13161095088
		13381428766	

黄松峪村：

郝老四农家院	郝长海	010-60971018	13381121024

塔洼村：

塔洼人家	郭晓冬	010-60988658（传真）	13381120908

玻璃台村：

德福农家院	王晓玉	010-60978090	13716620485
小芹农家院	杜玉芹	010-60978028	13716105225

房山区

十渡村：

齐一毛农家院	晋显莹	010-61348182	13693508926
晋山居农家院	晋显良	010-61340469	13716337710
三渡饭店	穆希亮	010-61344376	13691041537
朋来缘农家院	张　敏	010-61344657	13141245300
北京金水河饭店	穆卫华	010-61344080	13911835010
鑫福餐厅	郑明书	010-61346682	13716108032
		15901233194	

西庄村：

东芳嘉园农家院	常绍芳	010-61340848	13641157156
林芳农家院	刘淑芳	010-61340394	13552991454
		13671300541	

顺义区

焦庄户村：

焦秀云农家院	焦秀云	010-60461073	13718551073
焦春芹农家院	焦春芹	010-60462976	13716669407
高玉芝农家院	高玉芝	010-60461959	13716610602
孔玉静农家院	孔玉静	010-60462303	13683316509

昌平区

碓臼峪村：

鑫森园农家院	王爱国	010-89721231	13691171033
仁和山庄	何立国	13716566805	
爱玉农家院	尚爱玉	010-89722378	13520512023

下口村：

丰益农家院	徐淑兰	010-89721875	13436913895
金红农家院	张雪芬	010-89721335	13146206721

湖门村：

银山庄度假村	陈山虎	010-89725640	13911617698

小宫门村：

昌平华林苑度假村	王尤恩	010-89762700/2556 13581879734

南新村：

绿色农家院	张建成	010-89761366	
		13911879784	13520401868

门头沟区

洪水口村：

京西旅游农家院	杜宏兰	010-61827588	13717875599
山里农家	杨玉增	010-61827643	
		13241302388	13521710414
农家旅馆饭店	杨玉亮	010-61827322	13241690571
温馨农家	赵连荣	010-61827672	
		13161405924	13241305708

江水河村：

好再来农家院	闫京科	010-86040285	
		010-61827953（传真）	13641372108
九龙饭店	付德胜	010-61827927	15910223433
灵泰山庄	徐艳秋	010-61827961	13718933219
高峰饭店	吴邦燕	010-61827932	13683098751

爨底下村：

悦来客栈	010-69818679	阳　蓉	13241535691
		韩局生	13161400628
厚德福老宅农家院	韩革利	010-69819451	13716335818
明清古宅客栈	周成德	010-69818129	13439783023
如意客栈	杜　蒙	010-69818152	13716151638
步步高客栈	曹　雪	13241300365	13716126550

福禄客栈	韩怀禄	010-69819675	
爨韵客栈23号	韩怀英	010-69819788	15910260575
东苑驿站	韩为国	010-69816397	13716274024
友善客栈		010-69819337	13716862028

涧沟村：

大四合院农家院	吴凤林	010-61882918	13716031655
乡园饭店	王瑞海	010-61882907	13671017957

海淀区

车耳营村：

松府好农家院	付堂玉	010-62465010	
		13521685663	13521584943
康富农家院	李　刚	010-62468881	
		13501366189	13501369681
仙客来农家院	李桂芳	010-62469655	13520612827
谭记农家院	孟　琳	010-62487513	
		13161032570	13146160021
凤凰岭樱桃山庄	王　杰	010-62469007	13901076099
抱水环山农家院	曹春杰	010-62459547	010-62408438
		13520639968	
凤凰苑度假村	宋庆华	010-62489119	010-62493551
		13901152598	
晨光农家院	李　娜	010-62468631	13522461824

前沙涧村：

兴旺养殖场垂钓园　杨德林　13331053588　13601352820

北安河村：

西山美芦观光采摘园　牛泽清　010-62485828

13801108617

徐各庄村：

众品度假村　李克帅　010-62455772　13901304691

西山北头二村：

慧盈农家院	段宝双	022-82726602	13821900383
游中苑农家院	佟瑞华	13920177348	
中意农家院	白雪飞	022-82727989	13662180103

常州村：

善知园农家别墅	王继良	杨　华	022-29719719
		13920858371	13920138463
吉祥农家院	董云祥	李翠琴	
		022-29719639	13920140428
王会农家院	王　会	022-29719610	13820953686
雅馨园农家院	董云清	李海清	
		022-29719625	13821638903

青山岭村：

观松轩山庄	朱建海	022-29718156	13920422306

船舱峪村：

刘伟农家院	刘　伟	022-22711102	13034371985
山香农家院	田立山	022-22711437	13612010702
奇石缘农家院	郭翠华	022-22711443	13821416477
宏业农家院	赵国良	022-22711188	13662192598

营房村：

那桂芹农家院	那桂芹	022-29820202	13512474976
缘分农家院	韩凤飞	13752428709	13662106709
盘福农家院	张　迎	13820862541	

联合村：

王继农家院	王　继	022-29821083	13752289233
心怡农家院	孟　浩	13920658630	13820871336

莲花岭村：

清雅贤居农家院	孙后生	022-29822691	
		13821403255	15822062558
鑫河农家院	冯大伟	022-29821530	13207696111
鹏来农家院	孙宝永	屈竹青	022-29822496
		13102236598	13012251812
顺苹农家院	孙后顺	13820692149	13752768182
永顺农家院	孙　磊	022-29827265	
		13920411811	13820003186

毛家峪村：

丽华农家院	李　华	022-22760449	13820119756
福顺园农家院	李秀荣	022-22760552	
		13821589913	13821898714

黄崖关村：

宝华农家院	李宝华	022-22718422	13752002578
文凤农家院	赵文凤	022-22718265	13516177265
杨峻农家院	杨　峻	022-22718482	13512026964

小平安村：

康夕山庄	阎春景	15022629079	13820175124

野三坡村：

成龙农家院	宋桂龙	0312-4568901	15933074086
绿色农庄农家院	杨金香	0312-4568574	13503387823
富丽园农家乐	李凤英	0312-4568918	13313225255
娜华农家院	陈志平	0312-4568954	13483921587
成铭农家院	马术明	0312-4568760	13803263183
海滨酒楼	赵柱明	0312-4568047	13503387857
幸福地农家院	高海娇	0312-4568253	
		13473254393	13582056260
美玉农家院	张成现	0312-4568031	13473256032
笑笑农家院	刘文明	0312-4568749	13803126700
欣雨农家院	马春普	0312-4568792	
		13785267506	13780240895
乡村宾馆	赵喜忠	0312-4568551	
		0312-4568556(传真)	13831220822
绿色庄园	刘武川	0312-4565358	13630869960
凤来宾馆	董凤来	0312-4568403	
		13833218310	13785229700
和顺农家院	王新利	0312-4568975	13833029068
云月农家院	晋显辉	0312-4568952	13931298218
如意农家院	马瑞福	13933241430	
顺兴农家院	李凤来	0312-4568817	13785227421
康乐休闲中心	王英禄	0312-4568900	13733399932

苟各庄村：

农家乐旅馆	李献江	0312-4563116	13191652023
超级玛丽农家院	郑占爱	0312-4563061	13613227572
金库农家院	刘金库	0312-4563397	13931352165
吉祥小院	荆合艳	0312-4563563	
		13803260259	15830264238
加州旅馆	许焕才	0312-4563071	15933514004
大宝农家院	郑明宝	0312-4563011	13663315284
成桥农家游	郑明库	0312-4563136	
		13180250257	13630862852
润国农家院	张润国	0312-4563493	13931352183
乡情农家院	郑明新	0312-4563051	13930802026
子木农家院	李现明	0312-4563216	13472277267
醉月山庄	许术文	0312-4563492	13930279369
山野农家院	郑明云	0312-4563227	
		13663241725	13483922049
双休假日旅馆	张术国	13231285522	
王子客栈	王子豪	13261220206	15076255304
永兴家园	李　伟	13264399870（北京）	
		13313020729（河北）	

刘家河村

河畔饭店农家院	刘春彬	0312-4563395	13930279335
		QQ：109945191	
昊海宾馆	刘庆雨	0312-4563220	13730298339
京城饭店	刘桂荣	0312-4563199	
		13780329318	13501050417

坝上草原：

草原骑士俱乐部喜旺农家院	张喜旺	0314-8284865
	13673144765	QQ:446093025

逸飞农庄		孙亚楠	
		0314-8285629	13663342805
思逸庄园		0314-8285180	13623249056
乡野农家院	武　萌	0314-8284886	
		13653345055	15932413750
5A马术俱乐部	庞　浩	0314-8284674	
		13832475920	13718183037

王家寨民俗观光园：

17号农家院	王国强	0312-5130808	
		13581939168(驻京)	13623321651
绿云农家院	陈贺良	0312-5130345	13933260223
	陈思阳	15032287056	
红莲007号农家院	张素体	0312-5130157	
		13930283691(出城游)	
白洋淀悦明14号农家院		马建洲	0312-5130778
		13932215908	

张庄子村：

白洋淀神龙岛水上庄园		杨武昌	
		0312-5239087	13931262581

刘庄村：

刘惠贤家庭旅馆	刘惠贤	0335-4033590	13930328987
顾绍玲家庭旅馆	顾绍玲	0335-4040296	13653351560
蕊莲旅馆	赵蕊莲	0335-4040351	13133525980
爱华家庭旅馆	邢爱华	0335-4048827	
		13081882119	13613370142
艳萍家庭旅馆	王艳萍	0335-4043718	13315389988
单丽芬家庭旅馆	单丽芬	0335-4040185	
		13930324918	13933648877

秋源旅馆	孙铭兰	0335-4031265	
		13231395375	13933796050
颖莉旅馆	王颖莉	0335-4042699	0335-8656792
		QQ：4950641	
桂臣家庭旅馆	刘桂臣	0335-4040091	13653350725
四平家庭旅馆旅游接待中心		陈四平	
		0335-4048751	13933658055
和平旅馆	陈和平	0335-4042499	13081865039
兴旺宾馆	徐立杰	0335-4032169	0335-8096331
		13191838852	QQ:836171513
滦海渔港	李惠茹	0335-4045008	0335-4045003
		13933582333	
好运旅馆	刘淑莲	0335-4048867	13933906115
怪楼大酒店	戴　军	15903371471	0335-4036558
京东宾馆	陈得俭	13933681289	13613384895
扬扬公寓		0335-4044620	
	李小姐	13651057476	
	常清良	13661148816	
城市渔夫度假屋	杨凤琴	0335-4043353	
		13933913433	13933913422
秀荣招待所	孟秀荣	0335-4048791	
		13785926885	13930343507
刘荣海旅馆	郭玉红	13012189538	13513351400
北戴河纪青旅馆	刘纪青	0335-4044138	
		13133520966	13133520766
海边小屋家庭旅馆	刘宝君	0335-4040195	
		13933956376	13933503647
全国政协干部培训中心碧海楼		0335-4038909（总台）	
	郭经理	13930308909	13643357237

太师庄：

野树林马术俱乐部	张桂春	0313-6849451	
		13601203014（驻京）	13932368409
老村长农家院	赵清付	13191795331	13932387929

狼牙山：

山泉水农家院	卢晓静	李金虎	
		0312-8860949	13833273258

清西陵：

大丰收农家屋	高　彬	0312-8260355	15930267843

关键词目录

风景

瀑布：

京都第一瀑村［032］/张家坟村［036］/青龙背村［041］

草原：

大王村［171］/江水河村［277］/大滩村［371］/扎拉营村［375］/孤山子村［379］/太师庄［396］

峡谷：

鱼子山村［197］/雕窝村［212］/塔洼村［217］/野三坡村［357］/苟各庄村［362］/刘家河村［366］

溶洞：

黑豆峪村［202］

森林：

后山铺村［133］/琉璃庙村［133］/孙栅子村［142］

湿地：

大王村［171］

石林：

官地村［082］/挂甲峪村［207］/毛家峪村［337］

赏花：

石塘路村［018］/孙栅子村［142］/挂甲峪村［207］/玻璃台村［222］/涧沟村［287］/王家寨民俗观光园［385］

红叶：

口门子村［009］/岔道村［166］/海子村［187］

冰灯：

古城村［154］

美食

吃鱼：

口门子村［009］/石马峪村［013］/水堡子村［028］/红庙村［077］/九渡河村［077］/莲花池村［091］/苇店村［104］/田仙峪村［108］/峪道河村［117］/北台子村［117］/后山铺村［133］/琉璃庙村［133］/大王村［171］/海子村［187］/黄草洼村［191］/雕窝村［212］

素食：

北石城村［022］/南石城村［022］/桃花地村［022］/红庙村［077］/九渡河村［077］

烧烤：

口门子村［009］/卢庄村［138］/碓臼峪村［261］/大滩村［371］/扎拉营村［375］/孤山子村［379］

采摘：

石塘路村［018］/北石城村［022］/南石城村［022］/桃花地村［022］/河西村［046］/曹家路村［058］/黄花城村［073］/石片村［086］/北宅村［095］/庄户村［099］/田仙峪村［108］/西三村［112］/西庄村［123］/新峰村［123］/大水峪村［128］/二道关村［147］/柳沟村［176］/海子村［187］/黑豆峪村［202］/玻璃台村［222］/碓臼峪村［261］/车耳营村［297］/青山岭村［319］/联合村［328］/莲花岭村［332］/黄崖关村［342］/小平安村［346］/大平安村［346］

特色小吃：

张家坟村［036］/卓家营村［161］/柳沟村［176］/鱼子山村［197］/玻璃台村［222］/王家寨水乡民俗村［385］/刘庄村［390］

体 验

攀岩：

峪道河村［117］/北台子村［117］/大水峪村［128］/十渡村［233］

漂流：

峪道河村［117］/北台子村［117］

戏水：

西水峪村［069］/黄花城村［073］/庄户村［099］/西庄村［123］/新峰村［123］/二道关村［147］/海子村［187］/黄草洼村［191］/十渡村［233］/西山北头二村［309］/东山北头村［309］/黄崖关村［342］

滑雪：

口门子村［009］/大水峪村［128］/卓家营村［161］

爬山：

二道关村［147］/黄草洼村［191］/雕窝村［212］/塔洼村［217］/十渡村［233］/洪水口村［273］/车耳营村［297］/常州村［314］/联合村［328］/莲花岭村［332］/小平安村［346］大平安村［346］/野三坡村［357］/苟各庄村［362］/太师庄［396］

骑马：

石马峪村［013］/大水峪村［128］/大王村［171］/常州村［314］/野三坡村［357］/苟各庄村［362］/大滩村［371］/扎拉营村［375］/孤山子村［379］/太师庄［386］

垂钓：

西三村［112］/卢庄村［138］/雕窝村［212］/碓臼峪村［261］/洪水口村［273］/车耳营村［297］/西山北头二村［309］/东山北头村［309］/王家寨水乡民俗村［385］/刘庄村［390］

蹦极：

大水峪村［128］/十渡村［233］/刘家河村［366］

狩猎：

遥桥峪村［054］/青山岭村［319］/毛家峪村［337］

避暑：

峪道河村［117］/北台子村［117］/后山铺村［133］/琉璃庙村［133］/孙栅子村［142］/古城村［157］/大王村［171］/洪水口村［273］/江水河村［277］/常州村［314］/大滩村［371］/扎拉营村［375］/ 孤山子村［379］

历 史

古堡：

水堡子村［028］/遥桥峪村［054］

长城：

河西村［046］/司马台村［050］/西水峪村［069］/官地村［082］/莲花池村［091］/庄户村［099］/苇店村［104］/田仙峪村［108］/西三村［112］/岔道村［166］黄崖关村［342］

古城：

岔道村［166］/柳沟村［176］/联合村［328］

四合院：

爨底下村［282］

红色教育：

石片村［086］/苇店村［104］/西庄村［123］/柳沟村［176］/鱼子山村［197］/焦庄户村［249］/爨底下村［282］/青山岭村［319］

民 俗

长寿：

莲花池村［091］/毛家峪村［337］/小平安村［346］/大平安村［346］

剪纸：

河西村［046］

集市：

曹家路村［058］/卢庄村［138］/涧沟村［287］/莲花岭村［332］/黄崖关村［342］

藏族风情：

江水河村［277］

满族风俗：

孙栅子村［142］/野三坡村［357］

传统节日：

石塘路村［018］/水堡子村［028］/遥桥峪村［054］/卢庄村［138］/古城村［157］/爨底下村［282］/营房村［324］

曲艺表演：

青龙背村［041］/王家寨水乡民俗村［385］

出城网简介

□ 出城网（www.ccyou.cn）是由一个聚集了众多青年才俊的杰出团队创办的，并致力于打造中国最大的乡村休闲自助游信息平台的网站。

□ 繁华喧嚣的都市里奔波忙碌的人们渴望走出去寻觅那一片蔚蓝的天空和一片幽静的绿荫；习惯了城市游的旅游爱好者们也在把自己的目光转向山水田园中的自然风光和农家小院里的民俗风情。与此同时，我国广袤乡村的山山水水、历史人文尤其是广大热情、好客的农民朋友正张开宽阔的臂膀欢迎城里朋友的到来。出城网正是基于这种相互需求而致力于把自己打造成一座联结城内城外的桥梁——一座信息交流的桥梁！一座文化传播的桥梁！一座心灵沟通的桥梁！

□ 出城网倡导诚信、高效的乡村旅游信息发布文化。在为用户打造全面、实用的旅游信息交流平台的同时，也全心营造和倡导互帮互助、轻松活泼的家庭式文化氛围，让每位在出城网发布信息以及索取信息的用户满足信息交流的同时交到更多的朋友，使越来越多的网友实现以游会友、与友共游的目的。

□ 出城网立足于城市和乡村之间，着眼于城市和乡村之内，服务于城市和乡村之游。

□ 出城网将本着繁荣乡村旅游的原则，抱着服务农村经济的目的，竭力帮助更多游者体会到“住农家院，吃农家饭，干农家活儿，享农家乐”的惬意生活。

□ 地不分东西南北，人不分男女老幼。出城网将坚定不移地和各界网友一道为我国的乡村旅游及社会主义新农村建设事业做出更大的贡献。

□ 我们的口号是：出城游玩我就找出城网！

（京）新登字083号

图书在版编目(CIP)数据

出城去：北京周边乡村自助休闲游／出城网编著.
－北京：中国青年出版社，2009

ISBN 978-7-5006-8603-3

Ⅰ.出… Ⅱ.出… Ⅲ.乡村－旅游指南－北京市Ⅳ.
k928.91

中国版本图书馆 CIP数据核字（2008）第196593号

策　　划：谢欣新
撰　　稿：聂　稳　陈鑫源　张　波
责任编辑：李晓丽
装帧设计：瞿中华　王俊法
出版发行：中国青年出版社
社　　址：北京东四十二条21号
邮　　编：100708
网　　址：www.cyp.com.cn
营销中心：010－84039659
编辑电话：010－84015594
电子邮件：lxlcyp@163.com
印　　刷：北京地质印刷厂
经　　销：新华书店
规　　格：880×1230　1/32
印　　张：14
字　　数：200千字
印　　数：1－6000册
版　　次：2009年1月北京第1版
印　　次：2009年1月北京第1次印刷
定　　价：26.00元